扬州博物馆 编

江 淮
文化论丛

第四辑

文物出版社

图书在版编目（CIP）数据

江淮文化论丛. 第四辑／扬州博物馆编. —北京：
文物出版社，2017.8

ISBN 978 - 7 - 5010 - 5161 - 8

Ⅰ. ①江… Ⅱ. ①扬… Ⅲ. ①文化遗产—中国—文集
Ⅳ. ①K203 - 53

中国版本图书馆 CIP 数据核字（2017）第 163378 号

江淮文化论丛（第四辑）

编　　著：扬州博物馆

责任编辑：智　朴
责任印制：张　丽

出版发行：文物出版社
社　　址：北京市东直门内北小街 2 号楼
邮　　编：100007
网　　址：http：//www.wenwu.com
邮　　箱：web@ wenwu.com
经　　销：新华书店
印　　刷：北京京都六环印刷厂
开　　本：787×1092　1/16
印　　张：14.25
版　　次：2017 年 8 月第 1 版
印　　次：2017 年 8 月第 1 次印刷
书　　号：ISBN 978 - 7 - 5010 - 5161 - 8
定　　价：108.00 元

目　　录

【博物馆运行管理】

陈列展览是博物馆贴近社会最直接有效的形式 ……………………… 徐忠文◎[1]

博物馆＋社会化教育＝"熊孩子"变形计

　　——扬州博物馆社会化教育模式初探 ……………… 宗苏琴◎[6]

新时期博物馆人才培养路径探析

　　——基于《全国文博人才发展中长期规划纲要》视角 ……… 朱云瑛◎[15]

品牌：博物馆文创产品的竞争力 ……………………… 夏维凯◎[22]

X 光安检设备在博物馆的应用和思考 ……………………… 吉爱军◎[27]

借宣传之力　兴中小型博物馆 ……………………………… 姜凌宇◎[32]

试谈对博物馆反恐防暴工作的认识及对策 …………………… 李　扬◎[38]

【考古研究】

仪征境内有关吴文化考古发现之初探 …………………………… 刘　勤◎[45]

两汉陈参、陈咸考 ……………………………………………… 秦宗林◎[55]

由仪征博物馆藏"高阳子春"铭端砚谈及相关问题

　　…………………………………………… 刘　勤　朱翔龙◎[59]

仪征出土汉代漆笭床的初步认识 ………………………………… 夏　晶◎[67]

仪征市新城烟袋山发现西汉车马陪葬坑

　　……………………… 夏　晶　刘　勤　曹　骏　陈　辉◎[73]

扬州近年出土的宜兴紫砂器具 ………… 薛炳宏　束家平　张永娟◎[79]

扬州梅岭公馆唐至明清运河故道发掘收获 ………… 魏　旭　张　敏◎[89]

扬州出土的一件明代龙泉窑青瓷孝子图碗研究 …… 张　敏　林海南◎［105］

明代两方墓志考读 ………………………………………… 曹　骏◎［110］

【馆藏文物研究】

扬州中国雕版印刷博物馆藏佛教版画述略 ………………… 高　荣◎［117］

谈扬州的真子飞霜镜 ……………………………………… 庄志军◎［124］

汉广陵国之漆耳杯 ……………… 王子尧　靳祎庆　杨　晖◎［129］

扬州博物馆馆藏核雕赏析 ………………………………… 刘永红◎［137］

苦铁道人梅知己，对花写照是长技

　　——扬州博物馆藏吴昌硕《梅石图》赏析 ………………… 封　冰◎［141］

【扬州地方文化研究】

邗·邗城·邗文化 …………………………………………… 张　敏◎［145］

邗城的探寻与研究 ………………………………………… 顾　风◎［157］

古扬州城变迁述略 ……………… 王曾瑜　王茂华　王嘉川◎［163］

寻找邗城 …………………………………………………… 朱志泊◎［185］

清代扬州才媛数量略论 …………………………………… 汪杏莉◎［193］

焦循家风管窥 ……………………………………………… 李　智◎［199］

【文献研究】

《作庭记》中所见中国古代造园技法 ……………………… 汪　勃◎［202］

《清代诗话东传略论稿》简评 …………………………… 田　野◎［212］

关于扬州城的一本案头书

　　——读《扬州城池变迁》 ………………………………… 江鱼乐◎［216］

【征稿启事】 ……………………………………………………… ◎［221］

陈列展览是博物馆贴近社会最直接有效的形式

徐忠文

内容提要：中国博物馆陈列展览在 2008 年实行免费开放后得以飞速发展，由此全面带动了博物馆各项业务的全面进步，更为博物馆进一步与社会接轨、服务社会、贴近社会、促进社会的可持续发展起到了积极的作用。

关键词：博物馆　陈列展览　贴近社会　可持续发展

2008 年中国博物馆免费开放以后，博物馆逐年提升陈列展览水平以更好地服务社会，为拉近博物馆与社会的距离，缩短与世界专业领域内差距，同时促进博物馆各项业务的开展等方面发挥了极大的作用。陈列展览是博物馆与社会大众接近的主要渠道之一，做好我们的陈列展览，就是博物馆在践行贴近社会，实现服务社会及其发展的目标，博物馆陈列展览更是促进社会可持续发展的重要渠道。

一、研究是陈列展览的基础，是陈列展览贴近社会的信息源

陈列展览的目的，不仅仅是将人类及其人类环境的物质及非物质遗产展示在人们面前。如何展陈文物是博物馆人要去深入探究的，这就需要对文物所蓄含的历史信息进行深入系统的研究，从而找出文物放置的最佳环境。

在这个方面目前博物馆界大致有三种做法，一是让文物自身去"说话"的精品、艺术类陈列。这种作法现在似乎成为一种主流，以国内经济保障较好的博物馆为代表，他们以文物的高质量（仅指文物本身的精美）为优势，吸引社会各界的眼球，引起轰动，从而引来掌声和赞美。当然不能诋毁他们没有搞研究，他们也出精美的画册，有业内专家撰文，并有大量的媒体追捧。但此种形式就本人的观念，仅是博物馆陈列展览的一种形式，不应作为主流去追捧。

笔者更赞美第二种形式，就是以对文物充分研究为基础，把它的信息进行认真梳理，以特定的氛围进行陈列。重要的是展示文物本身的相关信息，在此陈列展览空间中满足一般观众的需求，在不需要专门讲解的情况下，观众能自主地参观。此例在扬州博物馆的国宝陈列中得到初步实现。此展览对元代霁蓝釉白龙梅瓶的相关信息进行了力所能及的全方位解读，包括梅瓶的演变、龙纹的发展、釉色的成因、欣赏文物的角度，以及此类物件的存世量和相关情况的介绍等等。我想这种展陈放在哪个博物馆都会受到观众欢迎，都会与社会零距离，得到社会的认同和接受。当然对文物的选择是非常重要的，我相信一个稍具规模的博物馆都会有自己值得充分研究的馆藏，哪怕文物本身并不是完美无瑕、精美绝伦。我们如果能把文物的信息解读全面，并用适当的方式传播给观众，就能最大程度地贴近社会，并受热捧的。

再一种形式就更需要花大力气的陈列展览方式，业内叫"信息组团"式的陈列。这对研究的要求就更高，但文物传播信息的作用会更大。把文物放置在一个属于它的时代、时段氛围中，这样观众就可以一目了然地知道文物概况，然后再通过现代储存技术，满足不同层次人群的信息需求。这种展示方式，要准确还原文物的时代氛围，这就给研究提供极大的挑战和空间，但给予社会的却是博物馆人辛勤耕耘所结出的甜蜜果实，也是我们博物馆人的历史责任。

二、文物是陈列展览的核心，是贴近社会的最直观的信息源

文物，也是值得目前博物馆人探讨的话题。2007 年国际博物馆协会确定的博物馆定义为："博物馆是一个为社会及其发展服务的，向公众开放的非营利性常设机构，为教育、研究、欣赏的目的征集、保护、研究、传播并展出人类及人类环境的物质及非物质遗产。""物质及非物质遗产"，这就对博物馆人传统意义的"文物"概念提出了挑战，有些遗产是非物质的，我们也要办展。目前较普通的做法是请相关非物质文化遗产进行现场演示其技艺过程的方法，来解决展陈的需要，起到了没有文物照样有信息传播的效果。但困扰我们的是还有一种情况，有些历史现象、历史故事、历史名人等，其影响力是非常大的，可是与其相关的文物却是难寻踪迹，这种展陈做不做，如何做，做好了我们如何评价？举一个例子：扬州做了一个"马可·波罗纪念馆"，马可·波罗的影响力是世界性的，是中国"改革开放"史上的一位重量级人物。但除了那本有争议的《马可·波罗游记》之外，与其直接关联的文物却没有。首先，解决做不做的问题，中国外交部经研究同意，在扬州建马可·波罗纪念馆是非常合适的。

这就是说，做这样一个展陈是有必要的。接下来如何做是考验业务人员的难题，方法是人想出来的，创作人员以《马可·波罗游记》这本书为线索，分为"远涉东方"、"中国见闻"、"为官扬州"、"旷世奇书"、"身后世界"等五部分，包括现在的一些研究成果，做了一个非常出色的陈展，面积469平方米，文物极少，但内容丰富，形式新颖。该展览自2011年开放以来，得到了社会各界的广泛肯定，尤其在国际交往中，发挥了非常大的作用。原外交部部长杨洁篪在参观完该展后，欣然题字："马可·波罗是以扬州为桥梁的东西方文化交流使者。"2011年4月19日，意大利驻华大使严农祺题字："我非常高兴和中国朋友一同完成马可波罗神奇之旅。我对此表示祝贺！"2013年9月17日，意大利驻华大使白达宁题字："诚挚感谢扬州市政府对马可·波罗这样一个具有特殊重要意义的历史人物所给予的高度关注！马可·波罗是许许多多热爱中国的意大利朋友中的一员，他为两国人民的亲密友谊做出了突出贡献，马可·波罗是意大利的骄傲！"该馆每年接待中外观众20多万人次。

博物馆陈列展览最主要的目的是传播历史信息，文物是它的基础，这是无人怀疑的，但没有文物，却有充分信息的陈列展览也应得到我们的尊重。

那么博物馆应展出什么样的文物，完整的或残缺的，精美的或普通的？笔者以为，以上文物放在符合它传递自身历史信息的地方，都是最好的。就中国大陆博物馆的现状看，能以完整、精美的文物撑起展览的，在4000多座博物馆中所占的比重还只是一个零头。那么绝大部分博物馆如何使用库房中"羞于见人"的普通、残缺的文物，来传递我们要表达的历史信息，这是博物馆人理应接受的挑战，要不然我们真的对不起它们，对不起我们所从事的职业。博物馆人的历史使命之一，就是让馆藏文物（包括残缺的）通过我们的劳动实现它们的历史、科学、艺术价值，有时残缺的文物会更有历史说服力，我想这方面的工作空间是非常宽广的，从事陈列展览的人员，必须对馆藏文物有全面的认识，并进行有创意的设计，在自己读懂那些无言的历史物证的基础上，结合陈列展览的主题，一个令人神往的展览就值得期待。

三、辅助手段是陈列展览的肌肤，是贴近社会最感人的信息源

目前，业内部分人士对陈列展览采取声、光、电等多媒体辅助手段予以排斥，不予认可，也有一些人士认为用这些辅助手段充分解读相关文物所反映的历史信息，或弥补文物不足，也起到了良好的社会效益。

实际上这方面的问题，笔者认为只是陈列展览艺术流派或表现方法的差异，不应

相互排斥。我们要做的是，不论哪种形式，要紧紧围绕陈列展览主题，结合手中文物的品质，"无设计"的陈列展览、极少设计的陈列展览、采取各种辅助手段的陈列展览，只要做得贴切、适度、有利于展陈主题的表达，都是可以接受的。

目前，国内大量反映一个地区历史发展史的陈列展览，大都运用场景等多媒体以及其他辅助手段，结合相关文物来做，应该说是广大观众喜闻乐见的，在传播历史信息、让观众读懂文物等方面起到了事半功倍的作用。如：扬州博物馆 2300 平方米的历史陈列厅，为表现扬州 6000 年的文明史以及 2500 年的建城历史，同时反映城市发展的特质，序厅部分的"广陵潮"潮水的演绎，加上不同时代的典型建筑的实体模型的排列，以及顶部的造型物和地面反映城市位置的图版，观众可以通过自己动手了解扬州城池变迁的装置等等这些，让观众一进展厅对扬州的个性、品质就有了深刻的印象，这里虽没有文物，但这些辅助手段却真真切切地让观众了解了扬州的历史，得到了博物馆所要传递的历史信息。当然，在这个展览中，有大大小小场景近二十处，或独立存在，或与文物紧紧结合，它们都在解读"扬州城市故事"方面起到了非常大，甚至是画龙点睛的作用，也实现了让具有一定文化基础的观众，在没有专业讲解的情况下，也能看懂展览，读通扬州，并留下深刻印象的目的。

在博物馆陈列展览辅助手段中，互动项目的开发是非常重要的。信息传播的最佳手段是让观众去体验，他参与了，对我们要表达的就能更明白。现在很多博物馆都开辟了互动区、陶吧、模拟考古、临摹古画等，但这些还不够，我们应在充分理解馆藏文物历史信息的基础上，开发与此相关的系列互动项目，并与文创产品相结合，前景是非常广阔的。

四、宣传是陈列展览的生命，是博物馆贴近社会的最佳途径

一个好的博物馆陈列展览，不是为了评奖而做，也不是仅仅为了起到轰动效应，"娱乐"社会，其主要目的是服务社会，更多的是为社会可持续发展服务。陈列展览的生命就在于博物馆人要通过讲解、讲座、文章以及各类媒体的广泛立体的宣传，把我们的"作品"（陈列展览）全方位地推介给社会不同人群，让他们不仅知道，更要知道里面的内容，在了解内容后，能有所得、有所思、有所行，我想这样一个陈列展览才是一个有生命、完整的陈列展览。

现在很多博物馆在做"流动"博物馆，博物馆进社区、军营、商场、学校、农村等方面都做了很多工作，其中重要的内容就是陈列展览，这就说明博物馆人已经非常

重视陈列展览的宣传。宣传是博物馆工作中一个不可或缺的组成部分，更是陈列展览的生命所在。试想一个精心打造的陈列展览，如果没有精心的宣传推广，其结局是不可想象的，那必定是一种资源的浪费，财产的挥霍，精力的白费……

上海博物馆在这方面探索了一套成功的陈列展览宣传"六波次"范例，一些"大展"的社会效益是非常巨大的。扬州博物馆在宣传方面也进行了一些尝试，与当地发行量最大的《扬州晚报》建立起密切的合作关系，单位的各项业务活动都能在第一时间与全市市民见面，几乎每周有两次以上的见报率。实现了博物馆贴近社会的目标，市民对博物馆的知晓度有很大的提升，长久下去，他们就会认同博物馆是城市不可分割的一部分，更是与市民生活密不可分的组成部分。

陈列展览的宣传推广是陈展的重要组成部分，有参观人数、宣传形式及效果等明确的要求。把博物馆的宣传教育工作放在突出地位，彻底更新了博物馆人工作的方式方法，为博物馆融入社会、服务社会起到历史性的助推作用。

博物馆陈列展览在致力于社会的可持续发展方面的作用将是长久、深远、持续的。"博物馆也是新文化的发生器"，博物馆的陈列展览就是这个"发生器"最关键性的部件。

作者单位：扬州博物馆

博物馆 + 社会化教育 = "熊孩子"变形计

——扬州博物馆社会化教育模式初探

宗苏琴

内容提要：自2008年免费开放以来，博物馆的参观人数得到大幅增长，但与此同时，不文明参观行为也是不断上升。其中，青少年的不文明参观行为更是层出不穷，且破坏力惊人，甚至被称为"熊孩子"现象。面对如此现状，博物馆一方面要注重引导不文明行为，另一方面更要紧跟时代发展，借助成熟的社会教育力量，调整社会教育项目发展方向，以更加易于接受的方式，驯化"熊孩子"，改善"熊孩子"现象。由此，"熊孩子"才能经受住历练，褪下任性的外衣，真正了解博物馆、爱上博物馆、参与博物馆，成为优秀传统文化的传承者。

关键词：博物馆 社会化教育 熊孩子

"少年强则国强，少年弱则国弱。"青少年本是博物馆社会教育的重要服务对象，更是优秀传统文化的传承者，承担着中华民族复兴的希望。自2008年博物馆免费开放以来，丰富多彩的展览和活动使社会公众对博物馆的关注度有了大幅提升，博物馆里也经常出现青少年的身影，但是与之相伴的不文明参观现象也层出不穷。其中，"熊孩子"的不文明参观行为已成为诸多博物馆面临的普遍问题。为此，各博物馆开动脑筋，力争在不影响青少年参观积极性的同时匡正不良参观行为。

一、博物馆里的"熊孩子"现象

近几年来，各类在景点屡禁不止的"熊孩子"参观行为，如刻写"某某某到此一游"，无视劝阻、攀爬拍照等，也随着免费开放的浪潮光顾了博物馆，并且逐步升级为更加令人无语的破坏性参观模式。

案例一：上海玻璃博物馆的"折翼天使"

2016 年"5·18"国际博物馆日，上海玻璃博物馆展出了一件名为《天使在等待》的玻璃艺术品，寄托了艺术家对女儿的满满爱意。但是，天使还未将爱洒满人间，却"等待"来"熊孩子"恶魔般的参观行为。"熊孩子"冲破护栏，用力摇晃拉扯艺术品，玻璃翅膀顿时缺了一块，而"熊孩子"家长并未阻拦，却在一旁帮孩子拍照。无奈之下，艺术家只能将艺术品改名为《折》，配上"熊孩子"的不文明参观视频继续展出，以此提醒观众文明参观。

案例二：俄罗斯叶卡捷琳娜皇宫"地板之伤"

俄罗斯的叶卡捷琳娜宫，距今已有约三百年历史，1990 年被列入联合国世界遗产名录。但 2016 年 8 月，中国旅游团内的一名"熊孩子"却在皇宫内骑士餐厅地板上小便，工作人员为之十分震惊，尽管馆方并未追究责任，但俄方评价"这是历史上首次碰到此类事件"。

此类层出不穷的"熊孩子"不文明参观行为，直接反映了国民素质教育中博物馆教育的缺失。在暂时无法改变现有教育体制的情况下，博物馆也只有充分发挥自身社会教育功能，才能在一定程度上缓解和改善这一不文明现象。

二、博物馆"熊孩子"的驯化攻略

针对"熊孩子"的不文明参观行为，博物馆各出奇招，根据馆藏资源，量身定制各类"熊孩子"驯化攻略，大致可以分为以下几种类型：

攻略一：友情提示型

苏州博物馆"熊孩子"参观攻略：苏州博物馆位于苏州老城区繁华地带，常年展览活动精彩纷呈，但是受展厅面积所限，庞大的观众量常常会影响参观效果。此种情况，也在一定程度上影响了青少年的参观。为此，苏州博物馆专门推出"熊孩子"参观攻略，针对参观人数过多、孩子哭闹、孩子不感兴趣等常见情况，为家长支招，顺利解决各类烦恼。

攻略二：互动参与型

广东省博物馆"文物动物园"：广东省博物馆在深度挖掘馆藏资源和研究儿童参观心理的基础上，推出"文物动物园"专题展览。通过挖掘馆藏文物中的动物形象，拉近与孩子的距离，使孩子参观博物馆时如置身于古代动物世界，不由自主地将现代动物世界与古代动物世界进行对比，形成自主学习的原动力和能力。

攻略三：馆校合作型

中国国家博物馆与北京四中签订合作协议：2016 年 9 月 9 日，中国国家博物馆与北京第四中学签署合作协议，共同启动了"中华传统文化养成教育——中学全学科博物馆综合实践课程"开发工作。双方将共同编写初高中综合实践性校本课程，并出版与课程配套使用的校本教材和教师用书，共同研发配合课程的多媒体课件教材 APP 课件。此种馆校合作型的博物馆社会教育模式，是馆藏资源和教学体系的有机融合，对于博物馆国民教育体系的建立，具有很大的实践意义和示范作用。

以上三种攻略都是博物馆人开出的"驯熊良方"，对改变"熊孩子"的参观模式有很大帮助。其中，有一些良方，我们可以照搬，但有一些受到客观因素和主观因素的影响，我们可能没有办法实现，很多时候心有余而力不足，甚至可能出现一些情况，博物馆费尽"洪荒之力"办到了，但是家长和孩子们因为受到时间限制和学习压力的束缚，而无法到场参加。

三、扬州博物馆社会教育项目

扬州博物馆集地方综合性历史文化博物馆和国家级专题博物馆于一体，在提供社会教育服务方面，融二者之长设立了多种教育项目。针对青少年的教育服务，更是从对象分析、教育理念和项目类型方面，推出了"熊孩子"特供系列。

1. 对象分析

每个"熊孩子"的背后，都会有那么一位"熊家长""身体力行"式的教育。与改变"熊家长"的行为准则相比，博物馆通过社会教育项目来改变"熊孩子"的可能性和收效更大。

2. 教育理念

以孩子为教育圆点，通过对孩子的博物馆教育，带动家长参与，进而带动整个家庭的兴趣度，再通过一个个家庭的联动，最终将博物馆的教育影响力辐射到整个社会（图 1）。

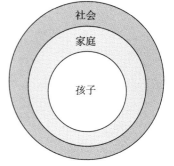

图 1　以孩子为中心的教育理念

3. 项目类型：主导型教育项目与社会化教育项目

扬州博物馆根据不同的教育需求和对象类型，开展了类型多样的社会教育项目，从运作模式来划分，包括主导型教育项目和社会化教育项目。

主导型教育项目：博物馆以自身力量为主导，正常开展的以社会公众为服务对象的教育项目。

社会化教育项目：博物馆社会教育项目中的"高级定制"，是博物馆与社会教育机构深度合作的教育项目。博物馆提供馆藏文物 IP，借助多元化的社会教育机构资源，开展个性化教育项目。

扬州博物馆开设的各类主导型社会教育项目，短短两年来收效良多（表1）。在报名时常常出现"秒杀"现象，活动开展以后也受到了广大观众尤其是亲子观众的热捧。一部分观众甚至通过活动，加入了博物馆志愿者行列。社会教育项目的开展，使扬州博物馆的知名度和亲民度得到大幅提升。但是，在享受喜人成果的同时，扬州博物馆的社会教育项目也面临着一些问题：免费提供各类活动，博物馆人力、物力耗损严重；因活动场地不大，参与社教项目的观众人数受限，出现严重的供不应求的现象。最终导致观众抱怨、博物馆人过劳等结果。

表1 扬州博物馆主导型社会教育项目类型

序号	类型	实例	作用
1	馆校合作	雕版印刷校本课程综合实践课（小学版）	整合馆校资源，开设校本课程，推动中华文明有序传承
2	青少年文博体验中心	陶艺坊、非遗吧、活动室、考古工坊、投壶吧	挖掘馆藏文物资源，寓教于乐，普及扬州历史文化
3	与非遗零距离	扬州剪纸、通草花制作、江都金银细工、扬州木偶、扬州评话、扬州弹词、扬剧	通过博物馆教育平台，以非遗传承人授课讲解、现场演示、亲子互动等形式，推动非物质文化遗产的传承
4	"我们的节日"主题活动	春节、元宵节、父亲节、端午节、中秋节等	从传统节日中提取文化习俗，设立文化服务项目，加深青少年对传统文化的理解
5	传统小课堂	刺绣小课堂、扇面绘画	利用寒暑假等时间段，采用集中上课等形式，使青少年能够掌握一门传统文化技艺
6	特展专题活动	摇曳生姿——步摇冠饰制作活动	结合特展，推出配套教育活动，采用便于青少年接受和理解的互动形式，提升特展的影响力

四、扬州博物馆社会化教育模式初探

为避免出现以上类似问题，进一步巩固主导型教育项目的成果，博物馆应在控制博物馆文物 IP 的基础上，更多地引入社会力量开展社教活动。博物馆可以通过与成熟社会教育机构的合作，积极探索将多元化的教育资源进行整合，在克服人力、财力等客观不良因素的基础上，增强博物馆宣教活动的丰富性和吸引力。

在此情况下，扬州在探索社会化教育项目方面做了一定的尝试：扬州博物馆 + 乐高教育 = "熊孩子"变形计。

（一）风靡全球的乐高（LEGO）

图 2　乐高积木

乐高集团，由丹麦人克里斯第森创立于 1934 年。其品牌"LEGO"源自丹麦语"LEg GOdt"，意"play well"，即"玩得好"，在拉丁语中的意思是"拼合"（图 2）。主要有三个发展历程：初期，以制造木质玩具起家；1949 年，"乐高"自动连接积木上市，乐高进入塑胶时代；1998 年，推出乐高机器人 RCX、2006 年推出蓝牙机器人 NXT。

乐高教育，隶属于乐高集团，1980 年成立于丹麦，为全球教师和学生提供内容丰富，具有挑战性、趣味性和可操作性的学习工具和教学解决方案。乐高教育为 2～16 岁的儿童提供教育方案，广泛应用于 60 个国家和地区，如美国、欧洲及澳大利亚，是世界机器人教育引领者，高度专业的教育伙伴联盟。拥有全球的理念，专注本土化应用。其基本理念见图 3。

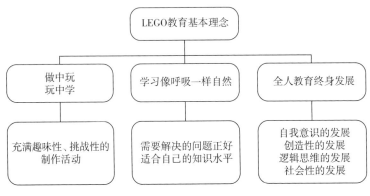

图 3　LEGO 教育基本理念

乐高活动中心，由乐高教育授权合作方开设的培训机构。其课程为乐高教育与世界顶级院校共同开发，所使用的教具为乐高教育教具。风靡全球的乐高积木：以红、黄、蓝、白、黑为主。它靠小朋友自己动脑动手，可以拼插出变化无穷的造型，令人爱不释手，被称为"魔术塑料积木"。

（二）扬州博物馆＋乐高教育

从以上分析可以看出，乐高教育已然是一个成熟的社会教育机构，具有创新的教育理念、成熟的教育市场、成功的运作模式、雄厚的师资力量、广泛的全球知名度，是扬州博物馆开展社会化教育项目的理想合作对象。由此二者进行合作，扬州博物馆与乐高教育根据博物馆藏品进行"私物定制"，挖掘文物内涵，以乐高积木形式，对文物进行解读、再创作，文物信息深入童心，文物价值被提炼、活化。双方通过初步尝试，开创了一套新型社会化教育模式：成熟的社会教育模式＋深厚的历史文化内涵＝创新型的博物馆社会化教育项目。

"扬州博物馆＋乐高"课程设置流程

1. 选定文物主题

2. 挖掘文物内涵

3. 制作课件（PPT），阐释文化内涵，解密文物故事

4. 激发青少年创造力和想象力，围绕文物主题进行乐高积木创意搭建

在此过程中，扬州博物馆与乐高教育以乐高积木为载体，全面解读历史文物、文化礼仪甚至古代科技，提供让孩子展现想象力、创造力、合作能力、学习乐趣与获取新知识能力的开放空间，从而培养孩子分析问题和解决问题的能力，让孩子们循序渐进地从接触古代世界到感受现代世界再到探索未来世界。

目前扬州博物馆与乐高教育已经开展了数期主题活动，受到了家长和孩子们的热捧（表2、图4）。

表 2　扬州博物馆与乐高教育开展的主题活动

序号	主题	知识要点
1	"猴年搭猴宝"活动	传统生肖与春节的含义
2	"元宵节·宫灯秀"活动	元宵节的含义
3	"战国·铜剑"活动	铜剑结构、原理及含义
4	"鼎礼天下"活动	鼎所蕴含的中国传统礼仪
5	"被风吹过的夏天"活动	风车转动的科学原理
6	端午赛龙舟活动	端午节赛龙舟的习俗与含义
7	西汉·铜釭灯主题活动	解读古代灯具所蕴含的环保理念和科学原理

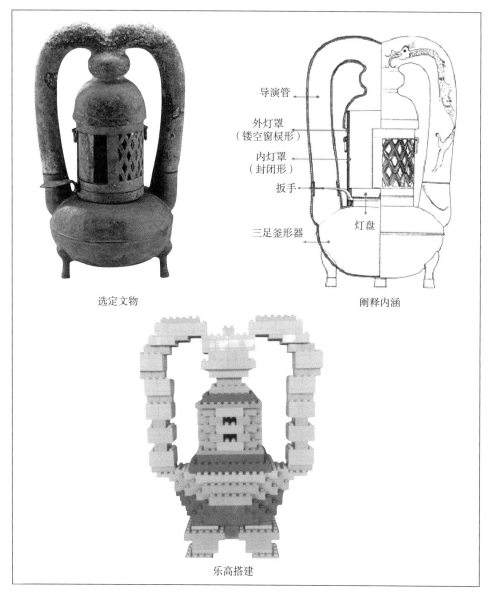

选定文物

导演管

外灯罩
（镂空窗棂形）

内灯罩
（封闭形）

扳手

三足釜形器

灯盘

阐释内涵

乐高搭建

图4　西汉·铜釭灯乐高教育主题活动

（三）博物馆社会化教育模式发展规划

　　尽管扬州博物馆与乐高教育合作取得了一定的成效，但是博物馆社会化教育模式还有待进一步探索和发展。博物馆可以充分借助文物 IP 与社教机构进行深度合作，加深社会化教育项目的社会化程度，扩大社会化教育项目的受众范畴：博物馆利用文物 IP，通过政府采购方式，借助社会教育机构的智力资源，进行私物定制，开发出具有历史文化内涵的系列社会教育项目，教育机构再派出教师，以公益的形式在博物馆内提供给社会公众免费参与；同时，社会教育机构可以继续深化社会教育项目，开发出社会教育的配套产品，以通过市场销售或有偿推广等形式出售给社会公众（图5）。

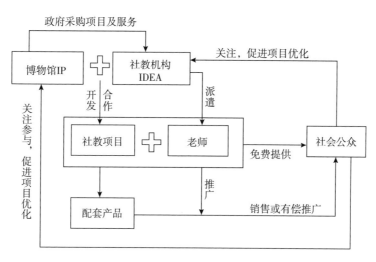

图5　社会化教育模式发展规划

在整个社会化教育模式发展规划中，"社会公众"、"社会项目"和"评估体系"是其核心动力。为了保证社会化教育模式的顺利运行，博物馆可以通过观众调研和社会教育机构的市场调研等形式，建立和完善该社会化教育项目的评估体系，以适时调整教育项目的内容设置和运行方式，甚至更换合作机构，以保证社会教育项目的不断发展（图6）。

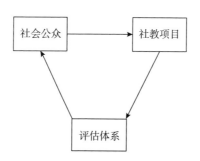

图6　社会化教育核心发展动力

整个社会化教育模式的预期成效应该是三方共赢，对博物馆、社会教育机构及公众都是大有裨益：

1. 博物馆：活化文物 IP，拥有"本土化"社教项目；减少人员、经费投入；社教项目受众面更广、传播率更快、利用率更高；"熊孩子"现象日渐减少。

2. 社教机构：专享博物馆文物 IP 开发权，控制特色社教项目推广和销售权，实现"三重获利"——政府采购环节，销售"社会服务"；产品推广环节，销售"社教产品"；市场客户群年龄段多样化，层次水平高级化。

3. 社会公众：充分享受博物馆教育带来的社会福利，"破坏力 Max 的熊孩子"最终发展成为"创造力爆棚的能孩子"，甚至熊孩子全家会变为博物馆"忠粉"。

总而言之，博物馆既是社会产物，又是社会产物的保存者和展示者。时间维度上，博物馆当随时代发展；空间维度上，博物馆必须从社会本身汲取灵感和力量融入社会。博物馆借助社会教育机构研发力量，开发文物 IP，定制本土化的特色社会教育项目，通过教育机构的运作模式加以推广，突破时间、空间和人员的限制，可以加深观众尤其是"熊孩子"对本地文化的理解和热爱，增加教育传播的覆盖率，最大限度地促进博物馆文物的活化利用和传统文化的弘扬和传承。博物馆社会化教育模式的成功推广，将极大程度上实现博物馆社教服务功能的跨越式发展，博物馆里的"熊孩子"现象终将得以缓解，一批批具有创造力的"能孩子"将逐步成长起来。

作者单位：扬州博物馆

参考文献

［1］《上海玻璃博物馆展品天使改名　曾被孩子扯掉一块》，新浪网：http：//sh. sina. com. cn/news/s/2016 – 05 – 19/detail – ifxsktkr5751477. shtml，2016 年 5 月 19 日。

［2］《中国"熊孩子"尿了叶卡捷琳娜宫　回应：被尿地板非文物，未造成损坏》，凤凰网：http：//news. ifeng. com/a/20160910/49950530_ 0. shtml，2016 年 9 月 10 日。

［3］《广东省博物馆举办"文物动物园"专题展庆"六一"》，广东新闻网：http：//www. gd. chinanews. com/2016/2016 – 05 – 31/2/370649. shtml，2016 年 5 月 31 日。

［4］《国家博物馆携手北京四中开发博物馆实践课程》，中国文物网：http：//www. wenwuchina. com/article/201637/277537. html，2016 年 9 月 13 日。

新时期博物馆人才培养路径探析

——基于《全国文博人才发展中长期规划纲要》视角

朱云瑛

内容提要：人才作为博物馆事业发展的基础与中坚力量，对博物馆事业的发展起着至关重要的作用。2014 年，国家文物局发布了《全国文博人才发展中长期规划纲要（2014～2020 年）》，提出了文博人才队伍培养目标。蓝图已经绘就，关键在于落实。本文结合国家文物局纲要精神，围绕打造专业人才队伍、培养现代管理人才、拓展人才培养途径、建立人才激励机制等四个方面，对新时期博物馆人才培养方式方法作出思考。

关键词：博物馆　人才培养　方法途径

习近平总书记强调："要树立正确人才观，着力提高人才培养质量，弘扬劳动光荣、技能宝贵、创造伟大的时代风尚，营造人人皆可成才、人人尽展其才的良好环境，努力培养数以亿计的高素质劳动者和技术技能人才。"作为研究、展示和宣传历史文化的博物馆，同样也离不开优秀的人才，大英博物馆、纽约大都会博物馆、美国自然历史博物馆等之所以能成为世界顶级博物馆，正是因为他们有一流的博物馆人才。从我国情况看，随着社会经济的飞速发展，人们对于精神文化生活的追求越来越强烈，这就为具有悠久历史文化意义的博物馆提供了发展机遇。博物馆免费开放以来，博物馆建设有了质的发展，馆舍标准提高了，硬件设施完善了，资金问题落实了，然而人才问题成了制约博物馆发展的瓶颈，卡住了现代化博物馆的"脖子"。2014 年，国家文物局印发了《全国文博人才发展中长期规划纲要（2014～2020 年）》，明确了提出"到2020 年，培养和造就一支数量充足、门类齐全、结构优化、素质优良、充满活力的文博人才队伍"的目标。蓝图已经绘就，行动只争朝夕，必须紧紧把握时代脉搏，勇于改革、大胆创新，大力加强人才队伍建设，尽快培养和孵化优秀文博人才，推进我国博物馆事业迈上新台阶。

一、既考虑数量，又兼顾技能，科学有效打造专业人才队伍

与其他机构不同，博物馆是主要通过文物收藏、科学研究、陈列展示进而进行宣传教育的公共文化服务设施。对博物馆中的文物进行研究，不是每个人都可以做到的，这就要求博物馆拥有一批业务娴熟、技术精湛的专业人才。因此，打造一支技术过硬且具传承能力的专业人才队伍是加强博物馆人才队伍建设的重中之重。

一是补齐配强专业人员。博物馆由于工作条件和生活待遇相对比较差，专业技术人员大都是"半路出家"，高校博物馆专业科班出身的几乎是凤毛麟角。由于专业人员来源不畅，一些专业技术岗位往往被鸠占鹊巢。在编制本来不足的情况下，专业技术人才就更加稀少短缺了。博物馆要发展，首先要从编制上为专业技术人员"杀出一条血路"，清理占编的非专业技术人员，做到宁缺毋滥。同时，想方设法招兵买马，做到战斗满员。

二是不断改善研究条件。专业技术人才的过人之处就在一个"专"字上，如博物馆保护修复、文物鉴定研究、文物陈列宣教、档案登记管理等人才，都是博物馆某一业务领域中的专才，不可或缺。博物馆要像重视文物一样重视人才，因为人才与文物都是镇馆之宝。博物馆学是一门科学，要求专业技术人员必须博古通今，博览群书。博物馆要做到"四个倾斜"，即经费倾斜、时间倾斜、项目倾斜、荣誉倾斜。经费倾斜就是在有限的经费中拨付足够的款额作为专业技术人员的研究费用；时间倾斜就是确保专业技术人员有时间"务正业"，少摊派公差勤务；项目倾斜就是多立研究项目，并且多提供外出学习、考察的机会，使专业技术人员开阔眼界，见多识广；荣誉倾斜就是在评功评奖中提高专业技术人员的奖励百分比，把金子贴在专业技术人员的脸上。

三是优化职称评定机制。打破职称评定终身制，实行职称评定聘任制，形成职称评定激励机制。现行的职称评定条件是，大学本科毕业生工作一年、大专毕业生工作两年后，可自行转为初级职称。而初级职称到中级职称以至高级职称，不但有任职年限、评定时间等规定，而且要求有一定的学术研究成果，必须在省市级以上有关刊物发表一定数量的文章或出版一定数量的著作等。这种职称评定机制促使专业技术人员为了取得中、高级职称在学术研究上锲而不舍，不断开辟新的学术天地。然而，由于职称评定对于已获得某种职称的人员没有做出进一步的要求，从而致使部分专业技术人员在思想上满足于现状，在学术上停滞不前，职称评定上了就不再做深层次或更深领域的研究，也就是说捧到了"铁饭碗"，就不再担心打碎了。从这一角度来看，现

行的职称评定机制存在着严重的弊端。因循守旧，不进则退。因此，必须完善和创新现行职称评定机制，对于已取得中、高级职称的人员，应当做出进一步的要求，达不到要求，将被取消现有的职称待遇。这样才能调动其积极性，才能使职称评定机制成为学术研究的动力。

二、既注重业务，又突出管理，统筹兼顾培养现代管理人才

随着社会现代化进程的加快，博物馆的发展必然要求博物馆的现代化管理，如果博物馆的管理人员缺乏现代化的管理方法，那么博物馆事业发展是难以继续向前的。因此，现代化博物馆不仅需要优秀的专业技术人才，而且需要一批德才兼备、素质全面的既懂经营、策划，又懂管理、研究等复合型经营管理人才。

一是塑造专业领导团队。博物馆领导班子既是博物馆的领导核心，又是博物馆人才队伍中的精英，某种程度上说，博物馆领导班子的素质集中体现了博物馆广大干部职工的素质。随着博物馆向现代化进程的不断迈进，一大批受过高等教育的人才逐渐走上了博物馆的领导岗位，由此带来了博物馆组织模式、工作管理方式的创新变化。然而，就普遍而言，很多博物馆的领导团队不具备这种"核心能力"，需要较长时间的培创和塑造。专家型领导团队的知识应该是博和专的统一，概括起来说，应当培养"四种能力"：第一是专业能力。博物馆是一个人才密集型的单位，领导团队只有成为专业权威，才能形成领导权威。要驾驭全局必先通晓业务。第二是组织能力。坚强和精明的组织协调能力对于一个领导团队至关重要。衡量这个团队是否有战斗力，关键是看博物馆的领导是否团结、民主、勤奋、好学、创新与务实。第三是语言能力。博物馆的社会功能决定博物馆要同人打交道，而且要把"物"介绍给人，所以从业人员特别是团队领导的口头表达能力、书函表述能力以及国际交流能力是成败的决定因素。第四是经营能力。博物馆免费开放后，经费虽然有了基本保障，但作为一项职能其经营手段不能弱化，无论是藏品营销、展览营销，还是媒体营销、网络营销等，都是对领导团队智慧与能力的考量。

二是培养文博管理人员。免费开放增大了工作量，工作面和资源不断向社会领域延伸和拓展。新的趋势既对博物馆员工的能力素质提出了新的要求，同时也为博物馆员工的成长锻炼提供了沃土。许多博物馆都存在着这样一种情况，在现有的后勤、保卫、人事等行政管理人员中，从文博专业毕业分配到博物馆工作的寥寥无几，多数是通过种种途径安排或调进博物馆工作的，这些人员的文化程度偏低，大部分是高中、

中专、大专生，个别的甚至是初中生，而且没有任何专长。博物馆是个特殊的事业单位，博物馆的管理工作较之其他行政事业单位的管理工作有完全不同的特点，要求管理人员不仅要懂得现代管理科学，并且还要掌握博物馆学知识。鉴于此，博物馆要有意识地加强对他们的培养，把他们放在实践中锻炼，让他们边干边学，边学边干。在给他们交任务、压担子的同时，为他们提供机会、创造平台，从而使他们成为内行，脱颖而出。

三是多重岗位实践锻炼。培养一专多能人才的最直接、最有效的方法就是岗位轮替。无论是干部还是职工，如果分配到博物馆某一业务部门后，长期待在那个岗位，势必造成欠缺部门间的基本知识的横向联系，没有多个岗位的实践经验，一专多能就无从谈起。所以，应该让新分配到博物馆的人员先到各个相关的业务部门进行短期的轮岗学习，以获得一些基本的知识，然后再实行定岗工作。比如一名优秀的研究人才，除搞好本馆主题历史文化的研究外，还要兼备新闻报道、编辑出版、旅游宣传、设计展览、策划广告等业务水平和工作能力；一名合格的档案管理人员，既要懂管理科学，还要懂科技知识，熟悉运用电子媒体管理存证的方法，诸如摄影、分类、保管、展示等，都要掌握一套完备的科技应用。所以在博物馆各科学相关渗透、相互交错日趋紧密，新的研究成果层出不穷，知识陈旧周期不断缩短的今天，加强多功能人才队伍的开发尤其重要，尤为紧迫。

三、既立足当前，又谋划长远，与时俱进拓展人才培养路径

常言道："十年树木，百年树人。"博物馆是一门实践性很强的学科，人才培养不是一朝一夕的功夫所能达到的，必须在实际工作中积累完善，在实践中检验、发展博物馆学理论。在这个过程中，随着社会大环境的改变，人才的培养方向或许有所改变，但是对于整个社会来说，对文化的传承与弘扬而言，博物馆的人才培养意识是不应该改变的。因地制宜，因才施用，合理高效地利用现有人才，积极引进所需人才，建立自身的后续人才库，进而建设高素质的人才队伍，充分开发利用人才资源及其潜能，是一项紧迫的、长期的、系统的工程，是博物馆管理者、人才机构亟待研究和解决的新课题。

一是制定长期培养规划。在博物馆人才问题上，绝不是引进几个硕士、博士等高学历人才那么简单，必须立足博物馆实际，根据人才现状，制定人才培养长远目标，形成人才培养长效机制。如果员工专业文化知识素养达不到工作要求，就要制定专业

文化知识教育措施；如果是技能方面达不到理想素质目标，就应采取实践能力的培训措施。总之，要根据实际工作情况因人而定。在人才的培养过程中，不但要注重培训人才的层次，更要注意培养人才的梯次。若干年后，当馆里一批老同志退休时，这批青年人已经成熟，成为业务骨干、业务部门负责人，这样就可以避免青黄不接、人才断裂现象的出现。

二是创造优质发展环境。为高素质博物馆人才提供施展才华的空间和平台，让高素质博物馆人才明确自身工作岗位是成就事业、实现自身价值和社会价值的重要平台。克服把博物馆工作当职业、当谋生手段的肤浅认识，牢固树立"把博物馆工作当事业干、当艺术追求和毕生追求"的理念。既要为培养造就高素质人才创造舒适宜人的硬环境，又要为培养造就高素质的人才营造"敬业、勤业、精业、创业"的软环境。给博物馆人才教方法、压担子、交任务，让业务出众、能力突出的同志在博物馆"唱主角、挑大梁、站前台、打头阵"，尽早进入事业发展的"快车道"，不拘一格选拔优秀人才。

三是加强岗位教育培训。博物馆的发展是一个长远的事业，博物馆对人才的培养实际上也是为自身储备未来。将博物馆所有专业人员都培养成为某一方面的专家可能不太现实，但博物馆可以有重点地确立自身在某些方面的特长，通过岗位培训和继续教育提高职工对本职工作的熟悉程度，从而不断提高职工队伍的整体素质和竞争能力。比如可以通过邀请国内一流的专家、学者到博物馆作专题讲座；可以选送有培养潜力的干部职工到各高等院校在职进修，以及选派到兄弟博物馆学习；还可以选送专业人员到上级举办的文物鉴定培训班、国学培训班、藏品保管员培训班、讲解员培训班等班次参加学习培训。有条件的还可以组织到境外、国外参观学习，以开阔视野、提高理论与实践水平，使干部职工接受最前沿理论与知识的洗礼。

四是优化人才引进机制。人才战略是博物馆的重大战略。博物馆要把引进人才作为博物馆事业发展的第一战略，坚持"求人、用人、育人、敬人、留人"五项原则，并把尊重人才放在博物馆用人原则的首位。人才开创事业，事业造就人才。引进人才就是引进智力。切合博物馆的实际可以引进三个层次的人才，即：国内外有丰富经验的文博专家；国内从事文博工作的专业人员；国内高校文博专业的应届毕业生。通过引进，云集国内外的专家学者，奠定相关学术研究的人才基础，提高研究、陈展层次。此外，还可以进一步拓展人才开发渠道，借用馆外研究力量，实现人才资源共享。博物馆是个公益性社会文化教育机构，从目前情况看，其陈展设计、专业研究等力量不可能是全国一流的。因此，要使博物馆的陈展和研究达到国际先进水平，还需借助于馆外的研究力量。通过一些项目的打造，与一些国内外研究专家建立长期的合作，聘请他们为客座研究员，为博物馆提供咨询和远程指导。

四、既改革制度，又强化激励，务实管用建立人才激励机制

博物馆拥有了人才，还应创造有利于人才成长的环境与氛围。长期以来，博物馆人事工作主要是人员"进、管、出"，每年都按部就班地负责录用、考核、工资、福利、退休等常规性工作。这种传统的、封闭的人事管理观念必须更新，新的时代特别是免费开放对博物馆人事管理工作提出了新的要求，人事管理工作还肩负着为博物馆寻求人才、用好人才、管好人才、培养人才的重任，将人才管理的新理念、新方法、新手段运用到博物馆人事管理的实践工作中，培养、造就一支具有专业水平、勤奋敬业、充满生机与活力的文博人才队伍。要做到这一点，必须加快人事制度改革，打破平均主义、大锅饭制度，实行定岗定位、绩效定酬，完善考核、晋升、奖惩制度，形成高效、长效、实效的竞争机制和激励机制。

一是改革现行人事制度。"能者展其才，庸者让其位"。建立和完善以岗位管理为基础的用人机制，按需设岗，双向选择，竞争上岗，同职同聘、高职低聘或低职高聘，打破行政职务和专业技术职务终身制，逐步做到以岗择人，因人施用，绩效挂钩，形成有利于各类人才成长和施展才能的选人用人机制。积极推行"聘任制"，按照公开、公平、公正、择优的原则，实行全员聘用。除了干部实行竞争上岗之外，全员聘任制职工也要实行竞聘上岗，增强工作压力，迫使干部职工主动提高自己的业务水平，主动深入研究，提高行政管理、专业技术和后勤服务水平。这种"弹性"的人事制度，不仅能极大地调动广大干部积极性、创造性，而且免去了过多的繁文缛节，提高了工作效率。

二是建立合理分配机制。管理的基本原理表明，人的工作绩效取决于个人的工作能力和激励水平，其公式是：工作绩效＝工作能力×激励水平。根据这个原理，博物馆人力资源管理的重要环节之一，就是要调动干部职工的积极性，让干部职工的积极性由参与阶段，到出力阶段，再到尽职阶段，最后达到自觉阶段。由此可见，要取得良好的工作绩效，在干部职工提高工作能力的同时，关键是提高激励水平。博物馆只要设计好规则，广大干部职工就会在给定的条件下积极地朝着组织所期望的发展方向努力，实现组织所期望的目标。比如通过设置薪酬激励体系、授权、授誉、职工生涯管理等实现竞争与激励；通过建立目标责任制、强化使命和观念、加强能力培训与开

发、建立和完善岗位职责等实现引导与鞭策。人才难得。博物馆要有苏轼"士有一言中于道，不远千里而求之"的求才若渴、爱才如命的精神，竭尽全力为广大人才创造良好的工作环境。要使马儿跑得好，要给马儿多吃草。这是改革开放和社会主义市场经济条件下正确的用人原则和导向。

三是运用多种激励方式。博物馆能够采取的激励手段很多，归纳起来至少可以分为"报酬激励"、"事业激励"、"精神激励"、"感情激励"四类。报酬激励就是除了一般的工资、福利、奖金之外，博物馆为优秀的人才设立人才奖励制度，定期表彰有突出贡献的专业人才和经营管理者，提高博物馆的凝聚力和向心力。事业激励就是博物馆把工作目标与干部职工的个人愿望结合、统一起来，为广大干部职工提供事业平台。马斯洛认为"人的最高需求是价值的自我实现"，梦寐以求、梦想成真才是人才的最大动力。精神激励就是根据研究的成果和工作实绩，授予优秀人才荣誉称号，为优秀人才评功评奖，从精神上、个人荣誉上进行鼓励。感情激励就是对优秀人才的尊重与理解、信任与宽容、关心与体贴，做到"乐士之乐而乐，忧士之忧而忧"，以此激发干部职工的工作信心和热情。通过加强人才队伍培养，促进博物馆专业化、现代化、社会化水平全面提升，为进一步强化博物馆文明传承、文化沟通、增进知识和公众教育的职能，奠定坚实的基础。

作者单位：扬州博物馆

品牌：博物馆文创产品的竞争力

夏维凯

内容提要：博物馆可视为一个国家文化素质高低的一项重要指标。近年来博物馆的成长速度飞快，博物馆彼此之间竞争变强，于是利用多元手段吸引观众至博物馆参观已经成为一种趋势。博物馆的文创产品工作，透过文创产品的开发与销售积极整合社会资源，善用馆内的人力，来达到博物馆所追求的宗旨与使命，并且建立起博物馆在观众心目中的良好形象。而博物馆文创产品区别于市面流通商品的最大特点，一为文化，二就是品牌。品牌既增强了博物馆文创产品的吸引力，又增加了产品的附加值。

关键词：品牌　博物馆　文创产品

美国营销学会在 1960 年将品牌定义为："一个名称、名词、符号、象征或其他特征，可将销售者的物品或服务与其他竞争者的物品或服务区分开来。"简而言之，品牌可用以识别与形成差异化，提供一致性质量的承诺保证，亦为投射自我形象与决策的辅助工具。

所谓"创造品牌"就是给产品一个记号，这记号可以借由一个签名或图案，来说明这项产品的来源国或生产厂商，谈论品牌要从产品开始；表示品牌是对组织产品质量、服务与价值的承诺，必须历经顾客重复使用与满意度的长时间考验。认为品牌就是企业，整个企业以及产品所代表的意义，是与品牌一致的。而将品牌视为产品、企业、人以及符号四种概念，强调品牌的概念不仅涵盖了产品，关于品牌的讨论是超过产品范围之外；品牌除了传递产品的范围、属性、质量与用途等功能，更提示了品牌的个性、与使用者之间的关系、使用者形象、来源国、企业组织联想、符号、情感的利益、自我表达利益等。品牌在此广泛性概念执行下，有些产品若只达到其中几项概念，便可传达出成功的品牌识别。

一、何为博物馆品牌

"博物馆是一个不追求营利，为社会和社会发展服务的，公开的永久性机构。它为研究、教育和欣赏的目的，对人类和人类环境的见证物进行收集、保护、研究、传播和展览，以便公之于众，提供学习教育欣赏的机会。"这是1974年国际博物馆协会第10届大会为博物馆所下的定义。1989年在海牙通过的《国际博物馆协会章程》第二条又明确规定"博物馆是一个为社会及其发展服务的非营利性的常设机构。""非营利性"是博物馆机构的特性，而"营销"的含义则是指一个企业把产品承诺的服务提供给顾客以获得利润的行为。这两者其实是不相抵触的，非营利性是对博物馆机构性质的确定，而不是对博物馆组织行为的限定。博物馆可以从事合法的经营活动，通过提供社会需要的物品和服务获得在合理限度之下的收益。

现代管理学之父彼得·德鲁克认为在21世纪当下，任何产业必须以企业的理念来经营；品牌在企业中，是代表消费者心中所塑造的形象、承诺、质量、经验的集合体，在文化产业中产品、服务的品牌经营，当然也需要长期持续地开展。博物馆内的各类型展览活动以及商店所销售的文化创意产品等，都负有延续博物馆品牌的使命。

前台北故宫博物院院长林曼丽曾说："要让故宫不只是博物馆的品牌，更是生活美学的品牌。"并认为艺术文化是21世纪的消费品，将更为接近民众生活，在此之下，必须将故宫整体结构予以活化，借以成为现代化博物馆的品牌。

凯文·莱恩·凯勒是人们公认的对营销沟通与战略品牌管理进行综合研究的先驱者之一，著有《战略品牌管理》，他认为品牌化涉及消费者心态的组成与建立，同时能帮助消费者完善产品与服务的相关知识，进而决定购买。其产品应包含了实体商品、服务、零售商店、网络产品与服务、人物、组织、地理位置、观念等。这个观点与博物馆领域较为接近，博物馆提供给观众的不仅仅有展览和文创产品，还应有配套的服务、组织与观念等。

二、博物馆品牌的功用

根据研究指出，品牌形象应是一种来自消费者对于品牌的概念，它是一种主观与知觉的现象，来自于消费者情绪的反应。品牌形象不仅是来自于产品本身，它也被影响或植根于产品策略活动、文字说明之中。也就是说，品牌形象其实更多的来自于消费者心理，会受到产品策略活动或是消费者的习惯而影响。

当博物馆拥有品牌，可以将博物馆特点与服务进行差异化的表现。同时，清晰且稳固的形象，是博物馆对观众的一种承诺，观众会对博物馆所提供的产品及服务感到信赖，甚至受到吸引。

品牌建立的过程是一系列产品策略的推进过程，品牌的建构也就是一系列在消费者心中建立形象的过程。博物馆品牌可以塑造或改变大众对于博物馆的印象，借由不同的产品策略塑造博物馆形象，使大众建立心理认同感，也就是知名度与好感度。

关于欧美博物馆品牌的讨论，可以提一提古根海姆博物馆。古根海姆博物馆是世界著名的私立现代艺术博物馆，创办于1937年，以连锁方式经营，是一个博物馆群，总部设在美国纽约，目前在西班牙毕尔巴鄂、意大利威尼斯、德国柏林和美国拉斯维加斯拥有4处分馆，欧洲以外的第一座古根海姆美术馆将在2017年于阿布扎比开幕。在创建初期，馆里只展示了一些被认为是先驱艺术家的抽象派或具象派作品，如白俄罗斯裔法国画家、版画家和设计师马克·夏加尔等，后来因藏品的成长与空间的限制，古根海姆基金会开始于世界各地开设分馆，并且同样都使用"古根海姆"为名称。古根海姆借由品牌延伸，使品牌的高知名度与市场影响力，吸引观众参观，创造了新馆的经济效益。

三、品牌概念在博物馆文创产品的应用

1. 品牌概念淡薄阶段

早期博物馆商店中所销售文化产品的都属于商品的范畴，也不存在品牌的概念，但其实博物馆所销售的商品无形中都有了博物馆的备注，让公众更为信赖。

以扬州博物馆为例，扬州博物馆的文化产品服务起步于20世纪90年代，当时"收藏热"刚刚兴起，产品策略针对艺术品市场，以销售古旧物品和社会热点收藏品为主，定位接近于文物商店，旨在获取经济收益，补贴行政支出。

2005年，博物馆新馆建立，新的环境带来了新的思路。当时居民的收入水平逐渐提升，对于礼品的需求慢慢旺盛。针对于此，我们开发了具有博物馆气息的收藏类文化产品：仿霁蓝釉白龙纹梅瓶，由景德镇生产，3种规格，适合不同需求；汉玉璧与"宜子孙"玉璧，便于携带；古籍线装书，利用馆藏古籍版片，配合工艺流程演示，适于收藏、赏读；仿"清乾隆豆青釉里红倒流壶、公道杯"，休闲雅致，赏玩佳品。这类文化产品，为博物馆取得了很好的社会和经济效益，但是价格较高，流通数量也

较少，宣传及服务属性不明显。自 2008 年免费开放之后，博物馆定位越来越倾向于面向社会公众的文化娱乐休闲场所，收藏类文化产品渐渐就不受欢迎了。

展览是博物馆的主要文化产品，免费开放之后，观众的文化需求越来越多，标准也越来越高，为适应社会文化服务的多元化需求。我们调整文化产品策略：配合展览，开发较为简单的文化产品；以馆藏文物为对象，开发重点文化产品。2015 年，1 月，为"大吉羊——扬州博物馆羊年艺术展"开发羊年主题剪纸；2 月，为"多彩的生活——南京博物院藏木刻版画展"引进天津杨柳青木板年画；4 月，围绕"领异标新二月花——故宫博物院、南京博物院、扬州博物馆藏扬州八怪书画精品展"展品开发八怪系列文化产品，包括"高翔·事事大吉"金属钥匙扣、"李鱓·蔷薇图"金属名片夹、板桥木质/纸质书签套装、扬州八怪印章款 T 恤衫、郑板桥手书《兰亭序》雕版产品；5 月，为"大唐商都——扬州出土唐代文物联展"开发唐·打马球金属方镜、冰箱贴等文化产品，配合"心线神针——陆树娴、陆俊俭、陆蔚华刺绣作品展"引进扬州刺绣工艺品。

2. 品牌强化阶段

近年来，我国博物馆的文化产品化和市场化运作近年取得了较大进步，相关的产业也在逐步发展：在全国范围内，很多博物馆建立文创产品商店，并从多种渠道引进充实所销售商品。目前，故宫博物院、中国国家博物馆、上海博物馆等博物馆成立了具有独立法人资格的馆属企业，从事博物馆文化产品的开发。

从总体现状来看，博物馆从收购本地区的旅游纪念品到奔赴全国采购知名地方特色商品；从定制馆藏文物复仿制品到开发带有博物馆元素的文化创意产品；从自顾自地开发少有人问津的高端文化产品到开发兼具实用性与艺术性的文创产品。中国博物馆逐渐知道了"顾客的需求才是第一位的"，摸索到了博物馆文创产品工作的正确方式。

以故宫博物院为例，截至 2014 年 8 月，故宫博物院共计研发文化产品 6746 种，并针对不同客群，设计出层次鲜明、品类丰富的文创产品，包括玉器、青铜器、瓷器、雕漆、首饰、T 恤衫等多种类别，其中使用"故宫"、"紫禁城"驰名商标的文化产品827 种，每年研发新产品近 300 种。其中既有为高端客户研发的品质优良、做工精细的系列文化产品，如根据院藏绘画《五牛图》立体化塑造的"铜五牛"摆件，以故宫如意、祥云等为元素制作的"荷韵天福"、"衣锦还返"、"如意当头"茶陶制具套装等，也有面向普通观众便于携带、赠送、物美价廉的系列故宫文化纪念品，如"宫廷娃娃"家族，包括小皇帝、小皇后、小阿哥、小格格、和珅、纪晓岚、郎世宁、御前侍卫等"萌"形象的摇头娃娃、手机座、调料罐、存钱罐、便签夹、冰箱贴、钥匙链等，又如包含故宫元素的时尚生活用品，采用团龙团凤、花窗、《九阳消寒图》等故宫元素进行设计的苹果、三星手机壳等。此外，还有配合举办的陈列展览，涵盖具有故宫文化特色，拥有自主知识产权的系列文化产品，如配合"兰亭"大展研发的"兰亭"系列钱包、手提包、鼠标垫等。

3. 博物馆品牌的保护

品牌的维护任重道远。早在 2004 年，故宫博物院就曾因版权问题将一家出版社诉上公堂。而在市场经济大潮中，盗用故宫授权企业信息资源的事件并不少见。在发展博物馆事业的同时，2006 年故宫博物院通过邀请招标的方式选择了一家有经验的专业公司，为故宫的经营网点进行规划，以此进一步提高故宫整体的服务水平。2006 年 6 月，"故宫""紫禁城"两个商标已被国家商标局批准为驰名商标。此外故宫还于 2005 年、2006 年分别在澳门和深圳设立了故宫文化产品专卖店。目前，故宫内所有的经营网点均使用故宫品牌，达到规范发展的目的。

随着社会经济的发展和民众生活水平的普遍提升，社会公众对博物馆也提出了更高的期望和要求。文创产品作为延伸博物馆生命力、加深观众对博物馆理解与认识的信息传承载体，正日益占据博物馆发展的重要位置。观众不仅从观赏陈列展览中得到知识传递、科学积累、艺术熏陶，也从一件件生动活泼、贴近生活、充满特色的博物馆文化产品中，实现了把"博物馆文化带回家"的愿望，博物馆的文化传播和公益性文化的服务功能也同时得到了更好的发挥。

作者单位：扬州博物馆

X 光安检设备在博物馆的应用和思考

吉爱军

内容提要：现代安全防范技术通过高科技手段实现预防犯罪或有效制止犯罪，从而直接为社会的稳定、保障社会财富和人民生命财产安全服务，X 光安检设备即为代表性产品之一。无论是我国还是其他国家，最早使用安检门基本上在机场。近几年，车站、法院、大型公共服务场所等单位对于 X 光安检设备应用也非常广泛。当大多数机场、法院和车站等用户都对安检门这东西有更深了解的时候，博物馆行业也开始对 X 光安检设备的应用有了全新认识和深刻的思考。

关键词：X 光安检设备　博物馆　应用和思考

一、X 光安检设备的概述

X 光安检设备是一种先进的 X 射线图像处理系统。该设备综合了高效半导体探测器、数字图像处理技术和计算机图像显示的优点，为用户提供了一个高效可靠和具有服务功能的高质量图像。X 光安检设备主要由行李输送部分、X 射线控制部分、信号处理及传输处理部分、电气控制部分组成，是一种检测人员有无携带违禁物品的探测装置，主要应用在进入人员较复杂的公共场所来检查人身体上隐藏的金属物品，防止进入的人员携带武器、管制刀具、雷管、炸药等。X 光安检设备是借助于传送带将被检查行李送入 X 射线检查通道，经过复杂的运算和成像处理后得到高质量的图像而完成检查的电子设备。X 光安检设备具有：探测灵敏度高、探测速度快、无死角、无盲区、可调节、没有人为因素干扰、不涉及搜身、尊重被检测对象隐私和容易操控等诸多优点。

二、X 光安检设备在博物馆行业的运用

当前我国社会治安秩序总体趋于稳定，各种社会治安问题在人民群众心理可以承

受的范围之内，但在今后的一段时期里，国际、国内的种种不稳定因素必定会给我国的社会治安状况带来一定的影响。博物馆作为一个多功能、开放式的公共文化服务设施，在文物收藏、研究、展示、传播、服务等方面起到重要作用。到博物馆参观的观众人数逐年上升，且观众成分比较复杂，其中不乏某些不法分子为了各自的利益往往会混入观众中，携带一些违禁物品进入博物馆伺机作案，这就给博物馆的安全管理工作带来了很大的难度。

目前，X光安检设备已经广泛应用于民航、铁路、公路等很多需要进行公共安全检测违禁品的行业。经过长期的实践检验，X光安检设备在这些行业的使用被证明是目前最行之有效的安全检查工具之一。所以，在不侵犯观众的人身权力的前提下，使用X光安检设备等相关技术手段对进入博物馆的观众进行有效的安全检查，也逐渐成为很多博物馆对观众进行安全管理的第一道防线（图1、2）。

图1　X光安检机

图2　博物馆入口处的安检设备

三、博物馆X光安检设备的选型、安装位置和环境要求

随着科技的发展，各种塑料武器、炸药、毒品、易燃易爆液体等危险违禁物品对社会的安全形势形成了新的威胁，这些危险物品已经成为机场、火车站、汽车站等人员成分比较复杂场所的安全检查的重点。所以，我们博物馆在选择X光安检设备时，要充分考虑到当前安检工作的实际需求，选择合适的安检设备。

目前，国内市场上的X光安检机主要分为：单能量X光安检机、双能量X光安检机、双视角 X 光安检机和 CT 安检机。单能量 X 光安检机技术相对成熟，屏幕上很容易识别金属枪支、匕首这类物品的图像，但是很难分辨黑白图像里的有机物，如：炸药、毒品、塑料武器等危险物品；双能量 X 光安检机具有先进的超清图像显示、先进的物品图像增强识别、有机物的剔除、可变密度增强、可变亮度增强、可变边缘增强等功能，并以安检员的经验为辅助，从而达到对有机物危险品的识别效果，但难以分辨复杂背景中相互遮挡的物体；双视角 X 光安检机能够直观而立体地判断物体外观结构，但是该机型辐射剂量较大，造价成本高，三维图像的重建技术还不成熟，目前市场上的产品性能都不太稳定；CT 安检机通过对被测物体内部进行断层扫描，可以极为精确地检测出被扫描物体的成分、形状、密度等一系列属性，安检人员能够很轻易地分辨出危险物品，但 CT 安检机检查速度缓慢、辐射剂量大、技术难度高、价格昂贵。

　　综上所述，我认为博物馆在选择 X 光安检设备时要尽量选择目前市场上性能稳定、鉴别能力高、扫描成像技术相对比较成熟的"双能量 X 光安检机"。针对双能量 X 光安检机存在的"难以分辨复杂背景中相互遮挡的物体"的缺点，我建议在使用过程中可以对存在复杂背景的包裹进行多次多角度扫描，从而能够有效的、快速的辅助安检人员开展对违禁物品的识别、有机物和无机物的剔除等工作（图3）。

图 3　双能量 X 光安检机

　　博物馆在确定安装 X 光安检设备时，要切实根据各个博物馆对安检工作的实际需求，选择合适的安装位置。根据安检工作的性质，我建议将安检设备安装在博物馆的各个主要入口处。有条件的博物馆，可在文物库房入口或外来人员较多的其他涉及文物存放的重要工作区域也安装相应的安检设备。

　　X 光安检机属于比较精密和高技术含量的机电一体化系统，所以对其所处的工作环境有一定的要求，以保障安检设备的正常工作，避免对设备造成损坏。X 光安检机不适合露天安装，要避免日晒风吹雨淋。因为各个博物馆的建筑风格和展厅布局存在差异，有些博物馆的入口设置上存在一些局限性和不合理性，但确需安装在露天的环境下时，则要采取相应的遮挡措施。X 光安检机对周围的环境要求也相对较高，安装时要充分考虑到设备周围的环境因素，如：温度、湿度、附近有无信号干扰源、金属探测门固定的强度等。另外，在使用前还要检查一下设备有无可靠的接地、供电电压是否符合相关规定，以免造成安检设备不能正常工作，从而影响安检设备的检查精度和准确性。

四、博物馆安检工作中存在的一些问题

实践证明，X光安检机在博物馆的运用可以科学的、客观的、人性化的、有效的起到防范和吓阻犯罪分子的作用，在博物馆的安全管理中有着非常重要、不可替代的位置，为博物馆安全管理的第一道"防火墙"。但是在实际操作中，我发现很多博物馆，特别是一些中小型博物馆在开展安检工作时还存在这样那样的问题，给博物馆安检工作的有效开展带来了一定的隐患。

1. 在多年来与国内许多博物馆的学习交流中，我发现很多博物馆在对进入博物馆的观众进行安检时，都将安检的重点放在了对金属管制物品和打火机的检查上，而忽略了对其他一些危险物品的检查，如易燃易爆的液体、气体等，这也就给不法分子提供了可乘之机。

2. 安检工作是一项非常专业的工作，必须要由经过专业培训的人员来进行实施操作。但由于用工体制的问题，目前国内许多博物馆的安检人员都是由保安公司或物业公司指派，这些人员的工作稳定性不高、流动性大，专业素质不高。许多所谓的安检人员只能对安检设备进行简单的操作，不能有效地识别包裹中的一些特殊违禁物品，安检设备基本就是一个作用不大的摆设。

3. 从实际操作来看，一套安检设备至少需要3名安检人员互相协同工作，才能正常开展安检工作。为了不影响观众的参观，提高观众入馆速度，一个中型的博物馆至少需要安装两台安检设备才能满足正常安检工作的需要。因受经费等因素的制约，国内许多博物馆只安装了一台安检设备，甚至有些博物馆没有安装安检设备，这就直接给博物馆的安全管理带来了漏洞。有些博物馆虽然想方设法投入资金安装了安检设备，但并没有专业的安检人员来操作，甚至处于关机状态，基本上就是一道任由观众自由通行的"门框"。

4. 有些博物馆在开放期间，在观众不是特别多的情况下，基本都能够按照相关程序开展安检工作。但是到了观众流量大的时候，由于安检的程序问题，导致安检口时常发生观众积压排队，导致部分观众不理解，怨声载道，大部分博物馆的安全管理部门迫于观众的压力从而简化了安检程序，这往往也会给不法分子提供可乘之机。

5. 博物馆是一个服务型的窗口单位，在利用手持金属探测器对观众进行身体探测并进行检查时，由于没有相关的法律法规或公安部门的明文规定作支撑，有些观众对安检工作不理解，存在一些误解，不认可各个博物馆自己制定的相关安检规定，常常导致纠纷的发生。每当上级机关收到观众投诉时，往往都会要求博物馆的安全管理部门出具详细的书面调查报告。博物馆的安全管理部门经常会在这方面花费大量的时间和精力去进行调查，从而严重影响了安全管理部门的工作秩序和安检人员的工作积极性。

综上所述，要想真正的、切实有效地做好博物馆的安检工作，我们还有很长的路要去走、去探索。结合多年的安全管理工作经验和安检工作的特点及安检工作中遇到的问题，我个人有几点建议：1. 希望国家文物主管部门能够协同公安部门出台一些针对博物馆安检工作的相关规定或指导性的建议，便于各个博物馆在开展安检工作时参考；2. 博物馆的安全管理工作至关重要，希望上级相关部门能够加大对博物馆的安防投入，不能一味的为了节省经费，而忽略了安检工作的重要性；3. 希望相关的文物主管部门或公安部门能够为博物馆的安检人员提供一个相对专业的学习培训机会，给博物馆的安检人员有一个系统的、专业的学习平台；4. 各个博物馆的安全管理部门要加强对安检人员的素质教育，让安检人员了解安检工作的重要性，进一步提高工作责任心，严格按照安检工作的相关程序开展安检工作，守好博物馆的第一道大门。

作者单位：扬州博物馆

借宣传之力　兴中小型博物馆

姜凌宇

内容提要：近年来，我国博物馆事业发展迅速，伴随数量的不断增加，发展重心也开始向服务质量发生转变，以满足当代观众日益增长的精神文化需求。然而现有的博物馆却面临着基础设施、办馆能力、观众接待能力和服务水平的不平衡现状，占绝大多数的中小型博物馆由于藏品、展览、管理等方面的不足，日益被边缘化，影响着博物馆整体社会效益的有效发挥。本文尝试探索，如何借助宣传的力量振兴中小型博物馆，挖掘其优势资源，拓展宣传形式，通过贴近市民生活，吸引外地游客，强化自身能力等逐步扩大影响，推动中小型博物馆的可持续性发展建设。

关键词：宣传　中小型博物馆

一、博物馆发展现状

近年来，我国博物馆事业发展迅速，截至 2013 年，全国博物馆总数共计 4165 家，十年间增长近一倍，伴随数量的增加，发展重心也开始向服务质量发生转变，以满足当代观众日益增长的精神文化需求，然而现有的博物馆中，基础设施、办馆能力、观众接待能力和服务水平却是不平衡的，功能较完善、影响力较大、处于省会等大城市的一级博物馆为 96 家，中央地方共建及培育对象为 8＋3 个，共占到博物馆总数的 2%～3%，其余绝大部分规模较小、藏品较少、条件较弱的，被称为是中小型博物馆，由于缺乏合理的展览体系，社会教育能力有限，他们逐渐被边缘化，社会地位相对下降，社会影响也日渐淡化，观众人数长期没有明显的增长，大部分时间门可罗雀。据统计，我国博物馆 2013 年全年接待观众 6 亿人次，还没有达到人口总数的一半，且大部分参观人数比例被大馆所占据，而"在许多发达国家参观博物馆人数与其总人口数相当甚至是数倍，人均年参观量能达到近 3 次"[①]已经成为公民学习和生活的重要习惯，我国中小型博物馆的观众覆盖面低，难以发挥出应有的作用，与今天人民的生活节奏和文化需求相脱节。中小型博物馆作为博物馆事业的基础力量，在保护文物古迹、宣传历史文化、爱国主义教育等方面都是不可替代的，它的发展好坏直接牵动着文博事业的整体水平，更关系着博物馆社会教育功能的有效发挥，如今当务之急就是要抓紧时代发展的脉搏，立足于中小型博物馆的可持续性发展建设，激活其生命力，让更多的人感受它的温度，享受文明发展的果实。

二、振兴发展靠宣传

博物馆是为人民服务的，中小型博物馆要振兴发展，说到底就是要让更多人走进博物馆，实现社会效益，当人们说起博物馆为什么大家总能首先想到故宫博物院、南京博物院、首都博物馆或是各省级博物馆，所谓"桃李不言，下自成蹊"，这些大牌场馆凭借雄厚的馆藏实力，无时无刻不吸引着大众的眼球，牵动着民众的心，中小型博物馆无论是发展定位、馆藏数量还是开放管理、信息化管理等方面均普遍存在先天不足，该如何走入人们的视野，影响到人民的生活？也许除了不断夯实基础强化实力之外，可以尝试借助宣传的力量。《博物馆群众教育工作》中将博物馆对外宣传定义为："运用各种传播媒介，向社会宣传介绍博物馆、宣传博物馆的藏品和陈列、宣传博物馆各种形式的活动，提高博物馆的知名度，扩大它的社会影响，达到宣传群众、吸引群众和组织群众，使群众能更充分地利用博物馆的这一目的。"[②] 为了实现提高知名度，扩大社会影响，宣传群众、吸引群众和组织群众的目的，不仅仅要依靠博物馆从客观实际出发，充实藏品、丰富陈列、更新活动、增强自身宣传实力，还需要政府及相关部门的积极支持与共同努力，将中小型博物馆纳入区域发展的整体规划当中，深挖优势资源、丰富宣传形式、拓展宣传渠道、营造宣传氛围，使博物馆走上综合性、多样化宣传发展道路，将博物馆概念慢慢渗透到人民的生活中去，逐渐提高知名度，最后形成以宣传拉动人气，以客流量刺激自身制度的优化调整，再以高品质的管理和服务推动宣传力进而提高影响力的良性循环。

三、多样化宣传方式

灵活多样的宣传方式就是要有形有质、有声有色地推广放大博物馆自身文化社会效益。中小型博物馆要走自己的宣传之路，还应顺势而为，扬长避短。首先，它作为社会基层文化组织，有着更多与广大群众直接而频繁接触的机会；其次，它具有独特的文化和历史背景，体现一定的主题性和特色性；第三，它规模较小、工作量和资源投入量较少，易于管理，有着"船小好调头"的便利，要充分利用好博物馆文化、区位、特色优势，结合不同观众群体特征，引观众进来，再借助观众口碑载道的力量将博物馆宣传出去。

（一）加强亲切感，贴近市民生活

针对本地市民，搭建起文化休闲娱乐平台，推出系列性文化活动，与市民保持长期往来联系。

1. 建立博物馆与市民生活空间的交集，推动思想文化的交融，强化博物馆在市民生活中的重要性。新的《博物馆条例》明确博物馆开展社会服务应当坚持为人民服务、为社会主义服务的方向和贴近实际、贴近生活、贴近群众的原则，丰富人民群众精神文化生活。在"三贴近"原则指导下，利用中小型博物馆扎根于民众中间的区位环境优势，建成区域性、社区性文化休闲中心，举办系列性民众活动，吸引市民来到这里、认识这里最终离不开这里。扬州唐城遗址博物馆地处扬州蜀冈高地，有观赏扬州美景绝佳位置的美誉，利用这一地理优势，这里修缮百级石阶以及仿唐式城墙、阙楼，以供人们体验攀登赏景的乐趣，配合传统节日推出系列性民众活动，如清明踏青、中秋赏月、重阳登高等，每年都吸引着众多市民纷纷赶来体验节日的乐趣。由于空气清新、环境静谧，石阶脚下还成为老年人清晨锻炼身体的聚集地，更有人每天骑车从远处赶来，为的是不错过这每天的"聚会"，博物馆在社会服务方面发挥出它应有的能力，同时也收获了不少的人气和名气。

2. 积极设计开发与市民平等对话、交流互动的文化平台。建立老百姓身边的文化知识和素质教育课堂，推出符合地域文化且富有时代特色的公益活动，举办特色学习班，开设人文历史讲堂。如扬州市文物局联合扬州晚报等推出"文博直通车"系列活动，通过"票选心目中的文博场馆""我与文博场馆的故事征文""我为文博场馆献一计"和"文博场馆免费游"等内容，极大地提高了市民对各个博物馆的关注度，伴随博物馆的参观和讲解，加深了对身边小型博物馆的了解，也激发了进一步学习的浓厚兴趣。青少年群体也是需要积极争取的对象，建立青少年群体文化活动基地，开展青少年文化活动，让他们影响身边更多的家长、同学来到博物馆，了解博物馆。扬州唐城遗址博物馆成立小记者志愿者活动基地，致力于小朋友能力的锻炼和文化知识的普及，在招募的三批小志愿者中相继开展了志愿讲解评比、征文比赛、暑期读书、文博之旅等活动，赢得小朋友们的喜爱；仪征博物馆连续三年推出"七彩假日"系列活动，打造品牌社教项目，每年都迎来数百名孩子的积极参加；扬州文博办、文物局、教育局等策划的"博物馆之夏"夏令营活动，通过参观十三家博物馆，探访隋炀帝遗迹、古城遗址、史可法遗存、扬州八怪足迹、朱自清生活履痕，组织六场专题讲座以及撰写心得，拉近青少年与博物馆的距离，这些活动促进了孩子们对博物馆的热爱，也提高了博物馆的知名度，在青少年朋友们和家长朋友们的积极支持下，吸引了更多市民对博物馆的认识和关注。

（二）提高知名度，吸引外地游客

外地游客是流动性群体，具有重消费、休闲、娱乐、学习、体验等特征，要突出亮点、打造品牌，以完备的服务设施、高品质的旅游环境吸引游客。

1. 抓好旅游业的重要抓手扩大宣传。积极联结博物馆与其周边的名胜古迹、文化公园，聚集文化、生态、旅游等资源，丰富相关配套设施建设，完善周边服务性行业，建成集游玩、学习、休闲、消费、住宿于一体的旅游圈，以群体魅力吸引人气，满足游客的多元化需求，增加游客走进博物馆、了解这座城市历史文化内涵并向外传播的机会；如扬州蜀冈瘦西湖风景名胜区，以文化为灵魂，瘦西湖生态水系为纽带，园林人文景观为特色，大明寺、观音山、唐城、汉墓、宋夹城等历史遗存为节点展开天然秀美的国画长卷，每年都吸引着四面八方的客人到此游览，瘦西湖联票的销售，更积极引导着游客走进博物馆。此外，可以整合特色旅游资源，通过积极联合旅行社，推出旅游精品线路来拉动人气，如扬州在提升古城游，打造文化修学游方面，以运河、盐商、八怪、宗教、曲艺等为主题，串联私家园林、名人故居、古城遗址、盐商大宅，推出文化旅游套餐线路；扬州的中国剪纸博物馆举办三大世界非遗项目：古琴、剪纸、雕版印刷联展，并将其非遗项目技艺展演融入个园与汪氏小苑的旅游线路中，增加了让世人认识和了解这三项世界非物质文化遗产的机会。

2. 挖掘特色性文化资源吸引人气。博物馆集中了一个地域历史和文化的总和，是对外文化交流的重要窗口，要深入挖掘地方文化资源以彰显一方魅力，打造体验性环节来传播城市特色文化。如以大运河成功申遗为契机，合理调整扬州水文化博物馆，以全新的运河文化理念为世人再现扬州自古以来依水而建、缘水而兴、因水而美，与水生生相息的关系，从民众的生活体验出发，展示这座"运河城"深厚的运河文化，让人们感受到扬州"水城共生"的文化底蕴，呈现扬州特有的文化气质；借助"舌尖上的中国"栏目，做好淮扬菜的文章，通过推出吃、学、做等互动性活动，打造观众参与、交流、互动、体验的平台，吸引更多游客走进中国淮扬菜博物馆，突出"看历史、品文化、吃风味"的特定主题，将扬州"淮扬菜之乡"的称号发扬光大。

（三）强化能力，提升形象，留住人心

博物馆要尽己所能提升社会服务形象，强化宣传能力，为观众留下深刻的印象。

1. 优化陈列展览，美化馆内外环境，提高服务质量。中小型博物馆的经费和空间有限，展览不能做到常换常新，然而不求多，但求精，做好做精常规展览同样会为观众留下深刻的印象。场馆空间虽小，却可以力求精致，用干净整洁的环境氛围，细致周到的设施服务征服观众的心。与大馆联合举办展览，开展学术活动，让文物架起与更多观众沟通的桥梁，让活动提高社会影响力。如扬州唐城遗址博物馆与市博物馆联合举办"羊年文物艺术精品展"，借用馆藏资源拉近与观众的距离，扬州八怪纪念馆联合扬州博物馆、扬州美术馆举办纪念郑板桥诞辰 320 周年系列书画展，于三处场馆分别举办了"当代著名书画家作品邀请展"、"绝世风流——扬州博物馆藏郑板桥书画精品展"和"当代扬州著名书画家作品邀请展"三个展览，并在扬州博物馆召开郑板桥学术研讨会，极大提高了自身的影响力。

2. 制定灵活多样的门票制度。秉承"让所有人都能参观得起"的理念实施门票制度，对于有条件的博物馆最好实行免费开放，既能得到基本运行费用保障，有利于推进博物馆机制改革和管理创新，不断提升社会服务功能，又能吸引更多的人走进博物馆，我国免费开放博物馆从改革开放之初至今，每年接待观众由免费开放前的 1.5 亿人次，已经增加到目前的 6.38 亿人次之多。对于没有条件免费开放的博物馆，在对未成年人、老年人、残疾人等实行免费或优惠参观政策同时，还可推出家庭套票、特定时段票和定期免费日等活动，吸引公众走进博物馆。江西省举行江西旅游景区减免门票月活动，世界各地的游客都可凭有效身份证件减免门票进入江西景区游览，活动期间共接待国内外游客 1261 万人次，同比增长 82.06%，在拉动交通运输、酒店餐饮和娱乐等行业收入近 60 亿元的同时，也极大地扩大了"江西风景独好"品牌的影响力。

3. 强化宣传能力，增强正面宣传力量。中小型博物馆不仅要联合广播、报纸等大众媒体，及时推送活动信息及报道，还要积极引进新型手机导览、APP、微信，尝试开发文物、展览的数字化产品，让公众随时随地游历博物馆，此外制作醒目规范的路标指示牌，博物馆广告牌也是必不可少的，在西方国家街头广告牌上，除了商品广告外，出现频率最多的就是各博物馆的宣传广告，展览内容、时间、门票价格都一目了然。

宣传是一种拉动力，是一种集中优势资源来扩大影响的力量，中小型博物馆的宣传离不开自己及整个社会的共同努力，促使其一定程度上的振兴和发展，然而实现中小型博物馆的可持续发展建设任重而道远，需要从根本上解决资金、人才、管理、收藏、研究等问题，只有科学对待、合理研究、全面发展，才能真正提高我国博物馆发展的整体水平。习总书记强调："中华文明源远流长，孕育了中华民族宝贵的精神品格，是推进改革开放和社会主义现代化建设的强大精神力量。让文物说话激发民族自豪感和自信心，坚定全体人民振兴中华、实现中国梦的信心和决心。"我国中小型博物馆浓缩着历史的精华，沉淀着悠久的文化，是我国博物馆事业的中坚力量，唯有可持续发展，才能最终为实现中国文化大发展大繁荣、为实现中华民族伟大复兴的中国梦贡献力量。

作者单位：扬州唐城遗址博物馆

注释

①曹兵武：《中小博物馆的振兴》，《中国文物报》，2005 年 9 月 9 日第 6 版。
②国家文物局编：《博物馆群众教育工作》，文物出版社，1993 年，第 5 页。

试谈对博物馆反恐防暴工作的认识及对策

李 扬

内容提要：随着博物馆事业的发展进步，博物馆的社会影响越来越大，在备受众人关注的同时，各种风险也纷至沓来，安全防范成为重中之重，除防火防盗之外，恐怖保利活动的隐患也成为防范的重点之一。北京时间2013年4月16日凌晨三点左右，美国波士顿肯尼迪总统图书馆和博物馆发生爆炸式恐怖袭击，可见少数极端分子已将恐怖威胁的目光锁定到博物馆。由此可见博物馆界在错综复杂的国内外形势面前，必须提高警惕，掌握新动向，研究新对策，强化反恐防暴意识，从而制定出更科学、更贴近现实的防范措施。

关键词：博物馆 反恐防暴 认识 对策

在错综复杂的国内外形势下，当今全球的博物馆已经进入了一个多事之秋，随着信息化的大发展，博物馆事业大力推进，社会关注度也越来越高。博物馆的安全所面临的压力也越来越大。当前博物馆除了传统的安全防范外，反恐防暴工作理应成为博物馆系统安防的重要课题之一。对此，笔者拟对博物馆强化反恐防暴工作的认识及对策作一探究。

一、博物馆易遭受暴力恐怖威胁的潜在原因

我们应该宏观的多角度、多层面地分析问题。极端分子选择博物馆作为实施暴恐事件的对象，一定有它的诱发原因。我们只要分析诱发因素，就能有效地评估出博物馆遭受暴恐威胁的风险，从而适时制定出有效的规避及应对方案。笔者以为，现今博物馆遭受暴恐威胁大致有两大潜在原因。一是当今博物馆的社会地位及发展趋势所体现出的社会重要性及影响力，我们姑且称之为"内因"。二是当前有哪些极端分子比

较活跃，有可能借助对博物馆实施暴恐事件来达到自己的目的，我们称之为"外因"。下面笔者主要就"内因"谈谈自己的认识。

极少数极端分子选择博物馆作为实施暴恐事件的对象，博物馆自身有哪些方面会引起极端分子的关注呢？我分析主要有以下三点：

1. 博物馆不断提升的社会影响力

从 1977 年起，国际博物馆协会（ICOM）就把每年的 5 月 18 日定为了"国际博物馆日"，并且选择相关主题在世界范围内开展各种形式的宣传、纪念活动。改革开放以后我国正式加入国际博物馆协会，不断加大对外文化交流力度，全国博物馆事业蓬勃发展，社会公众对博物馆的了解、参与和关注与日俱增。中华上下五千年不同时期的历史文化所孕育出的独特精神气质让我国各地博物馆更具文化内涵，品种更加丰富多彩，因而成为城市及国家的历史缩影。大家都能认识到，想真正地了解中国历史，感悟中华民族文化，最佳途径就是去参观博物馆，因为博物馆就是一本立体的、直观的"百科全书"。

2. 博物馆实施免费开放政策后的社会反响

2008 年 1 月 23 日，中宣部、财政部、文化部、国家文物局联合下发《关于全国博物馆、纪念馆免费开放的通知》。根据通知，全国各级文化、文物部门归口管理的公共事业博物馆、纪念馆，全国爱国主义教育示范基地都逐步实行免费开放。免费开放后，前来参观的游客量逐年递增，游客的身份趋向广泛而复杂。尤其是本地观众数量大幅度增加，其中，大中小学生、社区老年人、单位组织的团体观众以及以家庭为单位的观众陡增，同时，低龄儿童的数量也呈倍数增长，不同背景、不同年龄段的观众群体对博物馆表现出明显的兴趣与需求。中国青年报社会调查中心通过民意中国网和搜狐新闻中心，对 2085 人进行的在线调查发现，60.7% 的受访者今年去过免费开放的博物馆，其中 25.3% 的人去过 3 次以上，受访者中，"80 后"占 40.5%，"70 后"占 36.6%，"60 后"占 12.1%，从以上数据可以看出，现在的博物馆已成为年轻人群较为集中的公共事业场所。

3. 在博物馆事业改革发展过程中安全保卫工作任重道远

博物馆作为文物及文化遗产集中收藏、保护和展示的公共文化设施，已成为对外宣传的重要窗口，每年不但要接待成千上万的游客，还担负着各类重大接待活动。依据国家文物局编著的《博物馆事业中长期发展规划纲要（2011～2020 年）》，全国博物馆正式进入了全面改革阶段。随着免费开放的实施，资金的紧缺和人员编制不足的问题一直困扰着各地方博物馆，很多中小型博物馆因此抱着侥幸的心理轻视了安保工作，作为基础保障的博物馆安保工作面临着更为严峻的形势。原文化部部长蔡武同志在《将安全切实融入文物事业发展目标》一文中，科学分析了文物安全总体形势，并明确指出全国范围内各地区的文物安全防范长效机制尚未形成，文物保护管理机构不健全、编制短缺、力量薄弱的现象依然普遍存在，博物馆和文物保护单位安全防范设施达标率依然普遍偏低。再看看今天，仍有一部分博物馆安全保卫部门所用的《博物馆安全保卫工作规定》还在沿用着公安部、文化部1985年制定的规定。当然自2013年2月1日，《博物馆和文物保护单位安全防范系统要求》正式公布实施后，全国各地的博物馆也针对自身的实际情况制定出适合现今工作的相应规定，规范了自身的安全工作，但在执行中还是遇到了种种实际问题。

二、暴恐威胁的基本特征

为了方便广大群众的参观学习，更好地发挥好公益性文化机构的社会价值，全国博物馆建筑位置大多为名胜风景区或城市中心周围，其地理位置和周边环境的复杂性为实施恐怖事件创造了有利的条件。从近年发生的恐怖袭击事件来看，极端分子为了快速达到自己的目的，企图营造出更加恐怖的氛围，其方式方法也已变得越来越多样化，其基本特征大致有五点：

1. 目标的规律性与重要性

为了营造更加暴恐的氛围，达到预期的暴恐效应，极端分子一般会预先选择好重要部位，然后抓住重要时机实施暴恐事件。极端分子如果选择博物馆作为袭击目标，可能会选择重要时机对重要的部位及目标下手，通常会选择主建筑物、重要展区、游客密集部位、重要来宾及重要领导人等作为袭击目标，在节庆、重大展期、展览高峰期、重大接待期间行动。暴恐事件一旦实施成功，极端分子便可借助博物馆这个国内外备受关注的对外文化宣传交流平台，将恐怖信息迅速扩散，从而形成一个讨价还价的局面，以此来影响公众情绪，甚至干预到国家大政方针，破坏国际关系。

2. 事件的隐蔽性与突发性

暴恐组织为了能掩人耳目，避开安全防护系统，在行动前必定会进行一番周密的反安检部署，精心乔装打扮或更多层的伪装，将自己彻底地隐藏在暗处，直到锁定目标后不宣而战，突然爆发暴恐事件，让所有处于被袭击的目标防不胜防、难以招架，始终处于被动状态，从而为实施暴恐事件赢得更多的胜算。随着博物馆每年接待游客量的不断提升，有些博物馆在游客参观高峰期的安保力量已明显跟不上处理突然事件的需求，因此恐怖分子的隐蔽战术必然会占据上风。例如通过巧妙的伪装和蒙骗，顺利通过机场安检，将易燃易爆或危险物品带上飞机，进而引发暴恐事件。

3. 手段的多样性与先进性

为了能提高胜算，制造更大的影响力，极端分子可能会利用博物馆环境和地形的复杂性及其社会功能性将各类手段并用，采取声东击西、袭点打援，以及预设伏击等多种袭击手段。极端分子除实施砍、杀、抢等传统的袭击手段外，也有可能会使用化学武器、信息网络等高科技先进手段。随着社会的发展，高科技行业在新时代里毫无疑问地占据了主导地位，以高科技为手段已普及于暴恐活动中，成为现代暴恐活动的又一个重要特点。

4. 事件的连续性和残忍性

极少数极端分子为了达到更大程度地恐吓民众、威胁政府的目的，常会采取对一个目标或多个目标连续袭击的手段。像博物馆在重大节日布置重大展出、接待重要宾客的这种情况，就有可能被极端分子定位袭击目标，从而实施袭击重要宾客、破坏重要展品、劫持民众作为人质等连环暴恐事件。这种连续选择博物馆实施暴恐威胁的手段往往会非常残忍，具有破坏范围大、受害人数多等特点。

5. 事件的渲染性与传播性

极端组织制造暴恐事件，一方面是报复性行为，另一方面则是想引起最大区域、多数人最大程度的恐慌与轰动，用社会的关注度作为和政府谈条件的筹码，以满足自己的私欲。随着博物馆事业的发展与进步，现如今的博物馆已被赋予了多重"光环"，备受社会关注，因此极端分子如果选择了博物馆作为袭击目标，便可利用当代发达的新闻传媒来渲染和扩张恐怖气氛，扩大影响力。事实也确实证明了，像这些具有标志性意义的场所一旦遭受恐怖袭击，全世界的媒体都会争先恐后地跟踪报道，恐怖的讯息会很快地笼罩着全社会，人民群众的安全感骤然降低，极端分子由此就会很容易达到威胁社会、挑衅政党、向政府增加多重压力的目的。

三、暴恐威胁的主要手段

根据博物馆的日常情况及其地理环境，结合当前媒体报道的暴恐案例来设想和推断，笔者认为博物馆可能遭受暴恐威胁的手段基本为两部分。

1. 常规袭击

（1）爆炸性袭击：对游客、标志性建筑和车辆等目标的爆炸，主要作案工具为威力极大的各种炸药。

（2）暗杀性袭击：对重要宾客及重要领导人的暗杀，主要作案工具有枪支，刀具等。

（3）自杀性袭击：为了能达到目的，以牺牲自己为代价的各种袭击。

（4）劫持性袭击：有劫持人质（游客、重要宾客及工作人员等）、劫持车辆（普通游客车辆、重要接待车辆及文物押运车辆等）等。

（5）破坏性袭击：有破坏重要建筑设施、主要安全设备及网络联动系统、文物及文化遗产等。

2. 非常规袭击

（1）核与辐射暴恐袭击：通过核爆炸或放射性物质的散布，造成环境污染或使人员受到辐射照射。

（2）生物暴恐袭击：利用有害生物或有害生物产品直接性侵害人，或污染食物、水源、空气等间接性侵害人。

（3）化学暴恐袭击：利用有毒、有害化学物质侵害人、重要基础设施、食品、饮用水、空气等。

（4）网络暴恐袭击：利用网络散布恐怖信息、组织恐怖活动、攻击电脑程序和重要信息系统等。

四、反恐防暴的基本对策

对于可能出现的暴恐威胁，我们要想以有限的人力和资源做好防范工作，必须要对暴恐威胁有充分的认识，有了认识才能冷静地分析出暴恐活动的特点，制定出更科学更适行的对策。暴恐威胁无非是为了制造恐慌局面形成恐怖效应，为了不使极端分子的阴谋得逞，我们尤其要做好以下五方面工作。

1. 主动防御，通过抓住第一战机，阻断恐怖效应的形成

极端分子要想达到恐怖效应，需要有充足的时间来准备和实施。而博物馆的安保工作主要就是防御工作，往往打的就是时间仗，在遇到突发情况时如何在第一时间"拆招"，是我们一直以来都在探讨和研究的问题。从对目前国家一、二级博物馆的安保防御力量分析，如果将现有的技防设施和人防力量进行合理的布控，笔者认为是可以达到无死角、无间断防范的"无缝对接"状态。每个博物馆的情况虽然都不一样，但如果我们将中心控制室的监控报警设备对有效部位的封锁和安保人员巡视范围的划

分有机结合，就可以尽可能将整体防御系统达到 24 小时无间隙状态。这样，一旦有异常情况，我们就可以在第一时间发现，第一时间控制，第一时间处理，从时间上抓住第一战机，将一切安全隐患甚至暴恐威胁统统扼杀在萌芽状态。

2. 严守第一关，通过层层设阻，将暴恐威胁挡在门外

暴恐威胁的实施地点肯定是重要核心部位，而博物馆的重要核心部位就在其内部。只要进入博物馆就有可能接近到重要核心部位，所以重点防御就在门口。在此笔者认为可以借鉴一些省馆的经验，投入小部分资金，在实施免费参观政策的同时制定免费不免票措施，在门口添置身份证认证系统和安检设备，所有游客必须凭借本人身份证，通过身份证认证核实后领取参观票，领到参观票的游客必须在门口排队接受安检，顺利通过安检设备才能进入博物馆内，这样通过增加门口技防力量就能便捷有效地掌握进入馆内游客的基本情况，从而很大程度地降低馆内安保防御压力，更高效地提高重要核心部位的安全性。

3. 控制馆内的参观人数，严防局面失控，让暴恐威胁无机可乘

暴恐威胁的目的是为了制造恐慌，从而让局面失控，失控的局面就是实施暴恐威胁的最佳时机。自从博物馆实施免费开放后，参观游客与日俱增，尤其是在节假日、博物馆搞活动期间，游客的疏导工作压力巨大，为了满足游客的参观需求，我们往往还会人性化地增加馆内的参观人数，从而忽略了局部人群密度超出安全范围的隐患。因此笔者认为要根据馆内参观面积，结合公安、消防对公共场合人群密度控制的要求，严格限制参观游客的最大数量，这样不仅能防止参观局面的混乱，为游客提供一个良好的参观环境，提高其参观质量，并且还保障了馆内安保管控质量，有效预防破坏行为的实施，使暴恐威胁无机可乘。

4. 加强安保防范的跟进工作，通过将人防、技防、物防的有机结合，让极端分子知难而退

随着博物馆功能的逐步"激活"，安保防范的跟进工作显得尤为重要。自震惊全国的故宫博物院盗窃案发生后，国家出台了《博物馆和文物保护单位安全防范系统要求》，该标准实施后，对博物馆的安全防范工作进一步提出了详细的要求。博物馆安全防范的跟进工作已是一项不宣而战的工作，如何进一步做好安全防范跟进工作，笔者认为这就需要我们深入到日常工作，从人防入手，通过重点针对日常防御工作的连续性来细化规定、量化管理，从而使安保人员的防范意识常态化。其次要对技防、物防进行定期评估、分析现状、排查死角，通过对技防和物防的持续维护和更新，对重点部位适时增强重叠防御，由此来提高人防的机动性，从而增强处置突发事件的应变

能力。最后我们还要不断地加强安全信息的快速收集和整合能力，安全意识的普及和宣传力度。通过多层面多角度的思考和探讨，科学地细分方案，以便于更灵活地调整安保力量，从而实现不管在什么情况下都能有效地将人防、技防、物防进行迅速的有机结合，最终使极端分子知难而退。

5. 从实际入手，加强反恐防暴应对能力

各地方博物馆根据自身情况要有计划地安排博物馆全体工作人员的反恐防暴演练，借鉴公安部门的反恐防暴的演练经验在演习中摸索积累自己的经验，从中预期地找出工作差距和薄弱环节。2014年6月，国家博物馆就成功开展了全馆反恐防暴现场演练。同年，河南新乡博物馆、西安半坡博物馆、杭州工艺美术博物馆均相继开展了类似的活动。据悉，华山博物馆已制定了反恐防暴应急预案。这些跟进措施大大增强了博物馆人的防暴恐意识，并体会到了反暴恐斗争的实战氛围，从而做到有备而战，防患未然。

五、结　语

暴恐活动的残酷性和负面影响力似乎无法以常理来推断和让人接受，它的恐怖效应已超出常规突发事件的影响范围，处置常规突发事件的应对能力已不能应对暴恐事件的突发性。作为博物馆的安保工作者，必须要全新地、严肃地认识它。古有曹操一夜筑冰墙破马超追击的典故，这说明了曹操懂得大自然的发展定律，利用天冷结冰的道理，将水拌沙一夜筑成城墙。万事万物都有它的发展定律，只要我们了解它的特性，研究它的规律，破坏它的形成条件，暴恐威胁自然就会不攻自破。博物馆就好比一个城堡，安全防范的条例、法规和跟进措施就好比铜墙铁壁，我们每个安保工作者只要从思想意识上积极防范，行动缜密，敢于碰硬，善于谋略，必然能积极做好反恐防暴工作，必定能为博物馆事业的发展和进步保驾护航。

作者单位：扬州博物馆

参考文献

［1］赵晓风：《恐怖主义活动的社会心理危害及对策的探讨》，《理论导刊》2009年11期。

［2］蔡武：《将安全确实融入文物事业发展目标》，文物局网站。

［3］《盘点全球各类恐怖活动新特点 反恐依然任重道远》，《新民晚报》2009年1月9日。

仪征境内有关吴文化考古发现之初探

刘　勤

　　内容提要：扬州在吴文化中占有重要地位。仪征地处长江以北，正是吴国北上的通道，境内的甘草山遗址、虎山遗址、神墩遗址等商周遗址，出土了一些具有鲜明吴文化特色的文物。长江两岸有着相同的古代文化遗存的发现，表明当时长江两岸文化交往是比较密切的，从地缘关系到文化交流，印证了仪征地区在西周晚至春秋时与吴文化有着千丝万缕的联系。

　　关键词：仪征　吴文化　考古发现

　　先秦时期，扬州地处吴国腹地，公元前486年，吴王夫差筑邗城、开邗沟，迄今已2500年的历史了，扬州在吴文化中占有重要地位。仪征自古隶属扬州，境内分布着一些与吴文化相关的文化遗存，由于考古及研究工作的薄弱，我们在此方面所做的工作十分有限，认识也十分粗浅，今不揣冒昧作一介绍，旨在起抛砖引玉作用，向专家学者学习请教，推动我们对此问题的研究与思考。

一、吴文化的定义和特征

　　吴从商代晚期立国至公元前473年被越所灭，大约有七百年左右的历史，西周至春秋前期，吴一直地处长江下游，春秋晚期，自吴王寿梦开始，国力渐强，成为当时的春秋五霸。公元前486年，吴王夫差为北上伐齐争霸中原，在蜀冈古邗邑之地筑邗城，是为扬州建城之始，并开邗沟通江淮间水道。

　　江苏和安徽长江沿岸及其以南地区在西周和春秋时期属吴国范围，从江苏的南京、江宁、高淳、溧水、镇江、丹徒、丹阳、句容、金坛、武进、无锡、苏州、吴县、吴江、昆山及浦口、六合、仪征、扬州、江都到安徽的屯溪、繁昌、贵池、青阳等地。

20 世纪 50 年代以来，考古工作者在这一地区发现了大量的商周时期文化遗存，学术界将这些古文化遗存称为湖熟文化和土墩墓。科学研究结果表明，带有鲜明地方特色的湖熟文化和土墩墓为吴文化遗存①。吴文化最初发源于宁镇地区，到西周晚期向东南发展，扩展到太湖流域，并逐渐与越文化融合②。考古专家将吴文化的特征概括如下③：

1. 台形遗址：是"湖熟文化"聚落形态的一个特点，遗址大多在河湖沿岸的土墩山丘上为主，因此称作台形遗址，以石器为主要的工具，但已具有青铜器铸造的技术。生活用的陶器大都是夹砂粗陶，还有泥质黑皮磨光陶、几何印纹陶和原始瓷器等。目前宁镇地区发现 200 多座商周时期台形聚落遗址，通过广泛调查和发掘，这一土著青铜文化的属性定为吴国早期文化。

2. 土墩墓：根据现已发掘材料，宁镇地区土墩墓西起安徽皖南屯溪，东至上海金山戚家墩，南至太湖沿线，北过长江抵仪征、六合④，盛行于西周时期，至春秋战国之交随着吴国的灭亡为具有楚文化特点的竖穴土坑棺椁墓所取代。迄今所发现的西周吴国奴隶主贵族墓葬，均分布于宁镇地区，尤以丹徒一带为最集中。在苏皖南部所发现的土墩墓中，有七座墓出土成套的青铜礼器、陶器和原始瓷器，仪征破山口西周墓是其中一座。

3. 陶器：以夹砂和泥质红陶为主，亦有灰陶、黑陶以及几何形印纹硬陶和原始瓷，炊器有鬲、甗、鼎等，盛食器有罐、瓿、豆、盆、钵、碗等。常见纹饰有绳纹、曲折纹、云雷纹、方格纹、回字纹等。

4. 青铜器：在江南地区属于古代吴国的版图上，发现众多的的铜器，器形有鼎、鬲、簋、尊、盂、盘等，有的器形纹饰与中原地区相同，有的则有明显地方特色。根据分析，宁镇皖南地区所发现的铜器多是春秋早期以前的，而太湖流域出土的铜器主要是春秋中期以后的。

5. 石器：有锛、斧、半月形镰、穿孔弧刃刀等。

二、仪征境内商周时期古文化遗址的发现

仪征位于长江下游江边，与镇江隔江而立，西临六合，东接扬州，北界安徽天长，是古长江喇叭口出海处⑤。蜀岗是其长江古岸线，作为文明的摇篮，这里发现了甘草山遗址、虎山遗址、神墩遗址等商周遗址，出土了一些具有鲜明地方特色的文物（图 1）。

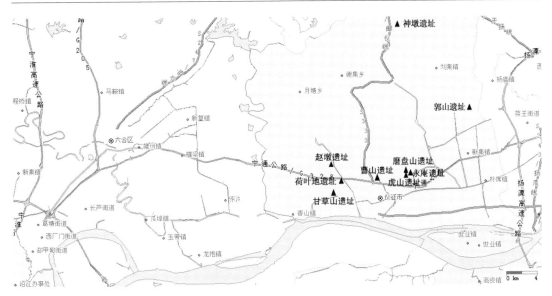

图1　仪征商周遗址分布

1. 甘草山遗址[6]：1961年南京博物院进行江苏仪六地区湖熟文化遗址调查时发现[7]。1982年由江苏省仪征化纤公司文物工作队进行了发掘，文化遗物以夹砂红陶和泥质红陶为主，炊器以鬲为主，盛器中的罐以敛口、圆肩、圆底为主。第四层文化层出土有几何印纹硬、软陶及少量原始瓷（图2）。

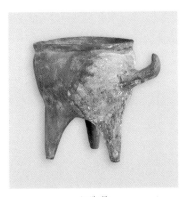

红陶鼎

原始瓷豆

红陶拍

灰陶豆

图2　甘草山遗址出土器物

2. 荷叶地遗址：位于仪征市真州镇先进村荷叶组，胥浦河西侧，甘草山遗址东北约2公里。遗存分布范围约1200平方米，文化层厚度约1.6米。2012年配合化工园区项目工程建设，扬州考古研究所、仪征博物馆对该区域进行了考古勘探，发现了商周时期的红陶片、鬲足等文化遗存，为进一步探明遗址的性质，对该遗址进行了试掘，发掘总面积100平方米，发现了商周时期房屋基址、灰坑等遗迹（图3），出土了一批生产、生活用具（图4），证实了该遗址是一处商周时期的小型聚落遗址。

图3　荷叶地遗址2012年考古试掘现场

红陶鬲

石锛

灰陶豆

图4　荷叶地遗址出土物

3. 郭山遗址：位于仪征市新集镇江宁村郭山组，遗址为一圆形高台地，平均海拔高度 10.1 米，占地面积约 7.3 万平方米，文化层厚度平均为 2.8 米，最大厚度近 5 米，遗址堆积非常丰富（图 5）。地表遍布西周至战国时期生活用具陶器的各种残片，质地以夹砂灰陶、夹砂红陶、几何印纹硬陶器为主，器形有罐、平底盆、鼎、鬲、豆等，纹饰有编织纹、绳纹和几何纹（图 6）。四周有明显的壕沟环绕，壕沟宽 20～30 米，向内有二层台地和夯土迹象。该遗址于 1999 年发现，是仪征市保存状况较好的一处古文化遗址。

图 5　郭山遗址

图 6　郭山遗址出土器物

4. 虎山遗址：位于仪征市新城镇马坝村，沿山河以北，是仪征市一处重要的西周时期聚落遗址。该遗址地处蜀岗南沿，遗址平面为近似长方形的高台地，总面积约10万平方米，文化层堆积1米多厚。地势北高南低，坡势渐缓。遗址破坏严重，现仅存西南部长约200米、宽约40米（图7）。2012年扬州市文物考古研究所与仪征市博物馆联合对遗址西南侧进行考古试掘，试掘面积50平方米，清理灰坑3个、墓葬1座，出土一批陶器标本（图8），从器形种类和纹饰分析，其遗址的年代应为西周早期至春秋战国时期。

图 7　虎山遗址（由南向北）

图 8　虎山遗址出土器物

5. 破山口西周墓：位于仪征新城镇郁桥村。1930 年在破山口发现了一批青铜器，大部分流失，现有 11 件收藏在南京博物院，有四凤纹盘、鱼龙纹盘、素面鼎、饕餮纹甗、素面鬲、凤鸟纹盉、云纹尊、鸟纹尊、方格纹瓿、云纹铲、云雷纹瓿等（图 9）。后又征集到一件"子作父宝"鼎残片，1959 年南京南京博物院在此考古发掘，清理了一座西周墓葬[⑧]，出土了青铜戈、镞、矛、斧、钺、镰等兵器和工具。业内有专家认为，其墓主应为邗国贵族[⑨]。

凤鸟纹铜盉

云雷纹铜瓿

四凤纹铜盘

图 9　破山口西周墓出土器物

6. 神墩遗址：位于仪征市陈集镇丁桥村高塘组，地处蜀岗丘陵地带。位于台形高地之上，自北向南倾斜。遗址的北、东、西三面有河道及水塘环绕，现存面积约 1 万平方米以上。1995 年南京大学历史系在此进行发掘[⑩]，揭露遗址面积 464 平方米，发现一组西周、春秋时期的大规模红烧土建筑居址（图 10、11）。地层中陶片等包含物较为丰富，上层文化层以夹砂灰褐陶、泥质红褐陶占多数，下层文化层中泥质黑皮陶明显增多，器形有鬲、豆、罐等（图12）。神墩遗址是历年来在江苏宁镇及周围地区商周时代考古中少见的保存较完整的聚落遗址，具有比较鲜明的地方特色，对了解仪征西周、春秋时期的文化面貌有重要意义。

图 10　神墩遗址 1995 年考古发掘现场

图 11　神墩遗址（由北向南）

红陶鬲　　　　　　　　　　　　　回折纹硬陶罐

图12　神墩遗址出土遗物

三、与吴文化的渊源与联系

宁镇地区是吴文化的最初发源地，镇江是吴国西周时期政治经济文化中心所在，这一学术观点已成为考古和史学界的共识。仪征与丹徒、句容隔江相望，"逾江二十里至镇江府，东南渡江至应天府句容县九十里"。仪征在春秋时是吴楚之境，"襄王十四年楚子师于棠，以伐吴，时为棠邑东地，敬王三十四年吴城邗，沟通江淮时，为邗沟西地，越灭吴，地属越，显王三十五年楚败越，尽取吴地，复属楚，为广陵县。"⑪此外，仪征地名胥浦及胥浦河的由来，也可反映其与吴国的隶属关系，据《仪征隆庆县志》记载："胥浦在县西十里甘露乡，其源自铜山西南注入于江，旧有伍子胥庙，浦因得名，其浦一日三潮，俗传子胥解剑渡口处。"这种特定的地理位置和历史沿革对仪征地区的吴文化遗存面貌必然具有其一定的影响。

仪征商周遗址中出土的陶器多为夹砂或泥质红陶，亦有一定数量的灰陶和黑陶，几何形印纹硬陶和原始瓷发现较少。常见的器物有带把鼎、鬲、袋足甗、罐、钵、豆等，而吴文化炊器主要为鬲和甗。甘草山遗址、荷叶地遗址出土的甗束腰间加印一圈指捺纹，与南京湖熟镇出土的同类器相同，甘草山遗址的鬲、鼎带有角状把手，与溧水乌山一号墓同类器相似⑫，绳纹半实足鬲与六合程桥东周墓所出土的同类器相同⑬，原始瓷豆与江苏句容浮山果园土墩墓同类器相似⑭，铜斧与六合程仁东周墓出土的亦相类似⑮，这些基本特征相同的器物反映文化之间的相互联系。

青铜器是吴文化的重要表现，仪征破山口西周墓出土的青铜器，造型轻薄灵巧，除个别的具有中原色彩外，大多从造型到纹饰都具有浓郁的地方特色，其风格与江南的吴国青铜器风格相近，双耳鬲和直足鼎与丹徒烟墩山西周墓出土的非常相似[16]，高宽裆瘦袋足的鬲、三段式尊是吴地铜礼器中颇具特色的造型，凤鸟纹盉上的凤鸟纹、四凤纹盘口沿上的立鸟为吴国铜器上流行纹饰。圆刃銎式钺，形体比较特殊，是春秋以后在百越地区广为流行的"靴形钺"的祖型。

仪征地处长江以北，正是吴国北上的通道，长江两岸有如此相同的古代文化遗存的发现，表明当时长江两岸文化交往是比较密切的，从地缘关系到文化交流，印证了仪征地区在西周晚至春秋时与吴文化有着千丝万缕的联系。

作者单位：扬州市文物考古研究所

注释

①杨宝成：《略论西周时期吴国青铜器》，《东南文化》1991 年第 3 期。

②商志谭：《吴国都城的变迁及阖闾建都苏州的缘由》，《吴文化研究论文集》，中山大学出版社，1988 年。

③李伯谦：《吴文化及其渊源初探》，《镇江吴文化研究》，中国文史出版社，2006 年。

④肖梦龙：《对吴国历史文化的新探索》，《江苏史论考》，江苏古籍出版社，1989 年。

⑤许世远、王靖泰：《论长江三角洲发育的阶段性》：距今 7500～6000 年前，长江河口位于镇江、仪征附近，形成喇叭河口（许世远、王靖泰《论长江三角洲发育的阶段性》）。

⑥《仪征胥浦甘草山遗址的发掘》，《东南文化》1985 年第 2 期。

⑦尹焕章、袁颖：《江苏仪六地区湖熟文化遗址调查》，《考古》1962 年第 3 期。

⑧尹焕章：《仪征破山口探掘出土铜器记略》，《文物》1960 年第 4 期。

⑨张敏：《破山口青铜器三题》，《东南文化》2002 年第 6 期。

⑩南京大学考古专业：《仪征神墩遗址发掘有重要发现》，《中国文物报》1996 年 3 月 17 日。

⑪［清］刘文淇纂、万仕国整理：《道光重修仪征县志》，广陵书社，2013 年。

⑫刘兴、吴大林：《江苏溧水发现西周墓》，《考古》1976 年第 4 期。

⑬江苏省文管会、南京博物院：《江苏六合程桥东周墓》，《考古》1965 年第 3 期。

⑭南京博物院：《江苏句容浮山果园土墩墓第二次发掘报告》，《文物资料丛刊（第 6 辑）》，文物出版社，1982 年。

⑮吴山菁：《江苏六合和仁东周墓》，《考古》1977 年第 5 期。

⑯江苏省文管会：《江苏丹徒烟墩山出土古代青铜器》，《文物参考资料》1955 年 5 期。

两汉陈参、陈咸考

秦宗林

内容提要：2012 年扬州西湖镇出土一枚陈参木印，扬州境内几家媒体报道称陈参为王莽之师，其父陈咸为西汉酷吏，王莽辅政后弃官回乡。笔者查阅相关文献认为酷吏陈咸与辞官回乡的陈咸非一人，而王莽之师陈参与弃官的陈咸之子陈参亦应非一人。

关键词：陈参　陈咸

2012 年 8 月 10 日，《扬州时报》报道《西湖镇出土珍贵的汉黑漆虎子、铜镇——从木印推测，墓主人很可能是汉代王莽老师陈参?》一文。文中提到西湖镇一座土坑木椁墓，"这具木椁长 460 厘米，宽 280 厘米，棺椁保存较好。"考古人员介绍，其中发现了数量不菲的文物，其中包括黑漆虎子、彩绘虎形汉代铜镇等。在这座墓葬中，考古人员还发现了一枚"陈参私印"汉代木印章（图 1）。在汉代，私印是当时人们社会交往的信物，形式丰富，用途形制更广泛。一般具有一定身份地位的人才会配备，纯木质地或许与其为官等级有关。

关于该座墓葬的墓主人"陈参"，韦明铧先生介绍，陈参是王莽老师，通《礼经》，其父陈咸，字子康，《汉书》有传。王莽篡位后，陈氏父子拒不做官，表现出儒生的气节。"陈参是邳县人，会不会葬在扬州，最好要有其他出土文物来佐证。"韦明铧表示，史上陈参记载极少，邳县、广陵相距不远，同在苏

图 1　"陈参私印""臣参"

北，不排除他来过广陵，但这只是推测，如果确系王莽时期，也是新莽时代的墓葬，

则有可能是此人。

笔者为了解墓主人身份翻阅史料，其中关于"陈参"的记载有两处：《汉书·卷九十九上·王莽传第六十九上》载：

> 唯莽父曼蚤死，不侯。莽群兄弟皆将军五侯子，乘时侈靡，以舆马声色佚游相高，莽独孤贫，因折节为恭俭。受《礼经》，师事沛郡陈参，勤身博学，被服如儒生。①

《后汉书·卷四十六》载：

> 陈宠，字昭公，沛国洨县人也。曾祖父咸，成、哀间以律令为尚书。平帝时，王莽辅政，多改汉制，咸心非之。及莽因吕宽事诛不附己者何武、鲍宣等，咸乃叹曰："《易》称'君子见几而作，不俟终日'，吾可以逝矣！"即乞骸骨去职。及莽篡位，召咸以为掌寇大夫，谢病不肯应。时，三子参、丰、钦皆在位，乃悉令解官，父子相与归乡里，闭门不出入，犹用汉家祖腊。人问其故，咸曰："我先人岂知王氏腊乎？"其后莽复征咸，遂称病笃。于是乃收敛其家律令书文，皆壁藏之。咸性仁恕，常戒子孙曰："为人议法，当依于轻，虽有百金之利，慎无与人重比。"②

从两处史料记载来看，陈参一为王莽少年时的老师，是当时的大儒；二为东汉名臣陈宠曾祖陈咸之子。那么此二陈参是否为同一人，这一问题根据报纸报道来看，基本将其视为同一人。关于王莽老师陈参的记载仅此一句，而陈宠曾祖之子的记载也仅见于《后汉书》一处。很多学者将《后汉书》记载的因王莽篡位而拒不做官的陈咸，与《汉书》记载的酷吏陈咸视作一人，进而又将王莽老师陈参视为陈宠曾祖之子。固镇县新闻网上关于陈咸的介绍亦为此观点，而此观点应源于《光绪宿州志》。

但是其是否为同一人还有待考证，因陈宠曾祖之子介绍较多，先对其进行考证。陈宠曾祖陈咸是否为西汉酷吏陈咸？

关于酷吏陈咸，《汉书》有多处记载，如《陈万年传》记载：

> 子咸字子康，年十八，以万年任为郎。其父为陈万年。陈万年字幼公，沛郡相人也。为郡吏，察举，至县令，迁广陵太守。③

其父陈万年原为沛郡相县人，即现在的安徽省淮北市相山区，后屡次升迁入长安，为太仆，典故万年教子即与之有关。陈咸为西汉时期著名的酷吏，生活于西汉晚期，历成帝、元帝，与翟方进为同一时代的人，应稍长于翟方进。历任左曹、御史中丞、冀州刺史、北海、东郡太守等职，其任南阳太守时以酷刑树立权威，使得官员自危，豪强慑服。成帝时因丞相翟方进两次进谏而被免，最后回到故郡，因忧成疾而死。"方进复奏免之。后数年，立有罪就国，方进奏归咸故郡，以忧死。"④

陈宠曾祖陈咸根据记载为沛国洨县人，即现在的安徽省蚌埠市固镇县壕城镇，成帝、哀帝时因精于律令被任命为尚书。汉平帝时王莽辅政，多改汉制，后又诛杀异己，陈咸乃去职。王莽篡位后招他为掌寇大夫，他称病不任。然后与三个儿子陈参、陈丰、陈钦回故乡，后来王莽再次召见他，依旧称病不出，在家整理律令。史料称其仁恕。

根据史料关于两人的介绍可以确定，酷吏陈咸与陈宠曾祖陈咸并非一人。酷吏陈咸（称为前者）是沛郡相县人，即当时沛郡郡置所在；陈宠曾祖（称为后者）为沛国洨县人。前者死于成帝时，后者无明确记载，但根据史料断代应该为王莽篡位之后。前者任左曹、御史中丞、冀州刺史、北海、东郡太守等职，是有名的酷吏；后者因熟悉律令任过尚书，史书称其仁恕，且是拥护汉室的忠义之士。且据史料记载王莽生于公元前45年，而酷吏陈咸之父陈万年死于公元前44年，彼时陈咸正当年少，其子又岂能为王莽师。

由此可以肯定关于陈参为酷吏陈咸之子的说法是错把二人混为一谈了。而王莽之师陈参与陈咸之子是否为一人，有待论证。由于关于二人的介绍不多，仅能从时间上进行初步推断。

王莽生于公元前45年，文献记载其少年时师事陈参，其时间大概限定为前35到前25年。根据《后汉书》记载，陈宠曾祖陈咸于公元3年去职。两者相距约30年。王莽求学之时，陈参已经成名，假设其年龄为30岁，及公元3年去职时已经60岁左右，其父陈咸应已经80多岁。汉代时人的寿命较短，其可能性较小。《后汉书》记载：建武初，钦子躬为廷尉左监，早卒。据此推算陈咸之孙陈躬应当出身于公元元年左右。若此时陈咸已80岁左右，其子陈钦年龄应当不低。

王莽之师陈参为西汉酷吏陈咸之子一说是不成立的，西汉时期应当有两位陈咸，一为陈万年之子，酷吏陈咸，一为陈宠曾祖尚书陈咸。而王莽之师陈参是否为尚书陈咸之子，根据时间推算，其可能性极小。"参"为二十八星宿之一，在古代被广泛用于人名，如孔子的学生曾参，汉初大臣、汉惠帝丞相曹参，唐代著名边塞诗人岑参。因此同姓之人用了相同的字做名也是正常的现象。"咸"字表示全的意思，因此也容易被用于人名。

扬州境内发现的陈参墓，根据其出土文物、墓葬结构判断其为一座新莽到东汉初的夫妇合葬墓。其墓主人陈参尚不能与文献记载的两位人物中的某一位确切相对应。

注释

① ［汉］班固撰［唐］颜师古注：《汉书》，中州古籍出版社，1991 年，第 704 页。

② ［南朝宋］范晔：《后汉书》，中华书局，1965 年，第 1547 页。

③④ ［汉］班固撰［唐］颜师古注：《汉书》，中州古籍出版社，1991 年，第 1055～1056 页。

由仪征博物馆藏"高阳子春"铭端砚谈及相关问题

刘　勤　朱翔龙

内容提要：本文通过对仪征博物馆藏"高阳子春"铭端砚的考古发掘背景、历史文献资料等进行分析考证，认为端砚主人为北宋庆历名臣许元，阐述了许元作为发运使与真州的渊源，从而进一步印证了真州作为"漕运喉舌""六路之冲"在历史上的地位。

关键词：许元　"高阳子春"铭端砚　真州　发运使

1993 年，仪征化纤白沙二村工地在施工过程中暴露一座北宋土坑木椁墓，仪征博筹办进行抢救性发掘，墓中出土的一件"高阳子春"铭端砚材质细腻，做工规整，简洁大方，砚铭书体苍劲有力，笔道流畅，属紫端中不可多得的精品。由于此墓遭破坏，未发现表明墓主身份的墓志铭，但端砚上的铭文为我们考证墓主人身份提供了重要的资料。根据现有考古发掘资料，结合相关历史文献，我们考证端砚主人为北宋名臣许元。这与吴笠谷先生《名砚辨》中《高阳子春砚抉隐》[1]考释是一致的。现就该砚发现过程及墓主身份考订等相关问题作一拾遗补阙之谈。

一、许氏家族墓的考古发掘

该墓葬发现地点原属仪征市曹山乡永丰村地界，这是一处岗阜连绵的丘陵地带。1982 年以来配合仪征化纤联合工业公司基建工程，扬州博物馆、仪征市文化局在此地先后抢救性发掘了两座宋墓，均已被毁，两座墓中出土了墓志。该座墓中出土了端砚、雕花石印盒、刻花蓝玻璃天球瓶等精美器物。为表述方便，墓葬编号分别为 M1、M2、M3。

M1：1983 年 5 月仪征化纤基建施工时发现。墓已被盗，墓内随葬品不存，出土一方墓志②。墓志盖刻"宋故奉议许君墓志铭",志铭镌刻阴文楷书33行,志文中曰:"君讳宗孟,字世京,姓许氏,世为宣州宣城人。以崇宁四年七月二十五日葬于真州扬子县甘露乡义城之原。曾大父规赠大理评事,大父逊尚书司封员外郎,赠礼部侍郎。父元工部郎中,天章阁待制,赠左正议大夫。"由墓志铭可知墓主人为许宗孟。

M2:1993年仪征化纤基建施工时发现。出土一方墓志(图1),志文中曰"许君讳恢,字深之,年七十三,以皇祐五年□□二十四日卒,官以熙宁元年十一月十五日葬真州之扬子县甘露乡义城原,以夫人清河县君张氏祔。许□其先家宣州宣城县,为著姓。君也州录事恭军□□□赠大理评事讳规之孙,尚书司封员外郎赠尚书工部郎中逊之子也。"由墓志铭可知墓主人为许恢。

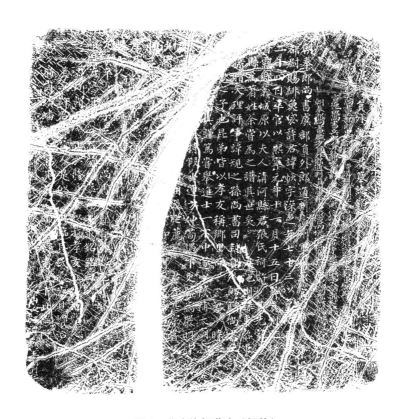

图1 北宋许恢墓志(拓片)

从M1、M2两方墓志中可知,M1主人许宗孟生于皇祐六年(1054年),卒于崇宁四年(1105年),其曾祖父为大理评事许规,祖父为尚书司封员外郎许逊,父亲为工部郎中天章阁待制许元。M2主人许恢生于太平兴国五年(980年),卒于皇祐五年(1053年),祖父为大理评事许规,父亲为尚书司封员外郎许逊。从中可知,许恢、许宗孟为同一家族,许恢为许宗孟的伯父。其家谱世系如下:

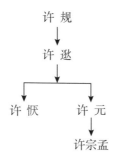

M3：1993 年 10 月仪征化纤在建设白沙二村时发现③。在 M1、M2 的西南部。土坑木椁墓，木质为樟木，坑口被破坏，一棺一厢形制，棺室长 2.1、宽 0.8、高 0.68 米，边厢长 2.18、宽 0.32、高 0.78 米。从墓中清理出随葬器物 12 件，有"高阳子春"铭端砚、雕花石印盒、青白釉荷叶盖小罐、青白釉唾盂、鎏金铜带扣、刻花蓝玻璃天球瓶等④。结合此文，着重介绍端砚、印盒及铜印：

刻铭紫端砚 1 件。完整。造型厚重，呈长方委角形，砚池为斜坡面，前窄后宽，前低后高，四周内敛，砚面有金黄活眼两颗，位于砚池之上，砚背内凹，上有铭文十二字："圣宋庚寅岁高阳子春书府记"。行草书，字体流畅，笔势飘洒。通体青紫色，石质细腻温润。长 23.2、宽 19、高 4.8 厘米（图 2）。

图 2 "高阳子春"铭端砚

雕花石印盒 1 件。完整。盒分三层，长方体，层层子母扣合，可单独开启。盖呈盝顶，盖面上以斜格纹为底，高浮雕莲花、莲叶纹，四侧面以菱形开光，内刻绘四朵对称的莲花，第二层中间有一长方形穿，边栏有墨书题记："明道二祀岁次癸西上春□□□阳"。四外侧面刻绘孔雀穿牡丹纹，第三层四外侧面刻绘鱼戏水藻纹，圈足外撇，上刻莲瓣纹。石质呈紫褐色，造型精巧，纹饰精美繁丽，层次分明。长 5.8、宽 5.8、通高 11 厘米（图 3、4）。

图3　雕花石印盒、铜印

图4　雕花石印盒拓片

铜印2枚。"高阳□章私印"，印文阳刻篆书，印面长方形，直柄，长4、宽2.4、通高4.5厘米（图5）。"许"印，印文阳刻篆书，印面方形，直柄，边长2.8、通高3.5厘米（图6）。

图5　"高阳□章私印"

图6　"许"印

二、关于许元墓的考证

虽然 M3 未出土墓志，但墓葬所在位置及随葬器物为我们判断墓葬时代及墓主身份提供了重要依据。

1. 关于墓葬的年代

M3 中出土的文物虽然不多，但较为珍贵，有四大名砚之一的端砚、雕花石印盒、鎏金狮戏纹铜带扣、刻花蓝玻璃天球瓶、景德镇青白釉唾盂、青白釉荷叶盖小罐等，既具有代表性，又十分精美，无论从造型上还是从制作工艺上都堪称佳品。如端砚，为宋代端溪老坑上品，造型为宋代典型式样，衬手而润，弥足珍贵；雕花石印盒，线条流利刚劲，技法娴熟，风格上延续唐末华丽丰满的制作工艺风格；鎏金狮纹铜带扣（图7），錾刻工艺极其精湛，上有"蔡家造"作坊名款；青白釉荷叶盖小罐（图8），造型精致，构思独具匠心，釉色莹润如玉，展示了宋代景德镇制瓷业的成熟。而刻花蓝玻璃天球瓶（图9）的器形和刻花纹饰都是10世纪伊斯兰玻璃的流行式样，与安徽无为北宋塔基出土的刻花玻璃瓶纹饰相似，反映了宋代与阿拉伯各国有着密切的经济和文化往来，从阿拉伯地区输入了大量的玻璃器，多为皇家贵族达官豪商所收贮使用[5]。此外，端砚上的铭文"圣宋庚寅"为宋仁宗皇祐二年（1050 年），印盒内题记"明道二祀岁"，是宋仁宗明道二年（1033年），墓葬的上限为1050 年。因此，我们推断 M3 的年代为北宋中期。

图7　鎏金狮纹铜带扣

图8　青白釉荷叶盖小罐

图9　刻花蓝玻璃天球瓶

2. 关于墓主的身份

该墓葬位于仪征化纤白沙二村工地，与 M1、M2 发现地相距不远，从 M3 中随葬器物的精美程度看，墓主具有一定的身份和地位。端砚上的铭文"高阳子春"，"高阳"在今河北省高阳县东。汝南、高阳后来形成了许姓最著名的两个郡望，并以此为据点向全国各地辐射。唐《元和姓氏考》载："高阳：许猗及其裔孙世居之地，今许姓宗族不问其祖为谁，皆宗高阳，而奉文叔为亲祖。"清康熙御制《百家姓》："许，派衍高阳。""高阳子春"即许子春，这与出土的一方铜印上的"许"相印证，那么许子春何许人也？与许宗孟、许恢有何关系？

在《仪真隆庆县志·名迹考》中记载："尚书工部郎中天章阁［待］制许元墓，在州甘露乡蜀岗。元字子春，宣城人。欧阳修为志铭。"在欧阳修所做的《尚书工部郎中充天章阁待制许公墓志铭》记载："公讳元，字子春，姓许氏，宣城人也。世以孝谨称乡里，以父任，补郊社斋郎，徙居海陵。……以嘉祐二年（1057 年）月日卒于家，年六十九。子男二人：长宗旦，真州扬子县主簿；次宗孟，守将作监主簿……"⑥

从历史文献中可知，许元，字子春，生于端拱元年（989 年），卒于嘉祐二年（1057 年），曾任江淮两浙荆湖发运判官十三年，为庆历名臣，许宗孟为其次子，许恢为其兄长。这与考古发掘出的 M1、M2 两方墓志相互印证，可见此方端砚主人"高阳子春"即为北宋名臣许元，而此处"扬子县甘露乡义城原"为北宋许氏家族墓茔。

那么，M3 的主人是谁呢？从墓葬的时代和器物特征上表明，该墓下葬年代为北宋中期，墓中随葬器物表明墓主人的身份和地位非同一般，特别是具有西亚风格的玻璃器，"多为皇家贵族达官豪商所收贮使用"，而端砚、雕花石印盒上的铭文表明拥有人是许元，作为其心爱之物和身份的象征，当在其死后随葬。这些均与许元身份（官衔四品）相符，也与其生卒年相吻合，因而推断 M3 应为许元之墓。

三、关于许元与真州发运使

考古发掘验证了"扬子县甘露乡义城原"为北宋许氏家族墓茔。从史料上可知，许元的弟弟许平也葬于此处。许氏一族为何要葬于此处呢？这要追溯到许元与真州的渊源。

在许宗孟的墓志中记载了其父许元的事迹："正议公尤以才自致起常选，不数年待制天章阁，自发运判官至为使，凡十三载，卒为庆历名臣"。许元在《宋史》列传第五十八中有详载："许元，字子春，宣州宣城人。以父荫为太庙斋郎，改大理寺丞，累迁国子博士，监在京榷货务，三门发运判官。"⑦

从欧阳修所做的墓志中"其所与游"可见许元与欧阳修的关系十分密切，欧阳修著有著名的《真州东园记》⑧："真为州，当东南之水会，故为江淮、两浙、荆湖发运使之治所。龙图阁直学士施君正臣、侍御史许君子春之为使也，得监察御史里行马君仲涂为其判官。三人者乐其相得之欢，而因其暇日，得州之监军废营以作东园，而日往游焉。"东园因欧阳修为记，蔡襄书，后人誉为三绝。欧阳修在私家园林记《海陵许氏南园记》⑨中载："高阳许君子春，治其海陵郊居之南为小园。"从文献中可发现欧阳修与许元的不少应和之作，可见欧阳修在扬州任职期间与许元关系非同一般。

从史料中可知，许元作为庆历名臣，因发运使而兴。而宋代真州（今仪征）是朝廷江淮荆浙发运司治所。《玉海》云："发运一司，其制始于淳化，而备于皇祐。权六路丰凶，而行平籴之法。一员在真州，督江浙等路粮运。"⑩"掌经度山泽财货之源，漕淮、浙、江、湖六路储廪以输中都，而兼制茶盐泉室之政，及专举刺官吏之事。"⑪作为中央的派出机构，发运司的基本功能定位就是代表中央就近实施对六路财赋的控制和调集。欧阳修《许氏南园记》中曰："发运使其所领六路七十六州之广，凡赋敛之多少，山川之远近，舟楫之往来，均节转徙，视江湖数千里之外如诸其掌，能使人乐为而事集"。发运司职责是将东南上供中央的各类财赋，及时足额、保质保量地调集到京师或指定地点。无论是仓储、舟船等漕运事务，茶盐、铸钱等课利之政，还是对相关路分的察举、监督，概莫能外⑫。真州作为漕运喉舌，"为六路之冲"，"发运使治所在真州，衣冠之求官舟者，日数十辈"⑬。"真当东南舟车之会，为江淮、两浙、荆湖发运使之治所，岁漕米六百万石，供亿京师。……建炎后，发运使废，仓之空。"⑭

宋仁宗庆历初年，东南漕粮的供应出现了问题。"是时京师粟少，而江、淮岁漕不给，三司使惧，大臣以为忧。"参知政事范仲淹推荐许元出任江浙荆淮制置发运判官，负责征收茶盐等税，向京师运送谷粟等事。许元"为吏强敏，尤能商财利"，"其术长于治财"。到任后，采取果断措施，"悉发濒江州县藏粟，所在留三月食，远近以次相补，引千余艘转漕而西。未几，京师足食"。许元由判官升为副使，再升任发运使，在任达13年之久，对漕运制度进行了一系列改革，"考故事，明约信，令发敛转徙，至于风波远近迟速赏罚，皆有法。"⑮他除对漕运制度多有改革之外，尤其值得注意的是其创行的"籴买代发"漕粮购买法，为王安石变法实行的"均输法"创立了基础。因其在担任发运使期间的功绩，"当国家用兵之后，修前人久废之职，补京师匮乏之供，为之六年，厥绩大著，自国子博士迁主客员外郎，由判官为副使"[16]。后调到京城，为侍臣御史。因此，许元对真州的感情是非常深厚的，其家族墓地选在"扬子县甘露乡义城原"也就情有可原了。

作者单位：仪征市博物馆

注释

①吴笠谷：《高阳子春砚抉隐》，《名砚辨》，文物出版社，2012 年。

②吴炜：《介绍扬州发现的两合宋墓志》，《文物》，1995 年第 4 期。

③刘勤：《江苏仪征胥浦宋墓出土文物》，《长江文化论丛》第四辑，2006 年。

④仪征博物馆编：《仪征出土文物集萃》，文物出版社，2008 年。

⑤安家瑶：《中国的早期（西汉－北宋）玻璃器皿》，《中国古玻璃研究》，中国建筑工业出版社，1986 年。

⑥⑮《欧阳修全集·居士集》卷三三，《尚书工部郎中充天章阁待制许公墓志铭》。

⑦《宋史》卷二九九《许元传》。

⑧《欧阳文忠公文集》卷四十《真州东园记》。

⑨⑬⑯《欧阳文忠公文集》卷四十《海陵许氏南园记》。

⑩王应麟：《玉海》卷一八二《食货·漕运》。

⑪《宋史》卷一六七《职官志》。

⑫《论宋代发运使的演变》，《厦门大学学报》，2003 年第 2 期。

⑭［清］王检心修，刘文淇、张安保纂：《道光重修仪征县志·建安驿记》。

仪征出土汉代漆笭床的初步认识

夏　晶

内容提要：本文主要从墓主身份、流行年代、造型纹饰等方面介绍仪征地区所出土的3件汉代漆笭床；并将本地区出土笭床与楚墓中出土的笭床进行对比分析，证明仪征地区的汉文化深受楚文化影响，并在这种影响下融合、发展，逐渐形成了本地区特有的风格。

关键词：笭床　汉代　楚墓

仪征地区的汉代墓葬埋藏非常丰富，出土了大量精美的文物。彩绘漆笭床是其中比较有特色的一种，根据笔者统计，在仪征地区近几十年的汉墓考古工作中共出土了3件，下文将从墓主身份、年代、纹饰等方面谈几点对仪征出土笭床粗浅的认识。

一、笭床的概念

笭床即匾柎，古时棺中垫尸的木板。《左传·昭公二十五年》："若以群子之灵，获保首领以殁，唯是匾柎所以藉干者，请无及先君"。晋杜预注："匾柎，棺中笭床也。"

笭床最早发现于20世纪50年代的长沙地区，俗称为"雕刻花板"。当时叶定侯先生曾经对"雕刻花板"的名称做过探讨，认为这种"雕刻花板"，是用以承尸沐浴，当牖设奠，入棺藉干的。板上雕孔，正合浴尸之用。现在湖南的习俗，人死下榻（始死，以板承尸置地上，沐浴冠带后再移尸入棺）还类似此一遗制，因此，这种"雕刻花板"应该叫"招簀"、或"华簀"、或简称"簀"，因为它出自楚墓，也可称"第"[①]。

在随后几十年的考古发掘中，这种雕刻花板在棺椁保存完好楚墓中屡有发现，贺刚先生对其做了比较系统的研究，认为："楚墓中出土的雕刻花板，毫无疑义，它是用以供死人躺卧的，从雕刻花板的安置方式及其所雕刻的笭孔考察，其用意和功用显然是和供生人坐卧之用的笭床是一致的。是墓主人生前所用床簀或'笭突'在棺内的一种仿效和移植的形式。因此，其名称仍以'笭床'言之较为合宜。我们在文中将它冠以引号，意在将其与古人生前所用笭床以示区别。即专指'棺中笭床'而言。"②

二、仪征出土笭床简介

仪征地区目前共出土三件漆笭床，为方便描述下文将三件笭床编为1、2、3号。

1号经自然脱水干燥基本保持原状，但彩绘大部分剥落。作长方形，木胎，髹黑漆。床面镂雕双龙穿璧图案，四周填以繁缛的卷云纹，镂孔侧壁髹红漆③。长198、宽52、高1.6厘米（图1）。

图1　1号笭床照片

2号由于历史原因，已残破、干缩变形，但从残片上可以看出它与1号笭床从材质到纹饰基本相似。

3号饱水，木胎，作长方形，下有四个条状足。床面四周为6厘米宽的外框，内部镂雕四龙穿三璧图案，四龙两两对称分布，龙首位于笭床四角，龙身细长，左右两龙共穿一璧后，四龙龙尾在中间一璧处盘结，每条龙均有四爪，每爪三趾。笭床髹黑色底漆，金色彩绘描绘龙首、龙角、龙爪，银白色描绘龙身、云气纹。龙张口露齿，眼圆瞪，口吐云气。长188、宽48、高3厘米（图2）。

可以看出3件笭床纹饰、构图设计巧妙，在扬州地区西汉墓中极为罕见。

图2　3号笭床照片及彩图

三、仪征出土笭床的几点认识

1. 代表的墓主身份及流行年代

这三件笭床均出土于仪征刘集联营汉墓群④，联营墓群位于庙山主墓西北侧，距庙山主墓距离较近，直线距离约1100米。历年来的考古工作证实，刘集联营汉墓群的年代均为西汉早期，而且墓葬方向均为南北向，排列基本有序。庙山汉墓已被证实为西汉早期诸侯王陵墓，因此联营墓群应为庙山主墓的陪葬墓。

1号笭床出土于刘集联营1号墓，为一椁一棺四厢的竖穴土坑墓，墓向180°，椁长4.24、宽2.9米，棺长2.2、宽0.8米。出土文物丰富，计83件（套），有釉陶器、漆木器、铜器、玉器等。

2号笭床出土于刘集联营4号墓，为一椁一棺四厢的竖穴土坑墓，墓向180°，椁长4.2、宽2.8米，棺长2.2、宽0.75米。出土文物丰富，计104件（套），有釉陶器、漆木器、铜器、玉器等。

3号笭床出土于刘集联营12号墓，为一棺一椁三厢的竖穴土坑墓，墓向183°，椁长3.2、宽2.35米，棺长2.1、宽0.65米。出土文物丰富，计61件（套），有釉陶器、漆木器、铜器、玉器等。内棺中出土一件玉器以及一枚铜印，印文为"庄戚"及"臣戚"。

从墓葬发掘情况可知三具笭床均出土于联营墓群，而未见于仪征地区其他的西汉早期墓葬或规模较大的西汉中晚期墓葬，说明这种置于内棺底部的彩绘漆笭床的使用应与墓主的身份地位有关，应为诸侯国的中高级官吏才能使用，并且在本地区流行的时代应在西汉早期。

2. 造型纹饰及功能

仪征出土的三件笭床在形制及制作工艺上基本一致，都是采用镂雕的方法刻出长方形的外框，和内部的龙、玉璧以及云气图案，而后髹黑色底漆并在上面用金色、银色勾画出龙头及龙身、玉璧以及云气图案。特别是3号笭床在纹饰上更为丰富精美。所绘四龙，张口露齿，眼圆瞪，口吐云气，每条龙均有四爪，每爪三趾，极具写实风格。

图案都采取对角线对称的方式排列，1号笭床为双龙穿璧，玉璧居中，两条龙的龙头朝向中心玉璧，沿对角线分布。3号笭床为四龙穿三璧，龙头朝向笭床四角，两条黑色龙身、两条银色龙身沿对角线方向分布。

笭床上所绘的双龙穿璧图案是汉代常见的绘画题材，这种纹饰应有两种含义，其一：玉璧作为一种礼器，有沟通天人的作用；龙代表脚力，可载人升仙，《庄子·内篇·逍遥游第一》载，神人"乘云气，御飞龙，而游乎四海之外"。即这种纹饰可以引导死者的灵魂飞升天[⑤]。其二：这种两条或者多条龙躯干相交的纹饰称为交龙纹，这是古人一种生殖崇拜的体现，象征阴阳交合，子孙繁昌。

3. 仪征出土笭床与楚墓中笭床的对比

（1）使用者身份地位

根据贺刚先生的研究成果：笭床的出现年代始于战国中期之初，流行于楚文化中心区域的湖北、湖南、安徽一带。在古云梦及其西南的江陵地区消亡最早，而鄂东和安徽淮南地区以及湖南长沙、湘乡、常德等地，战国晚期继续流行，这与楚在这些地区的政治势力消亡的历史背景是一致的。

楚墓中随葬笭床的墓主，皆非一般庶民，而是具有士以上秩位的官吏，至少在大夫一级的贵族中是通行的，楚王与封君级的成员是否使用，尚不够明了[⑥]。

仪征地区汉代墓葬的葬制基本上沿袭了战国时期楚墓的特征：均为竖穴土坑木椁墓，厢的多少表明墓主身份的高下，陪葬鼎、盒、壶为陶礼器的基本组合，与战国晚期楚墓基本一致[⑦]。而出土的笭床的墓葬结构为一棺三厢或者四厢以上，且仅限于刘集联营墓群，说明墓主身份上与贺先生总结的相符，应为士，或者士大夫等贵族阶层。这也从另一个方面证明了本地区汉墓与楚墓的继承关系。

（2）纹饰

根据之前学者的研究可知，楚墓中笭床的纹饰从战国中期前段的三角雷纹组合（图3），到战国中期后段的三角雷纹与几何纹组合、出现简化的凤鸟纹（图4），至战国晚期后段开始出现圆唇、尖唇的龙纹笭床[⑧]（图5）有一个变化发展的规律。

图3　湖南常德德山楚墓 M25 出土笭床

图4　湖南长沙仰天湖楚墓 M14 出土笭床

图 5　湖南长沙仰天湖楚墓 M26 出土笭床

仪征汉墓出土的笭床在形制和纹饰上与战国晚期楚墓中出土的笭床具有很多共性，是一个继承和发展的过程，在造型和纹饰上更接近于湖南长沙仰天湖战国墓 26 号墓⑨以及常德德山楚墓 M50⑩所出土的笭床，特别是 3 号笭床四龙穿璧的图案可以看作是仰天湖战国墓那种交龙盘绕笭床更加具体、更写实化的表现，玉璧就是交龙盘绕形成的圆环延伸。

说明仪征地区的墓葬制度深受楚文化的影响辐射，同时又与本地区的汉文化有机地结合形成了独有的特色。到了中晚期的汉墓中，这种内棺笭床上的双龙穿璧、四龙穿璧的图案就逐步转化为了刻在椁室天花板上的十字穿璧图案，依旧传达着一种升天和繁衍的美好意愿。

四、结　语

总的来说，仪征出土的笭床时代均为西汉早期，墓主身份应为士或者士大夫一级的贵族，这与楚墓中出土的笭床在时间上和身份上具有延续性和一致性。笭床上所绘的龙穿璧纹饰也是在继承了战国晚期楚墓的风格的基础上，通过雕刻、绘画风格的创新，纹饰更加写实、生动。故而笭床从另一个侧面反映出了仪征地区的汉文化深受楚文化影响，并在这种影响下融合、发展，逐渐形成了本地区特有的风格。

笭床不仅是一种葬具，还是一种能够反映古人社会制度、习俗、生产力发展水平的艺术品，值得我们深入研究。

作者单位：仪征市博物馆

注释

①叶定侯：《长沙楚墓出土"雕刻花板"名称的商讨》，《文物参考资料》，1956 年 12 期。
②贺刚：《"笭床"正义》，《江汉考古》，1991 年 12 期。

③扬州博物馆：《汉广陵国漆器》，文物出版社，2004 年。

④仪征博物馆：《江苏仪征刘集联营西汉墓出土占卜漆式盘》，《东南文化》，2007 年第 6 期。

⑤周保平：《汉代吉祥画像研究》，天津人民出版社，第八章第三节。

⑥贺刚：《楚墓出土"笭床"研究》，《楚文化研究论集第三集》，湖北人民出版社。

⑦南京博物院、仪征市博物馆筹备办公室：《仪征张集团山西汉墓》，《考古学报》，1992 年第 4 期。

⑧聂菲：《湖南楚汉墓葬出土漆器考古学探源》，《湖南省博物馆馆刊》，2012 年第九辑。

⑨《长沙仰天湖战国墓发现大批竹简及彩绘木俑、雕刻花板》，《文物参考资料》，1954 年第 3 期。

⑩湖南省博物馆：《湖南常德德山楚墓发掘报告》，《考古》，1963 年第 9 期。

仪征市新城烟袋山发现西汉车马陪葬坑

夏晶 刘勤 曹骏 陈辉

内容提要：本文对 2007 年仪征市烟袋山 4 座车马陪葬坑的发掘情况及出土文物作了简要介绍，并通过对比分析证明这四座陪葬坑应附属于 1985 年发掘的烟袋山一号墓，为其墓外的车马陪葬坑。

关键词：仪征　烟袋山　汉代　陪葬坑　车马器

2007 年 10 月扬州市文物考古队与仪征市博物馆联合在仪征市新城镇丁冲村烟袋山抢救性发掘了西汉车马陪葬坑 4 座，出土了马车、牛车、木马、木俑以及鎏金铜车马器等器物 500 多件。

烟袋山位于仪征市新城镇丁冲村南，东距扬州（汉代广陵城西南角）15 千米，西南距仪征城区约 8 千米，地处蜀岗丘陵地带。1985 年 10 ~ 12 月，南京博物院曾在此发掘西汉中期夫妇合葬墓一座[①]，出土文物四百余件。此次发掘的 4 座车马陪葬坑位于烟袋山 1 号墓西北约 50 米处（图 1）。

陪葬坑均东西向，相距较近，一号坑、二号坑、三号坑呈"品"字形分布，规模较小，埋藏较浅，一号坑长 6.15、宽 2 米，二号坑长 3.7、宽 1.17 米，三号坑长 2.86、宽 1.26 米，三个坑内共出土器物 56 件（套），有鎏金铜车马器、铜弩

图 1　烟袋山车马陪葬坑地理位置图

机、陶灶、石磨等。铜车马器形制较小，为象征性车马陪葬，根据其数量及组合，1号坑葬有1辆马车，2号坑葬有2辆马车，3号坑葬有2辆马车。

四号坑位于三号坑东部2.5米，规模较大，埋藏较深。坑长4.72、宽3、深2.64米。墓坑较为规整，坑壁光滑，坑内上层填土为经过夯打的黄土，夯层厚30~35厘米，夯窝直径8、深0.5~0.6厘米，夯面上有黑色木炭痕迹，应为夯筑时为防止填土与夯具粘接而铺垫在夯筑面上的，夯土层下椁板四周为青膏泥层，厚度约30~65厘米，最厚处在椁板上方。椁板上方青膏泥分为两层，上层较为疏松，下层较为紧密。椁板均为楠木质，用料讲究，尺寸较大，保存完整。椁盖板上方铺有一层竹席，竹席采用平纹编制，经纬相交成网格状。椁盖板共7块，横向并排放置，以高低槽错缝拼接。椁盖板下方铺有一层天花板，天花板由11块厚8厘米的木板组成，天花板上刻有一组菱形的十字穿璧图案。四壁椁板均为上下两块，采用高低槽拼接而成。东西两侧椁板长2.18、高1.14、厚0.16米，南北两侧椁板长4.18、高1.19、厚0.18米。底板五块纵向铺设，下方横向铺设两根方形枕木，枕木长2.7、宽0.27、厚0.12米。

四号坑出土器物十分丰富，共440余件，有木漆器、铜器、木俑等。陪葬器物以偶车马即模型车马和人俑为主。由于埋藏较深以及外椁的保护，器物保存较为完整，但因长时间的地下水浸泡，器物已经漂移，层层叠压，部分已变形、残破，彩绘剥落（图2、3）。

图2　烟袋山四号坑发掘现场

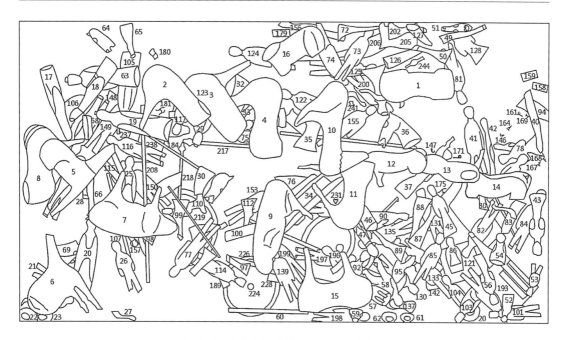

图 3　烟袋山车马陪葬坑 K4 器物分布图

1～6、8、10～16. 木马　7、9. 木牛　17～104. 木俑　105. 木船　106. 木磨　107. 木碓　108～117. 弩机　118～127. 箭
箙　128～131. 车座垫板　132～137. 车轴　138～145. 马车辕　146～147. 伞杠、盖斗　148～153. 车轮　154～157. 骑俑
腿　158. 牛车辕　159～175. 鎏金铜车马器

木车从其形制分为马车和牛车两类。由于地下水浸泡，淤泥埋压，已经散落朽烂。车舆构件种类有车座垫板、轴毂、辇、车轮、伏兔、辕、衡、轭等。

马车车舆构件 45 件。其中车座垫板 4 块，长方形，外髹黑漆，上面刻有网格纹，长 50、宽 22、厚 0.9 厘米。车轴 4 件，轮毂上有插辐条的孔 14 个，长 68、直径 1.4 厘米。车轮 8 个，直径 55 厘米。伞盖斗 2 件，外髹黑漆，盖斗呈圆盘状，周边有 20 个长方形卯眼，用于安插盖弓。牛车车舆构件 12 件。形制都较真车为小，当为明器。根据车舆构件的数量及组合，推测原葬有马车四辆、牛车两辆，马车类型为单马双辕的轺车（图 4）。

铜车马器 200 多件。有当卢（图 5）、衔镳（图 6）、盖弓帽、辇、管络饰、环、泡、U 形饰等，

图 4　轺车复原图

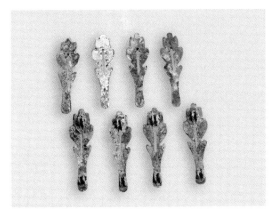

图 5　鎏金当卢

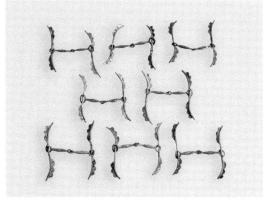

图 6　鎏金衔镳

外表鎏金，形制较小，属于随葬明器。

木俑共 104 件。其中马俑 14 件，牛俑 2 件。马俑分雌马、雄马两种，由头、颈、躯干、四腿和尾 8 个部分组成。马呈立姿，头部有朱、白色彩绘，昂首扬尾，身姿矫健，作嘶鸣状。通长 84、高 78 厘米（图 7）。牛俑则由身躯、四腿 5 个部分组合而成，立姿，长角上弯，俯首瞪目，体态健壮。通长 67、高 44 厘米。

人俑 88 件。根据形态分为仪仗俑、文吏俑、执盾俑、骑马俑、驭手俑、跪侍俑等，各俑均刀刻墨绘眉眼，耳、鼻、口用

图 7　木马俑

减地薄肉雕，彩绘有黑、白、红等。其中仪仗俑 46 件，高 38～52 厘米，呈站立状，双臂下垂，或一臂下垂，一手放于腹部，或双手拱于胸前，手里原执有物，气势威严；文吏俑 6 件，高 55 厘米，宽袖长袍，头戴冠，神态端庄；执盾武士俑 4 件，高 30～36.4 厘米，体格健壮，一臂下垂，一臂持盾于胸前；行走俑 8 件。高 45 厘米，着裤装，颔首低眉，作行走状。侍俑形态各异，有立、坐、跪等姿势。造型多样、刻划逼真的俑组成了一支规模浩大的仪仗队，象征了墓主人生前的地位和身份（图 8）。

四号坑中出土兵器 43 件。有漆弩、漆箭箙、铜剑格、铜箭镞、铜镦等。还出土木船（图 9）、木碓（图 10）、木磨各 1 件。

车马陪葬是我国古代墓葬中常见的陪葬形式，商及西周时期极为繁荣。西汉时期的丧葬制度对周、秦及楚等的继承较多，车马陪葬制度即是其中之一，诸侯王墓多使

文吏俑

执盾俑

驭马俑

跪侍俑

图 8　木人俑

图 9　木船

图 10　木碓

用车马陪葬，墓内与墓外的车马陪葬坑共同构成车马陪葬系统，从时代上看，墓外及墓内外有车马陪葬的墓葬时代一般较早，西汉中期数量减少，晚期则基本消失。有真车马、偶车马和象征性车马器三种组合方式。而西汉时期列侯墓中未见真车马殉葬[2]。

1985 年发掘的烟袋山一号墓规模较大，面积达 45 平方米以上，南北向，平面呈"凸"字形，正藏在北，外藏在南，随葬器物四百余件（劫余部分），其中有人俑 115 个、鎏金车 3 辆、马 10 匹。根据汉墓材料的研究"正藏"和"外藏椁"的设施，只有诸侯王、列侯这两级有食邑的最高爵级和皇帝才能享用。在西汉中期前后，仪征属广陵国统辖的范围，因此，烟袋山一号墓墓主当与广陵国皇族有关。

此次四座陪葬坑内出土的车马器以及木俑与烟袋山一号墓极为相似，且这四座陪葬坑距一号墓仅 50 米，位于主墓正藏的北面，浩浩荡荡的车马仪仗队既象征了主人的身份，也在某种程度上起到保护墓主、引导升仙的作用。与西汉中期偏晚阶段的墓葬如永城夫子山、江苏泗阳大青墩汉墓等发现相似。因此，这四座车马陪葬坑应附属于烟袋山一号墓，为其墓外的车马陪葬坑。

烟袋山四座车马陪葬坑的发现进一步丰富了烟袋山一号墓的内涵，为探讨墓主人的身份提供了重要资料。扬州地区汉墓众多，此前车马陪葬墓葬的出土只发现于高邮天山汉墓，即西汉广陵王刘胥墓，因而此次发现为研究扬州地区的西汉王侯丧葬制度及汉代美术、雕塑和艺术史增添了新的内容。

作者单位：仪征市博物馆

注释

①南京博物院：《江苏仪征烟袋山汉墓》，《考古学报》，1987 年第 4 期。

②刘尊志：《西汉诸侯王墓陪葬车马及相关问题探讨》，《华夏考古》，2013 年第 4 期。

扬州近年出土的宜兴紫砂器具

薛炳宏　　束家平　　张永娟

内容提要：20 世纪 60 年代，在扬州市江都县丁沟镇出土一件明代"大彬"紫砂壶之后，随着扬州城市基本建设的不断开展，在扬州古城内及周边的建设工地陆续出土了一批紫砂器具，器形主要有紫砂壶，还有紫砂匜口罐、紫砂小碟、紫砂汤匙等。这些紫砂器具主要为宜兴民间艺人制作的实用器，但也不乏像大彬、张君德及陈鸣远等明清时期的著名制作紫砂壶的紫砂高手。这些紫砂器具的出土为研究紫砂历史的传承与发展提供第一手实物资料。

关键词：扬州　出土　紫砂壶

江苏宜兴窑和扬州古城有着独特的历史渊源。在扬州唐城遗址唐代的地层中出土大量的生活和商品陶瓷器，其中有代表北方系统"类银类雪"的唐代邢窑白瓷，也有代表南方系统"类玉类冰"的越窑青瓷，其中占大部分则为江苏宜兴窑生产的陶瓷器，小部分有质量较高、釉色较为纯正的青瓷，但多为民用的粗瓷器，也有部分类似紫砂烧造的夹砂粒硬陶器。宋代扬州是宋金对峙的主要战场，南宋著名抗金将领韩世忠统帅的抗金部队在扬州西北大仪大胜金军，留下了大量的与韩世忠部队使用四系罐，俗称"韩瓶"。在大虹桥东侧探沟解剖五代至宋代城墙时，于城墙东侧宋代地层堆积内出土数十万件韩瓶碎片，完整器也有近百件之多；在宋大城东门遗址发掘出一口宋代水井，其井底部基本用韩瓶碎片铺垫，厚度达 1 米。在扬州古城建设工地的明清地层和城郊周边墓葬中，也出土一定数量的紫砂器具。下面以发掘地点为单元，介绍几例扬州出土的紫砂壶等器具。

一、出土紫砂文物

20 世纪 90 年代，江苏扬州唐城考古队（由中国社会科学院考古研究所、南京博物院、扬州市文化局组成）在配合城市基本建设过程中，特别是在扬州明清城址中心繁华区域的市总工会大楼、原新华中学、蓝天大厦、汶河北路、毓贤街等工地的明清地层中均发现了许多紫砂陶器标本，鲜有完整器出土。90 年代后期以后，在扬州大东门街南侧工地、中国人寿保险公司工地、市中医院工地，双桥乡园林村杨庄工地以及扬州周边墓葬中出土较多的紫砂器具，也采集了许多紫砂陶器标本。

1. 扬州中国人寿保险公司大楼工地出土紫砂罐

1999 年 3 月，扬州唐城考古队在配合扬州中国人寿保险公司大楼工程中，于大楼基础的南侧发掘一条东西向探沟。清理一个较大的明代灰坑，其内有大量的煤渣，伴出两个紫砂匜口罐，少量明代中晚期的青花瓷晚残件。

紫砂匜口罐：2 件，器形基本相同，均残缺（图 1、2）。高 14.5、口径 12、底径 13 厘米。直口，高领，溜肩，弧腹，平底微内凹。口部（与执把相对）一侧捏成弯曲的匜口，流对面置一单股执把，执把底部挤捏成三角状，以增加把和壶身黏结度。胎较粗含有夹砂粒，器表有少量的黑颗粒点。胎质烧结程度较高，但胎似未烧透，内壁胎呈灰色，外壁胎呈紫黑色，胎内有夹砂状颗粒。虽为粗器，但做工较为精细，器形规整。

2. 瘦西湖万花园工地出土明代紫砂小碟

2007 年，为配合瘦西湖万花园工程建设，扬州市文物考古所清理了一座明代墓葬，墓葬内出土发现两个紫砂碟，有青花骑马人物（寓意"马上封候"）玩具等。

紫砂小碟：4 件。高 1.5、直径 7.5 厘米。敞口，扁圜底（图 3）。紫砂泥胎，较细腻，内底模印荷花纹，花纹不甚清晰。制作较为粗糙。

图 1　匜口罐

图 2　匜口罐

图 3　明代紫砂小碟

3. 扬州大东门街西首南侧出土紫砂壶等

1997～1998 年在扬州大东门街西首南侧发现唐代东西向排水沟遗迹。扬州唐城考古队布置东西向的两个探方，在东侧探方明清地层内清理了六口残存古井，出土了相当数量的青花杯、盘，尤以伴出的宜兴生产的紫砂茶壶、汤匙等最为珍贵。下面按紫砂壶的造型分三类介绍。

（1）紫砂圆壶：此类壶数量最多，约有 40 把。壶之口径、高度大小相若，造型基本一致。以刻铭、胎质及局部特征等的差异作说明。

"玉峡泉"、"玉峡"款紫砂壶：高 9.6、口径 7.8、底径 10.4 厘米，系修复（图 4、5）。朱红色胎，胎质细腻，胎中有少量沙点。短流，内壁单孔，出水口近似圆形。壶身上小下大，做工比较精细，器身修整严谨，扁圆条状"C"执把，内壁平削。平底内凹成圈足，内墙斜削。壶身腹部刻"玉峡泉"楷书款。

图 4　"玉峡泉"款紫砂壶　　　　图 5　"玉峡"款紫砂壶

桂花砂紫砂壶：高 10.1、口径 6.7、底径 9.9 厘米。紫泥，紫红色胎，质地细腻，胎质外壁铺有黄色砂粒，俗称"桂花砂"。短颈，平唇，直嘴，内壁单孔呈圆形，器身上小下大，做工较为精致，但壶柄、壶流与壶身相接处，修整较粗，留有工具修胎痕迹。圆条形执把，内侧平削。平底，挖足，内墙斜削，底端平切。

捂黑紫砂壶：高 9.9、口径 6.8、底径 10.5 厘米（图 6）。黑色壶胎，质地比较细腻，短直颈，直嘴，扁圆形柄，平底内凹成圈足，盖已缺失。

"元章"款紫砂壶：通高 13.8、口径 7.3、底径 11 厘米。紫泥，褐红色胎，质地较细腻，胎中含黄色细沙粒。短颈，子口，圆锥状钮，中心有一圆形气孔。短直嘴，内壁单孔，出水口呈瓜子状，扁圆形"C"形执把柄，平底内凹，底边附加圈足，残缺不存。底款"元章"方形阳文篆书印章款。

（2）球形壶：仅有 1 件，壶流脱落残缺（图 7）。壶通高 10.7、口径 7.8、腹径 13.7、底径 8.5 厘米。平口，直颈，球形腹，假圈足。壶表面呈朱砂色，胎质淘洗极精细，基本无杂质，器表有石英细颗粒闪烁。底中部戳印方框篆书款，分两纵排，左边 2 字，右边 1 字，并用阳文竖线隔开，依稀可见"□□水"。

图 6　捂黑紫砂壶　　　　　　　　　　　图 7　球形壶

（3）"荆溪所制"紫砂汉方壶：仅有 2 件，基本完整 1 件，碎片粘接而成（图 8）。通高 18.5、口纵 7.5、口横 8.4、底纵 10.3、底横 11.1 厘米。紫泥，暗红色胎，质地细腻，胎中有银砂闪点。造型通体呈长方形，口部为敛状，子母口，壶身由四片紫泥镶嵌成四方身筒，镶接痕处理较好，棱线略呈弧形。方盖上置一桥形钮。方形三弯壶流，内孔为细梭形状，壶流与身筒衔接自然、流畅。条形柄，平底内凹成圈足。底款"荆溪所制"方形阳文篆书印章款。

（4）紫砂汤匙、小碟：紫砂汤匙 6 件，仅 1 件完整（图 9）。匙部宽 4.2、长 7.4、柄长仅 4.2、匙深 1.2 厘米。匙部较大，柄相对于匙部略短小，匙口与柄外沿下划一道

图 8　"荆溪所制"汉方壶　　　　　　　　图 9　汤匙

凹弦纹，并在匙与柄衔接处的背面戳印长方形似阳文"↑"形标识。

紫砂小碟5件，皆残缺。通高2.2、口径8.3厘米。敞口，圜形底。碟内施褐色釉，釉面粗糙，有较多气泡孔。

4. 市中医院工地清代墓葬出土带盖钵

"张君德制"紫砂盖钵：通高12.8、口径14.0厘米，修复完整（图10、11）。朱泥，胎质细腻，胎中含较多的黄色沙粒。器物整体造型浑厚，古朴，敦实。子母口，钵口内敛，腹部圆润，圜底。穹隆形钵盖。泥色纯正光润，做工精细，线条简洁流畅。盖内两个印章款：上为"荆溪"圆形阳文篆书印章款，下为"张君德"方形阳文篆书印章款。

图10　"张君德制"盖钵　　　　　　图11　"张君德制"款

5. 扬州鉴真图书馆附近工地清代墓葬出土紫砂小壶

在鉴真图书馆附近工地施工过程中，发现一个清代残墓。出土青花小孩玩具，与其伴出的还有一件紫砂小壶残件（盖缺）。

鸣远壶：1件，残碎数片，器形大体完整（图12、13）。高2.4、口径2.8、底径3.6、胎厚0.2厘米，在肩和腹部粘贴"C"形单股执把。敛口平沿，弧腹，平底内凹，单股执把（残缺）。细壶嘴，壶嘴和壶口基本相平，壶腹钻一圆洞，在洞外粘结壶嘴。壶嘴和壶腹部衔接，壶底和器身有衔接，均有接痕。朱红色胎，胎较细腻，坚致。壶底中部盖有两印，上为"鸣"字圆形篆书阳文款印章款，下为"远"方形篆书阳文方形印章款。

图12 鸣远壶　　　　　　　　图13 鸣远壶印章款

二、几点认识

1. 扬州人寿保险公司工地出土的紫砂匜口罐，与明代正德至嘉靖时期的青花瓷相伴出，应为宜兴紫砂器滥觞时期的作品。紫砂罐执把为粘接颈和肩部外，器身采用打身筒法制作，壶身和壶底拼接处不是在腹和底相交处，而是罐的下腹部，衔接处有明显弧状凸棱接痕。紫砂胎体内外壁均打磨，显得较为光滑，器身和底有明显接痕。与煤渣伴出，似为烹煮器物，也不排除泡茶之用。紫砂匜口罐，在无锡南禅寺古井①和金坛市金沙广场②也有出土，造型基本相同，但也有一定差异。从器形上看，后者腹部弧度较小，类似筒形，较为敦实。扬州出土的罐下腹部内收稍大，底相对较小一点。从修坯来看，扬州出土的紫砂罐更为光滑圆润，做工较为考究，类似南京明吴经墓出土柿蒂纹提梁壶的做工和手法。

2. 瘦西湖万花园工地出土紫砂碟和青花人物骑马玩具（马上封侯）伴出，是明晚期的紫砂器物。邗江区城北乡卜西村马庄组曾出土两件朱泥、紫泥印模制荷花纹小碟，和上述造型基本一致，时代大体相同，但更为粗糙。

3. 张君德，清康雍年间紫砂名手，惯以朱泥制壶而名传千古。常见把下竹刀阴刻"君德"二字楷书款识别。《阳羡砂壶图考》记载："常见传器仅铭楷书'君德'二字"。中医院工地出土的紫砂盖钵为素面，没有华丽的外表，泥色纯正光润，线条简洁流畅。盖钵没有惯用的刻款，而是采用两枚印章款，戳印于盖内。它是与台湾收藏家王度收藏的紫砂盖钵③基本相同，是张君德同期作品。

4. 陈鸣远，本名远，字鸣远，号鹤峰，又号石霞山人、壶隐，清康熙年间宜兴紫砂著名的紫砂艺人，是几百年来壶艺和精品成就很高的名手。传世鸣远作品除仿古诸器外，著名的有"甜瓜壶"，又名"南瓜壶"，是陈鸣远的代表作。鉴真图书馆工附近地出土的紫砂壶较小，属"小壶"范畴，素面，做工精细。特别是底部的两枚"鸣"、"远"印章款，小巧精致。与陈鸣远所制诸作品不同，是不可多得的紫砂珍品。

5. 扬州大东门街出土紫砂器壶等出土的数量较多，皆为日常生活实用器，壶形制基本相同，造型简约，但数量众多，使我们有机会对这批紫砂壶的烧造工艺有一个较为全面的认识。

第一，这批紫砂壶的陶土原料从壶的色彩上判断主要采用两种：一种用紫红色和浅紫色的紫砂泥，经氧化焰烧成后，壶的胎色多呈现赭色和紫棕色。另一种采用红棕色的红泥，制成坯后经氧化焰烧成，胎色呈灰黑色，器表石英细颗粒点闪烁。其中也有几片标本，外表呈灰黑色或黑色，但里壁胎呈紫色或朱色，这可能与窑内的烧成气氛相关。

第二，这批紫砂壶的壶身主要采用挡坯成型，即泥片镶接而成，与瓷器上的拉坯成型相异。前两种类型的壶，其内壁有明显的泥片衔接痕迹，泥片的接头是个缺陷，制作者撇开人们的视线，巧妙地隐蔽了缺陷，增加了壶由内到外的美观性，同时将流或把柄安装于此处，使泥片的接头更加紧密、牢固，不易破裂。

汉方壶则采用四块泥片镶接，接头处有明显的挤压痕迹。壶口沿、底、圈足皆为后接，圈足的粘接面不够紧密，容易脱落。壶把柄与流粘接于对面。把柄为模制，大小相若，为圆身扁环形状，由上而下渐小，便于手的把持。如果把柄粘接于泥片的接头处则不易脱落，而粘接于泥片接头的对侧则易脱落，原因在于粘接柄时，用力粘接挤压，使柄与壶身的两个接触点的胎变薄，脱落时往往连胎拔出。从残缺的十多个圆壶流标本来看，壶流大小基本相同，应为模制，呈圆管状，上小下大。安装壶流时，先在壶身挖圆形洞，洞比流根部大三分之一左右，然后直接粘接。由于流与壶身接触面积小，故容易脱落。这种方法与宜兴羊角山古窑址采用打洞捏塞法安装壶流不同。汉方壶流为模制，在安装流时先在壶身挖一个梭形孔，再将模制好的方形曲状流对接，由于流与壶身接触面积大，粘接牢固。壶把柄、流与壶身的粘接，构成了壶的整体。把柄、流与壶身三者之间，从高度上看，基本在同一水平线上，一般地，柄稍微低一点，流口与壶口沿平直；从器物的整体效果来看，圆壶身与高耸的盖组合成近似三角形，壶的重心在底部，大把柄与斜直形的设置，器物显得更为匀称、协调，美观大方，朴实中见艺术。

第三，壶盖有两种，分方形盖、弧形盖。它们的做法基本相同，盖的顶部先以模具制作，对模具压好的坯加以修整，并将盖沿部的坯向内折卷，子口即安装在折卷的坯胎上。子口胎较薄，易损坏脱落。安装子口时，沿部微内敛，便于开启。弧形盖的钮呈圆珠状，陶工在安装珠形钮时，先将钮的底部挖成锥形孔，钮底与盖身的接触面减小，造成钮容易脱落。方形盖为桥形钮，钮孔较大，便于系绳。

第四，紫砂壶的印章款识与铭文。款识较少，款识的位置在底部，皆为戳印阳文方框款，仅3件。"元章"、"□□水"为印章阳文篆书款，其他1件，由于戳印模刻字较浅，文字纤细，较难辨识。"元章"似为人名款，不见记载。

铭文仅在圆壶的腹部刻"玉峡"、"玉峡泉"行书铭文，刀法遒劲有力。玉峡位于江西省峡江县，在原巴邱县城附近，有"小三峡"之称。县城东金刚山麓的玉泉水，泉水澄澈，香冽异常，盛夏不涸和江面狭窄，两岸峭壁陡耸，苍松挺立。江水奔腾至峡，水流湍急，惊涛拍岸。明代刘永之（字仲修，自号山阴道人，清江人）描绘的："天开玉峡两岸丹，隔岸诸峰似翠环；神媪不归龙已化，仙翁飞出鹤空还。"因此，文人骚客留下了许多赞美玉峡的佳句。"玉峡泉"一词来源于寓居扬州的诗人董伟业。董伟业，字耻夫，号爱江，自号"董竹枝"，沈阳人。生活在清朝康熙、乾隆年间。乾隆五年（1740年），作《扬州竹枝词》九十九首。另著有《扬州杂咏》《耻夫小稿》。其中记述了扬州大量的物产名胜、文艺风情。由此可知，董伟业和一批诗文唱和的文人应为当时的茶寮。在董伟业《扬州竹枝词》中提到"饥餐白滚安江社，饱吃干烘玉峡泉"。由此观之，刻有"玉峡"、"玉峡泉"的茶壶虽为市井所用，但已经打上文人壶的烙印。

第五，这批紫砂器的时代。这些器物出土于明清代地层内的古井，也就是说这批壶的下限年代不晚于清代。相伴遗物主要出土的是大量的青花瓷小杯、盘以及少量的碗等。青花瓷小杯数量达672件，但杯的花纹单调，内底一律绘青花洞石花草纹。青花瓷盘的数量为其次，纹饰主要在内壁绘青花双凤戏牡丹图、卷草龙纹、云龙纹、洞石竹菊图、喜鹊登梅图、折枝牡丹纹、柿蒂纹、折枝瓜果图等，这些基本为康熙、雍正时期景德镇民窑常见纹饰。在青花盘的外底还有一部分铭文款识，分吉言和斋堂款两种：吉言款有"益有鼎玉雅制"、"忠友美玉雅制"、"玙璠珍玩"、"圣友宝石雅制"、"慎友鼎玉珍玩"等，属康熙时期铭款；斋堂款为"还古斋宣和式"、"丽兴美玉堂制"两种。斋堂款的种类极为繁多，《饮流斋说瓷》中记载"称堂、称斋者，帝王、亲贵、达官、名人皆有之。"清代雍正时期，曾在仿制器物的外底书伪托款识"宣和年制"；乾隆时期在釉里红葵式洗及釉里红水波纹葵式洗外底书写"宣和窑蒋祈"款。由此可见，上述两件斋堂款的时代定在雍正、乾隆时期。1984年在南海打捞出一艘欧洲商船，船内十五万件完好如新的瓷器，其中有 1 件青花折枝牡丹纹盘（图14）④，与此次出土的青花盘花纹造型相同，酱釉口沿、边饰都基本一致。沉船的时间为清乾隆十六年十二月十八日（1752 年 1 月 3 日），由此可以印证这批紫砂器具的年代。

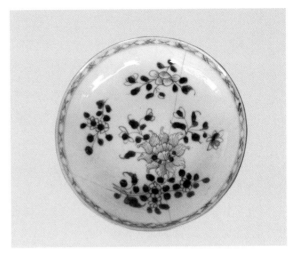

图14　青花盘

大东门街西端南侧古井中出土近 50 把紫砂壶以及伴出的青花杯碟与其所处的地理位置分不开的。唐至明清时期这里都是连接城门道路的十字路口，街道两侧都有临街建筑遗迹。1992 年扬州唐城考古队在配合汶河路改造时于此附近曾发掘出一座完整的宋代前坊后店式茶肆遗址⑤，发掘有临北门街的烧水茶炉以及用于提高炉温的风箱基座遗迹，在炉灶西侧为砖砌明沟遗迹，汇入汶河，在明沟内出土近百件吉州窑生产的黑釉茶盏，为饮茶用具。1998 年在大东门街发掘时发现有残存建筑基础遗迹，虽不完整，也可以看出此处也为临大东门街茶肆一类建筑，其布局则为前店后坊茶肆设置，水井位于后坊的位置。这些紫砂壶、青花瓷杯或因损坏扔入或清洗时滑入水井中的。

三、结　语

紫砂壶具在明清扬州市井生活、文人茶寮等方面都扮演着重要的角色，因此也留下了丰富的历史印记。而究其魅力所在，除了紫砂对于饮茶的独特的功用以外，应该更多地在于明清两代紫砂艺人对艺术的孜孜以求，以及其所赋予紫砂壶深厚的历史文化内涵。从扬州出土明代滥觞时期的紫砂匜口罐，到具有文化气息的"玉峡泉"铭文，也不乏陈鸣远、张君德等清代制壶高手的作品。虽然出土的紫砂器多为素面壶，没有华丽的外表，但也可以看出宜兴紫砂的历史发展历程。考古出土的紫砂器具，多为残件，但对紫砂鉴定和研究提供了重要的实物参照。正如著名书画家、书画鉴赏家谢稚柳所说的那样："真伪的关系，可以说伪是依附于真的。不能认识真，就会失去认识伪的依据。真的认识了，然后才能认识伪。认识开始于实践，先从实践真的开始。"⑥这或许就是考古的魅力之所在。

作者单位：扬州市文物考古研究所

注释

①朱建新：《无锡南禅寺出土的明代紫砂器》，《文物》2002 年第 4 期，第 92 页。

②南京博物院：《紫玉暗香：2008·南京博物院紫砂珍品联展》，江苏凤凰文化传媒集团、江苏文化出版社，2008 年，第 29 页。

③何继主编：《紫泥——王度宜陶珍藏册》，奇园国际艺术中心，1993 年，第 283 页。

④宋伯胤著：《紫砂苑学步》，台北唐人工艺出版社，1998 年，第 120 页。

⑤中国社会科学院考古研究所、南京博物院、扬州市文物考古研究所编著：《扬州城 1987～1999 年考古发掘报告》，文物出版社，2010 年 7 月。

⑥谢稚柳著：《鉴余杂稿》，上海人民美术出版社，1989 年。

扬州梅岭公馆唐至明清运河故道发掘收获

魏　旭　张　敏

内容提要：2015 年 1 月扬州市文物考古研究所对古运河西侧的梅岭公馆建筑工地进行抢救性发掘。发现了唐至明清时期运河西沿，结合以往扬州城发掘对比为确立唐至明清时期城墙东侧运河的范围和使用时间段提供参照。同时发现大量青花瓷片，丰富了明清时期该区域居民生活的物质史资料。为研究扬州城、大运河、历史时期扬州社会文化生活提供了丰富材料。

关键词：运河故道　扬州城　青花瓷

2015 年 1 月至 2 月，扬州市文物考古研究所在扬州邗江区梅岭公馆小区建设工地对一段南北向运河故道进行抢救性清理发掘，取得了许多重大收获。在历时 40 余天的发掘当中考古所工作人员严格按照《田野考古操作规程》，由上而下，由早到晚进行科学、系统的发掘，并运用地层学及类型学相关知识对出土文物分类整理。获得了一批详尽的科学材料，并对此做了初步研究。现汇报如下，请各位同仁指正。

一、遗址基本信息和发掘情况

梅岭公馆建筑区范围内的运河故道遗址位于扬州市区东北，其东靠高桥路，南倚马太巷，西临航道管理处宿舍、广播局宿舍、环卫处宿舍，北近漕河路（图 1、2）。在现扬州古运河西西岸约 50 米，漕河南岸约 500 米。东经 119.451°，北纬 32.409°，海拔 10.5 米。经勘探，得知运河故道为东西走向，贯穿整个梅岭公馆建设区。依据文化内涵的丰富程度，最终确定了一个发掘区域。编号为 2015YMGT1 ~ T4。发掘总面积 400 平方米。探方正北方向，按照自上而下逐层发掘。清理出灰坑 4 座，河道 1 条，沟 1 条；并出土大量石器、砖、瓷器等遗物（图 3）。

图1 发掘区在古代扬州城址的位置[1]

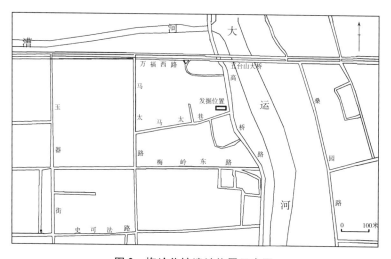

图2 梅岭公馆遗址位置示意图

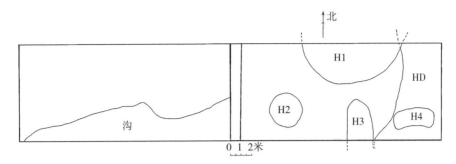

图3 梅岭公馆遗址遗迹平面总图

二、对地层的认识

经发掘，地层堆积层次分明，各探方分布相同。①层为现代建筑基础；②层为明清时期建筑堆积；运河河道开口②层下，叠压于③层上；为河相沉积③～④层为沙土。现以 T1～T4 探方南壁为例介绍如下（图4）。

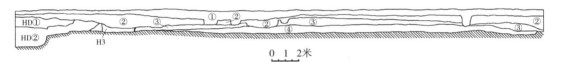

图4 2015YMG 南壁剖面

第①层：灰褐色土，土质较硬。分布于整个探方，掺杂有大量红色砖瓦，应为现代建筑基础，厚0.25～1.25 米。为表土层。

第②层：黑色土，土质较硬。分布于整个探方，包含有灰色瓦片、灰色砖块、建筑构件、青花瓷片等，厚0.2～1.1 米。为明清文化层。

第③层：黄褐色沙土，土质疏松。被 H3 打破，分布于探方东南部，仅发现少量青瓷片和建筑残渣，厚0.1～0.6 米。为唐宋文化层。

第④层：灰褐色沙土，土质松软。分布于探方东南部，沙土中包含有黑色淤泥，未发现其他包含物，厚0.1～0.6 米。为河湖相沉积层。

通过对地层的解剖，可以看出该段运河使用时间序列连续。特别是对运河水文地质资料的收集提供了最客观的证据。

三、遗　迹

首先通过发掘发现了四个不同形制灰坑，四座灰坑的情况简要介绍如下（图5）。

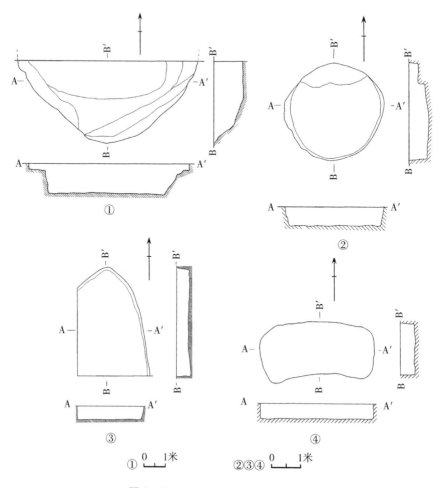

图 5　2015YMGH1～H4 平、剖面图
①2015YMGH1　②2015YMGH2　③2015YMGH3　④2015YMGH4

2015YMGH1，不规则半圆形，位于 T1 西北部，T2 东北部，向北延伸，因发掘面积限制并未扩方。开口于②层下，打破④层和生土。坑口距地表 1.3、长 9.42、宽 4、深 1.4 米，坑壁较陡，坑底较平，填土为黑褐色土，土质较硬，包含有大量灰色砖瓦。出土器物主要有龙纹绿釉滴水、石球及青花瓷碗、杯、盘等，数量庞大。

2015YMGH2，近似圆形，位于 T2 南部。开口于②层下，打破④层。坑口距地表 1.2、东西宽 3.3、南北宽 3.1、深 0.6 米，北部有一生土二层台，东西 2.25、宽 0.7、距开口 0.3、距坑底 0.25 米。坑壁较直，坑底较平，填土为黑褐色沙土，土质松软。出土器物主要有石臼、灰色砖块、青花瓷片等。

2015YMGH3，不规则形，位于 T1 西南角，向 T2 东壁延伸，开口②层下，打破③层。坑口东高西低，距地表 1～1.35 米，已发掘的范围开口长 3.6、宽 2.5、深 0.4 米。坑壁较直，坑底较平，填土为深蓝褐色沙土，土质松软。出土器物主要有青花瓷片。

2015YMGH4，南部内收的椭圆形，位于T1东部，开口②层下，打破河道。坑口距地表1.4、东西长3.85、南北宽1.2、深0.5米。坑壁较直，坑底较平，填土为蓝褐色黏土，土质较硬，图中包含有大量白色螺壳。未发现出土器物。

其次，通过发掘发现河道一条。河道位于1号探方东部，呈南北向分布，运河河道范围向东部延伸。开口于②层下，打破③层和生土。开口距地表0.5米，已发掘出河道长9、宽3.65～6.35、深2.3米。河道呈坡状堆积，向东倾斜，坡度约45°。坡壁面较光滑，在河道底部发现3块长0.4、宽0.2～0.3米的石条，推测可能为护坡石堤建材。河道内填土可分两层，HD①填土呈灰褐色，土质疏松，较纯净，厚0.1～0.75米，未发现遗物。HD②填土为红褐色黏土，土质较硬，包含有大量白色螺壳，厚0.1～1.55米，在发现了铭文砖、石条等。发掘出的河道遗址应为运河故道西岸（图6）。

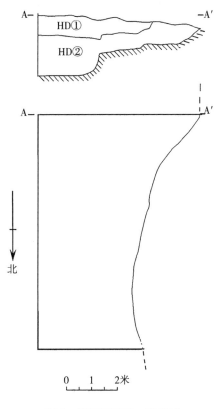

图6　运河河道平、剖面图

四、遗　物

在地表采集到11枚经过修制的石球。遗物除河道中出土的铭文砖外，主要从②层和四个灰坑中出土，以明清时期遗物为主，种类包括石器、陶器、砖瓦、瓷器。所出土文物一方面在器形、釉色、底款等表现出鲜明的特征，另一方面出土瓷器数量众多且不乏精品。

1. 出土瓷器在器形、釉色、底款等方面表现出鲜明的特征

首先，器物类型丰富，以碗、盘、杯为主。本次发掘共出土瓷器1619件，器物类型包括碗盘、杯、盖碗、壶、罐、盏托、水盂、鼻烟壶、花盆、瓶、印泥盒、器座、器盖等14类。其中碗、盘、杯3类数量最多，合计1576件，占瓷器总数97%以上；其余11类占总数不足3%（表1）。

其次，瓷器釉色多样，以青花瓷为主。本次发掘出土瓷器釉色包括彩釉、酱釉、白瓷、青瓷、霁蓝釉、青花、黑釉7类。在总计1619件瓷器中，青花瓷数量达1443件，占总数89%以上；其余6类釉瓷色的瓷器，总计176件，占总数不足11%（表2）。

表 1　器形统计表

遗迹单位	釉色	总数	碗	盘	杯	盖碗(盖杯)	壶	盖托	水盂	罐	鼻烟壶	花盆	瓶	印泥盒	器座	器盖	不明器形
H1	彩釉	4	3	1													
	酱釉	19	16				1									1	
	白瓷	25	24						1								
	青瓷	96	87	3	5								1				
	霁蓝釉	7	7														
	青花瓷	1214	962	165	78					1	1	3		4	1		14
H3	白瓷	15				1											2
	青瓷	3		1													
	青花瓷	122	27		23												72
	黑釉	3					1			1			1				
②层	青瓷	2	1					1									
	白瓷	2							1								1
	青花瓷	107	77	12	14	1								1	1	1	2
总数		1619	1274	182	120	2	2	1	1	2	1	3	2	5	1	1	92
比例		100%	78.69%	11.24%	7.41%	0.12%	0.12%	0.06%	0.06%	0.12%	0.06%	0.18%	0.12%	0.31%	0.06%	0.06%	0.57%

表 2　釉色统计表

	釉色	总数	碗	盘	杯	盖碗(盖杯)	壶	盖托	水盂	罐	鼻烟壶	花盆	瓶	印泥盒	器座	器盖	不明器形
H1	彩釉	4	3	1													
	酱釉	19	16				1										
	白瓷	25	24						1								
	青瓷	96	87	3	5								1				
	霁蓝釉	7	7														
	青花	1214	962	165	78					1	1	3		4	1	1	14
H3	白瓷	15				1											14
	青瓷	3		1													2
	青花	122	27		23												72
	黑釉	3					1			1			1				
②层	青瓷	2	1					1									
	白瓷	2							1								2
	青花	107	77	12	14	1						3	1	1		1	

釉色总计

釉色	总数	比例
彩釉	4	0.25%
酱釉	19	1.17%
白瓷	42	2.59%
青瓷	101	6.24%
霁蓝釉	7	0.43%
青花	1443	89.13%
黑釉	3	0.12%

第三，在出土的瓷器中还发现有多种底款，经统计有年号款、寄托款、画押款等多种类型，底款的研究对于探讨扬州地区瓷器生产制造、使用流转、风格变迁有着重要意义（表3）。

表3 底款统计表

序号	标本号	器形	款识类型	款识内容	烧造年代	图片
1	H1:21	盘	年号款	"大清雍正年制"三行楷书款，其中"雍"及"年"两字部分缺失	清雍正	
2	H1:24	盘	年号款	双圈内书"□□雍正年制"双竖行楷书款，应为"大清雍正年制"款，其中"大清"两字因瓷片残缺缺失	清雍正	
3	H1:28	盘	年号款	"大清乾隆年制"三竖行篆书款	清乾隆	
4	H1:51	盘	年号款	"大清乾隆年制"三竖行篆书款	清乾隆	
5	H1:32	碗	年号款	"大清嘉庆年制"三竖行篆书款	清嘉庆	
6	H1:39	碗	年号寄托款	"大明成化年造"	明末	
7	H1:35	碗	年号寄托款	"大明成化年制"	清康熙	

续表3

序号	标本号	器形	款识类型	款识内容	烧造年代	图片号
8	H1:1	盘	博古款	"益友堂博古制"	清三代	
9	H1:22	盘	博古款	"安吉居制"	清三代	
10	H1:27	碗	年号寄托款	"大明成化年制"	清三代	
11	H1:42	杯	博古款	"慎友珍玩"	清三代	
12	H1:60	碗	博古款	"奇石宝鼎之珍"	清三代	
13	H1:62	碗	博古款	"松□长青"	清三代	
14	H1:66	盘	博古款	"兰阆□制"	清三代	
15	H1:71	碗	博古款	"□庆堂制"	清三代	
16	H1:77	碗	画押款		清中期	

续表3

序号	标本号	器形	款识类型	款识内容	烧造年代	图片号
17	H1:81	碗	画押款		清中期	
18	H1:83	碗	画押款		清中期	
19	H1:88	杯	画押款		清中期	
20	H1:91	碗	画押款		清中期	
21	H1:94	碗	画押款		清中期	
22	H1:96	碗	画押款		清中期	
23	H1:99	杯	画押款		清中期	
24	H1:103	碗		"万福攸同"	清中期	

2. 出土文物不仅数量众多且有多件精品

本次发掘出土的1619件瓷器，其中近百件瓷器得到修复。以霁蓝釉碗、青花冰梅纹印泥盒、青花万寿纹小碟、青花及第图人物故事纹碟、釉上描金彩花卉纹盘、青花凤穿牡丹纹将军罐等最具代表性，举例如下。

　　豆青釉青花五福纹盖碗，2015YMGT1②：1，残，底径5.8厘米，内碗底心青花绘四只蝙蝠，环绕一变体"福"字，寓意"五福"，器外壁施豆青釉，器底书"大清嘉庆年制"三竖行篆书款（图7）。

　　青花开光折枝花果纹盘，2015YMGT1②：5，高5厘米，圆唇而尖，侈口，弧腹，圈足，内外壁均绘卷葵纹开光，开光内绘折枝花卉、灵芝等花果纹，青花发色纯正，釉面烧成度极好（图8）。

图7　2015YMGT1②：1　　　　　　　　图8　2015YMGT1②：5

　　青花缠枝菊纹碗，2015YMGH1：5，残，口径17.5、高8、底径7.5厘米，圆唇，侈口，弧腹，圈足，外口沿处有青花双圈弦纹，腹部为缠枝菊纹，圈足上亦有双圈弦纹。烧成温度适中，釉面结晶较好，青花发色纯正（图9）。

　　霁蓝釉碗，2015YMGH1：17，残，口径17.5、高7.9、底径8.5厘米，圆唇，侈口，弧腹，圈足，外壁釉下施霁蓝彩，内壁施白釉，霁蓝釉厚薄较均匀，积釉处有黑色结晶，黑蓝相间的色彩平添了几分美感（图10）。

图9　2015YMGH1：5　　　　　　　　图10　2015YMGH1：17

青花寿纹盖碗，2015YMGH1：18，残，口径9.9、高4.8、底径3.7厘米，圆唇而尖，敞口，弧腹，圈足较高，外口沿处有青花双圈弦纹，腹部饰缠枝花卉连缀的寿纹，圈足上亦有双圈弦纹。外底心有画押双圈款。该盖碗青花画法严谨，器形规整，釉色纯正，颇具艺术造诣（图11）。

青花冰梅纹印泥盒，2015YMGH1：19，残，仅存底部，口径10.7、高4.1、底径10.7厘米，方唇，子母口，直腹，卧足，外腹部施冰梅纹（图12）。

图11　2015YMGH1：18　　　　图12　2015YMGH1：19

青花万寿纹小碟，2015YMGH1：21，残，口径10.7、高2.6、底径7厘米，圆唇，敞口，弧腹，圈足，外口沿处有青花双圈弦纹，内外腹部均饰两排梵文寿纹，内底心亦有一梵文寿字，外底心双圈内书"大清雍正年制"三行楷书款，其中"雍"及"年"两字部分缺失（图13）。

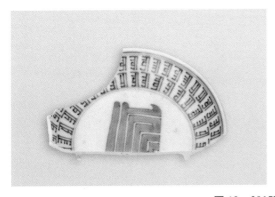 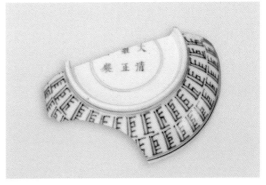

图13　2015YMGH1：21

青花及第图人物故事纹碟，2015YMGH1：22，残，仅剩碟子底部部分，壁厚0.4厘米，圈足，内壁碗心绘一书生骑马的情景，完整的画面应是状元及第骑马游街的盛况，外底心双圈内书"安吉居制"楷书款，底款笔法严谨而有法度。此器器形规整，胎土细腻，青花绘画书画意味十足，实乃不可多得之艺术精品（图14）。

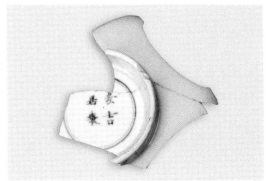

图14　2015YMGH1：22

　　蓝釉鼻烟壶，2015YMGH1：29，口沿略残，其他部位完整，高4.7、宽3.3厘米，直颈，弧腹，器呈扁壶式，外撇式足，平底，器身施蓝釉，腹部釉下模印阳文连珠纹，腹部正中心处模印阳文宝相花纹（图15）。

　　釉上描金彩花卉纹盘，2015YMGH1：46，残，口径、高、底径，圆唇，侈口，微弧腹，圈足，盘内壁以胭脂红彩绘折枝牡丹，以金彩描绘叶子，红花金叶一片富丽堂皇的富贵之气。盘外壁光素无纹饰，约略可见快轮修胎形成的弦纹，外底心双圈弦纹内青花书画押款（图16）。

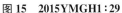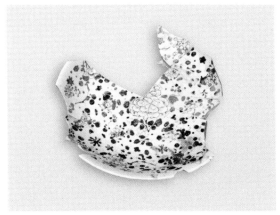

图15　2015YMGH1：29　　　　　　　　图16　2015YMGH1：46

　　白釉模印龙纹盖碗，2015YMGH1：35，残，仅剩部分口沿，圆唇，撇口，弧腹，口沿处施酱釉，器身施白釉，外壁光素无纹饰，内腹壁模印阳文海水龙纹。该器胎土细腻，模印龙纹威严而有气度，釉色发色纯正，实乃不可多得之艺术珍品（图17）。

绿釉五爪龙纹陶滴水，2015YMGH1∶44，残，建筑构件，为古建筑檐头构件，高7.3、宽10、厚4.6厘米，器身施绿釉，釉下模印阳文戏珠五爪龙纹（图18）。

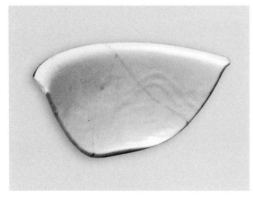

图 17　2015YMGH1∶35

图 18　2015YMGH1∶44

青花开光折枝花果纹杯，2015YMGH1∶50，残，口径11.8、高6、底径5.2厘米，圆唇而尖，葵口，弧腹，圈足，内外壁均绘卷葵纹开光，开光内绘折枝花卉、灵芝等花果纹，青花发色纯正，釉面烧成度极好。外底心双圈内书"大明宣德年制"双竖行楷书款，"德"及"年"因瓷片缺失而缺失（图19）。

青花蜜蜂葡萄纹盘，2015YMGH3∶1，残，圆唇，敞口，弧腹，圈足，外壁口沿及足处均绘有双圈弦纹，外腹部及内碗心绘蜜蜂葡萄图，其中葡萄叶采用没骨法绘制（图20）。

图 19　2015YMGH1∶50

图 20　2015YMGH3∶1

青花凤穿牡丹纹将军罐，2015YMGH1∶57，残，高24.8、底径16.6厘米，方唇而尖，直颈，弧腹，束胫，卧足，外壁口沿处绘如意纹，腹部绘凤穿牡丹纹，底足内青花双圈弦纹，胎土细腻，青花发色纯正，釉面玻化程度好（图21）。

绿釉高足灯，2015YMGH1∶56，残，残高19.3、底径7.8厘米，烛台已缺失，腹部呈圆管状，外撇式圈足，圈足下以三个乳突接地，器为瓷器仿青铜烛台之作（图22）。

图21　2015YMGH1∶57　　　　图22　2015YMGH1∶56

"宣城"字铭砖，编号2015YMGHD∶1，灰砖。残长15.3、宽14.2、厚5厘米（图23）。

图23　2015YMGHD∶1

五、结　语

梅岭公馆遗址位于古运河、漕河交汇处，地势平坦、交通便利，是扬州各时期经济繁盛汇集之地。经长期发掘、勘探，唐、宋、明等时期的城墙在该遗址附近皆有分布[②]。此次发掘区位于唐代扬州城墙西侧、宋大城北门遗址东部、明代城墙北。发现了古运河的西岸，为研究运河与扬州城墙位置变迁提供了重要依据。

唐代至明代，扬州运河经历了开通、多次停用和疏浚的过程。《新唐书》卷五十三《食货志》："初，扬州疏太子港、陈登塘，凡三十四陂，以益漕河，辄复堰塞。淮南节度使杜亚乃濬渠蜀岗，疏句城湖、爱敬陂，起堤贯城，以通大舟。河益庳，水下走淮，夏则舟不得前。节度使李吉甫筑平津堰，以洩有余，防不足，漕流遂通。然漕流益少，江、淮米至渭桥者，二十万斛。"③

《唐会要》卷八十七《漕运》："宝历二年（826 年）正月，监铁使王播奏。扬州城内旧漕河水浅，舟船止滞，转输不及期程。今从阊门外古七里港开河，向东曲屈，至禅智寺桥通旧官河，长十九里。"④

《宋史》卷九十六《河渠志》："天禧二年（1018 年），江淮发运使贾宗言，诸路岁漕，自真、阳入淮、汴，历堰者五，粮载烦于剥卸，民力罢能牵挽，官私船舰，由此速坏。今议开扬州古河，绕城南接运渠；毁龙舟、新兴、茱萸三堰，凿近堰漕路，以均水势。岁省官费十数万，功利甚厚。诏屯田郎中梁楚、阁门祗侯李居中按视，以为当然。明年役既成，而水注新河，与三堰平，漕船无阻，公私大便。"⑤

清乾隆《淮安府志》卷六《运河》："洪武十四年（1381 年）浚扬州官河，自扬子桥至黄泥滩。十七年（1384 年），修筑江都县深港灞，浚河道五百六十七丈。二十年（1387 年），命主事杨德礼往高邮督有司修筑并湖堤岸。"⑥结合本次发掘可以确认河道开口于②层下，其时代不晚于明清；开口②层下的河道内出土的"宣城"铭文砖及其他建筑残留等，表明其最早的年代可能为唐。本次运河故道的发现在运河扬州段尚属首次，确认了扬州运河西岸在今大运河以西 50 米，故道南北向分布，与今运河平行。掌握了运河河床剖面的第一手资料。通过和以往发掘的参照对比，从梅岭公馆遗址的发现可以为确立唐至明清时期城墙东侧运河的范围和使用时间段提供参照。

在本发掘区的发掘过程中还出土了大量的明清陶瓷遗物，种类有瓷器、紫砂、建筑构件等，不同于以往发掘对于明清陶瓷遗物的忽视，本次发掘对于出土的明清陶瓷遗存进行了系统的采集，并用考古学的方法进行了科学的分析整理，为了便于后期陶瓷学者研究能提取更多的信息，青花部分资料采用勾勒轮廓器形的线图和体现纹饰（青花绘法）的照片。

陶瓷部分的结论可以归纳为以下三点：一是年代下限，出土的明确的纪年款式有"大清雍正年制""大清乾隆年制"及"大清嘉庆年制"，出土的瓷器也主要符合这个时期的时代特征，因此我们认为灰坑的最晚形成时间是清嘉庆时期；二是瓷器的窑口，出土的瓷器从种类上分以青花为主，包含部分的白瓷和青瓷等，窑口特征满足景德镇窑的特征，证明在清代雍正、乾隆、嘉庆时期景德镇瓷器是该区域居民购买的首选；三是丰富了明清时期该区域居民生活的物质史资料，出土的瓷器器形种类众多，瓷器类的有碗、杯、盖碗、鼻烟壶、印泥盒、花盆、将军罐，紫砂类有铫、茶叶罐及杯等，器形不仅涉及日常饮食所需的碗等，还涉及茶事的盖碗、杯、铫、茶叶罐等，至于鼻烟壶、印泥盒、"大清雍正年制"官款瓷器及观赏类的将军罐等器形更能反映该区域居民生活精致的一面。

在扬州运河不同时期的历史变迁中，此处多次成为河道，并积累了深厚的文化遗存。通过对该遗址进行的抢救性发掘，获得了大量的唐至明清等时期较为丰富的文化遗存，为进一步认识该地区古代文化分布和序列提供了新的材料。

作者单位：扬州市文物考古研究所

注释

① 根据中国社会科学院考古研究所、南京博物院、扬州市文物考古研究所：《扬州唐宋城门东门遗址的发掘》，《考古学集刊·19》，科学出版社，第316页，图1修改。

② 中国社会科学院考古研究所、南京博物院、扬州市文物考古研究所：《扬州城1987～1998年考古发掘报告》，文物出版社，第13页图四。

③［宋］欧阳修、宋祁：《新唐书·食货志》卷五十三，中华书局。

④⑥朱偰：《中国运河史料选编》，中华书局，1962年。

⑤［元］脱脱：《宋史·河渠志》卷九十六，中华书局，1977年。

扬州出土的一件明代龙泉窑青瓷孝子图碗研究

张　敏　林海南

内容提要：中国古代封建王朝主张"以孝治国"，孝道成为维系社会秩序的一个重要手段而备受宣扬。扬州市文物考古研究在2009年发现一件明代龙泉窑青釉瓷碗，其纹饰为模印孝子图。内容为郭巨"埋儿得金"，丁兰"刻木事亲"，孟宗"哭竹得笋"，王祥"卧冰求鲤"。本文通过对已发现的类似器物进行对比研究，并梳理"孝道"的发展和历史演进，来探讨选择此类纹饰的动因及背后蕴含的教化之意。

关键词：扬州　明代　龙泉窑　孝子图

一、发　现

2009年9月4日，扬州市文物考古研究所在配合扬州瘦西湖新苑基本建设的考古发掘中，发现一座明代夫妻合葬墓。墓葬中出土陪葬品较多，其中一件模印"孝子图"纹龙泉青瓷碗引起了笔者的注意。本文根据已发现的有类似的器物与之前学者的相关研究，对此碗所印纹饰的意义进行探讨。呈请方家指教。

2009YSXM78：2，明代模印"四孝"纹龙泉青瓷碗（图1）。口径15.2、高9、底径6.2厘米。敞口，弧腹，圈足。外侧口沿刻有一圈回纹。内壁口沿模印有一圈回纹，其下模印"四孝"图案，图旁皆有榜题，分别为郭巨、孟宗、丁兰、王祥四人。图中郭巨双手持铲挖掘，一妇人怀抱儿童；孟宗抱竹哭泣，地上竹笋破土露头；丁兰在置有香炉的案前拱手祈祷，后为其母亲的像；王祥卧于冰上，手握有一条鱼。碗内中央为一"坤"字。圈足较高。该碗器形完整，胎体较厚，釉质较均匀，有冰裂纹。

图1　扬州出土龙泉青瓷孝子图碗

二、青瓷碗年代及模印孝子图故事解析

　　由于此墓没有明确的纪年材料出土，要确定此青瓷碗的年代只能与同类纪年器物作对比。出土有类似的历史人物故事题材的资料有淮安王镇墓出土龙泉窑瓷大碗2件，其中一件为类似历史人物题材（图2）[①]，而王镇墓为明弘治六年（1493年）夫妻合葬墓；另外上海黄孟瑄墓也出土同类青瓷碗2件（图3），黄孟瑄墓为成化十六年（1480年）夫妻合葬墓[②]。通过与上述两件纪年墓出土器物的对比发现，扬州出土的此件青

图2　江苏省淮安市王镇墓出土明青釉印人物纹碗 [3]

图3　上海黄孟瑄墓出土明青瓷人物故事碗④

瓷人物故事碗在形制、釉色、装饰题材和装饰风格上都与上述器物极其接近，因此扬州出土的此件青瓷碗的年代也应该在成、弘之间，亦即明代中期。

孝道为中国传统文化中的重要内容。自神话时代就有对孝行的描述，春秋时期儒家兴起后，倡导孝道，孝子事迹成为国家宣扬教化的手段。在晚唐五代就产生了"二十四孝"体系，通过山西、河南、北京、辽宁、甘肃等地的辽、金、元墓葬中曾多次发现过彩绘与石雕线刻的二十四孝⑤。至元代郭居敬编录《全相二十四孝诗选》之后，二十四孝就以成系统的文本形式出现在不同的出版物之中，其中的故事产生的影响自然也更加广大。本次发现的碗中出现的孝子图内容分别是：郭巨"埋儿得金"，汉代郭巨为母亲能吃饱饭，而与妻子商量埋掉儿子，而"巨遂掘坑三尺余，忽见黄金一釜，上云'天赐孝子郭巨，官不得取，民不得夺'"。丁兰"刻木事亲"，讲述的是丁兰幼丧父母，未得奉养，而思念劬劳之恩，刻木为像，事之如生。其妻久而不敬，以针戏刺其指，血出。木像见兰，眼中垂泪。因询得其情，即将妻弃之。孟宗"哭竹得笋"，晋代孟宗因老母患病，冬月想吃笋。孟宗无计可施，在竹林中抱竹哭泣，"孝感天地，地出笋数茎，持归作羹奉母。食毕，病愈"。王祥"卧冰求鲤"，晋代人王祥继母朱氏在天寒地冻的冬天想吃鱼，王祥"解衣卧冰求之，冰忽自解，双鲤跃出，持归供母"。

三、四孝子作为碗主体纹饰的原因推测

前文提及扬州出土的此件青瓷碗只有四个孝子的故事，作为碗上的装饰题材，由

于载体篇幅的有限性，自然要求对于题材进行选择，那么"二十四孝"拥有 24 个完整的孝子故事的体系，为什么只有郭巨、丁兰、孟宗、王祥的故事入选呢？

通过梳理"二十四孝"的发展历史发现二十四孝的内容从形成至明中期，具体故事人物是有变化的。根据以往学者研究我们将宋、金、元、明四个时期的二十四孝人物按表格罗列，较直观地展示其中的异同⑥。通过表 1，我们发现"二十四孝"在从宋代到明代的演变发展中，有 14 组人物是没有发现变化的，这之中就包含了郭巨、丁兰、孟宗、王祥的故事，因此经过宋元明三朝的传播，郭巨、王祥等四人的故事应该具备一定的社会基础。但是为什么出现的仅是郭巨等四人而不是其他十组故事呢？要回答这个问题，我们还要回归瓷碗本身，此碗胎骨厚重，釉面结晶度较差，器形属于明中期常见的大宗日用品的典型样式，而且使用者也多为普通民众。通过对郭巨、丁兰、孟宗、王祥此四孝的故事文本进行研究，汉代郭巨为母亲能吃饱饭，而与妻子商量埋掉儿子；孟宗因老母患病，冬月想吃笋，在竹林中抱竹哭泣；王祥继母朱氏在冬天想吃鱼而卧冰求鲤；丁兰也未有所功名，所以可以确定此四者皆为普通人，而且所做的事情如果抛开极端成分不谈，都是解决父母饮食及日常侍奉问题，这对于生活在当时社会底层，对那些为生计奔忙的劳苦群体而言，能解决父母饮食及日常侍奉问题对于普通大众来说可能就是孝的重要体现。因此笔者认为之所以挑选此四组，而非大舜、王衷等圣人显贵，应该是此四者的普通人身份有一定的亲近感，而且解决的都是父母饮食及日常侍奉等非常实际的问题。再从制瓷者的方面来看，虽说在明代已经有不同版本的"二十四孝"文本流传，但对于在传统中国社会属于文化较低的阶层制瓷的窑工来说，二十四组人物也是相对复杂的一个系统，因此流传时间较长久的郭巨、丁兰、孟宗、王祥组合可能就是属于窑工信手拈来的题材。

表 1　宋到明"二十四孝"孝子组合表

宋代	王祥	丁兰	郭巨	孟宗	王衷	曾子	郯子	陆绩	蔡顺	大舜	老莱子	姜诗
金代	王祥	丁兰	郭巨	孟宗	王衷	曾子	郯子	陆绩	蔡顺	大舜	老莱子	姜诗
元代	王祥	丁兰	郭巨	孟宗	王衷	曾子	郯子	陆绩	蔡顺	大舜	老莱子	姜诗
明代	王祥	丁兰	郭巨	孟宗	王衷	曾子	郯子	陆绩	蔡顺	大舜	老莱子	姜诗
宋代	杨香	董永	刘伯瑜	刘殷	鲍山	曹娥	田真	赵孝宗	刘明达	王武子	鲁义姑	原谷
金代	杨香	董永	刘伯瑜	刘殷	鲍山	曹娥	田真	赵孝宗	刘明达	王武子	鲁义姑	原谷
元代	杨香	董永	仲由	闵损	刘恒	黄香	江革	吴猛	庾黔娄	唐夫人	朱寿昌	黄庭坚
明代	杨香	董永	张孝	闵损	刘恒	黄香	田真	吴猛	庾黔娄	唐夫人	朱寿昌	黄庭坚

五、小　结

综上，我们认为扬州出土的此件龙泉孝子图碗的时代应为明中期。孝子图故事出现在作为生活日用品的碗上面，体现了孝道故事超越了纸质文本而融入百姓日常。郭巨、丁兰、孟宗、王祥组合的出现表面上是因为作为载体的碗篇幅的有限性，其实此四组人物组合可能是经过时代精心挑选的，或者说是时代需求的反映，生活在物质不是十分丰富甚至可能短却的传统时代，能解决父母饮食及日常侍奉问题对于普通大众来说可能就是孝的重要体现。孝的内容在经过历史的沉淀之后，人们对于这一事物的认识亦在不断变化。此件青瓷碗作为留给世人的历史见证，也在告诉我们古人在宣教方式上的润物无声。由于研究水平有限，对于瓷器、孝道以及孝文化的发展研究还有进一步拓展的空间，也希望抛砖引玉能够获得专家的指正。

作者单位：张　敏　扬州市文物考古研究所

林海南　福建省昙石山遗址博物馆

注释

①③张柏主编：《中国出土瓷器全集·江苏、上海卷》，科学出版社，2008 年，第 201 页。

②上海市文物管理委员会：《上海明墓》，文物出版社，2009 年。

④上海市文物管理委员会：《上海明墓》，文物出版社，2009 年，彩版十六。

⑤赵超：《"二十四孝"在何时形成》，《中国典籍与文化》，1998 年第 1 期、第 2 期。

⑥宋、金、元三代所列人物引自赵文坦：《关于郭居敬"二十四孝"的几个问题》，《齐鲁文化研究》，2008 年 12 月。明代人物根据朱由鉴《惠园睿制集》卷十《书二十四孝图后》。

明代两方墓志考读

曹　骏

内容提要：2012 年，仪征博物馆出土墓志一合。该墓志与馆藏一方墓志内容联系密切。两方墓志部分内容能相互佐证，并涉及明代卫所制度及地方地名，具有一定研究价值。

关键词：明代　家族　墓志　卫所　地名

2012 年，仪征博物馆在马集镇岔镇村华南组抢救性发掘一座明代古墓葬，出土墓志一合。墓志为青石质，志、盖皆为正方形，边长 56.5 厘米，厚约 12 厘米。盖用篆书阴刻"明太学生张会江先生之墓"。志文为阴刻楷书，正文自右至左竖行排列，志文 22 行，计 578 字。

馆藏一方明代张廷璧墓志，青石质，正方形，边长 41.7 厘米，厚 3.8 厘米。盖用篆书阴刻"云岗子张廷璧墓志铭"。志文为阴刻楷书，共 20 行，计 310 字。

通过对两方志文的解读，发现两方墓志内容联系密切，因而放在一起进行考证分析。

一、两方墓志内容

（一）张廷璧志文（图 1、2）

云岗子张廷璧墓志铭

张廷璧墓志铭

高阳许观撰／浔阳陶继书／河南陆履篆

公姓张氏，讳璧，字廷璧，号云岗子。先世居苏城，幼从／父迁于太仓，后以洪武丁丑公从戍于仪真，遂家焉。／曾大父万五，大父敬之，父仲达，皆隐而不

图 1　张廷璧墓盖铭文（拓片）

图 2　张廷璧墓志铭文（拓片）

耀。母陈氏。/公生于元至正癸卯二月甲戌，卒于宣德庚戌岁十/一月二十有二日己未，享年六十八，配尹氏，子男三/人，曰中，娶董氏；曰庸与和，皆早卒；女一人，妙龄先卒。/孙男二人：端、靖。公幼颖悟，性谅直好义，耿介不阿，自/树读书知大义，尤邃堪舆及精五雷祕法。平居孝于/事亲，恤孤怜贫，治家有法，待宗族有恩，待人以信，遇/事果断，不肯阿唯随人，人敬而爱之。公见时俗所称/士或无实而厚取名，叹曰：士以行为本，人安可尽诬？/由是深诫其子，以笃行务实为本。呜呼！若公者，可谓/有恒之士矣。卜以庚戌岁闰十二月十日葬于仪真/东关之原。铭曰：/惟云岗行则方植则刚，没愈彰考之宫从而藏。/中吴何汉刻。

（二）张会江志文（图3、4）

明太学生张会江先生之墓
明太学生张会江先生墓志铭

邑学生虹江黄允孝书并篆

会江张先生，允孝族祖姑子也。先生有子，曰守礼，为允孝族妹丈，两世姻/谊相与娶亲且久，故允孝知先生深。先生卒，守礼持所为状，泣血请允孝/铭。按状先生讳煳，字文行，世居江淮都会间，因引号会江，人称为会江先/生。云其先苏之太仓人，始祖升，占籍仪真卫中所，升生廷璧，廷璧生忠，忠/生端，端生澄，澄以功授副千户，封武略将军，澄生森，森配允孝族祖姑，弘/治甲寅年四月十三日生先生，故先生为仪真人，年十七补邑庠生，治春/秋痒精稽古，英迈特达，声称藉藉，食廪十年屡试弗，偶遂例入太学。恪遵/矩度，矢志书史，冀登科甲，以是例选，踰期弗就，兄炳子疾，祖职久隳，序当/先生袭，先生罔慕，遗守礼袭之。生平沉静毅直，寡言笑，绝挥霍，缜密俭约，/克自树立，审时度势，刱造兴举，家用饶裕，晚岁益厌纷嚣，虽处阛阓，雅尚/钦藏以娱暮龄。初祖遗微产，先生及兄炜当分受，先生悉让炜，炜后乏嗣/日贫，先生迎归奉朝夕，姊适毕贫独如炜，亦归以养，比疾终，棺衾窀瘗咸/克具举。母病哀号吁天，庙宿恳祷，病遂愈，人谓孝感所致。年及艾，守礼始/生，比长颇严教诫，族众匮急亦为周恤，脱有背者弗计也，允孝族素称众。/先生以母故，愈切渭阳之谊至，其信以交朋，慈以驭下，论以接物，顺以达/变，则又有余慕焉。于戏！若先生者，其诚笃志励行，敦伦懋德，卓然不群者/欤！隆庆元年六月十一日疾终正寝，年七十有四，娶钟氏、厉氏，子一即守/礼，配黄氏即允孝族妹，女一曰守贞，适仪真卫指挥同知

图3　张文行盖文（拓片）

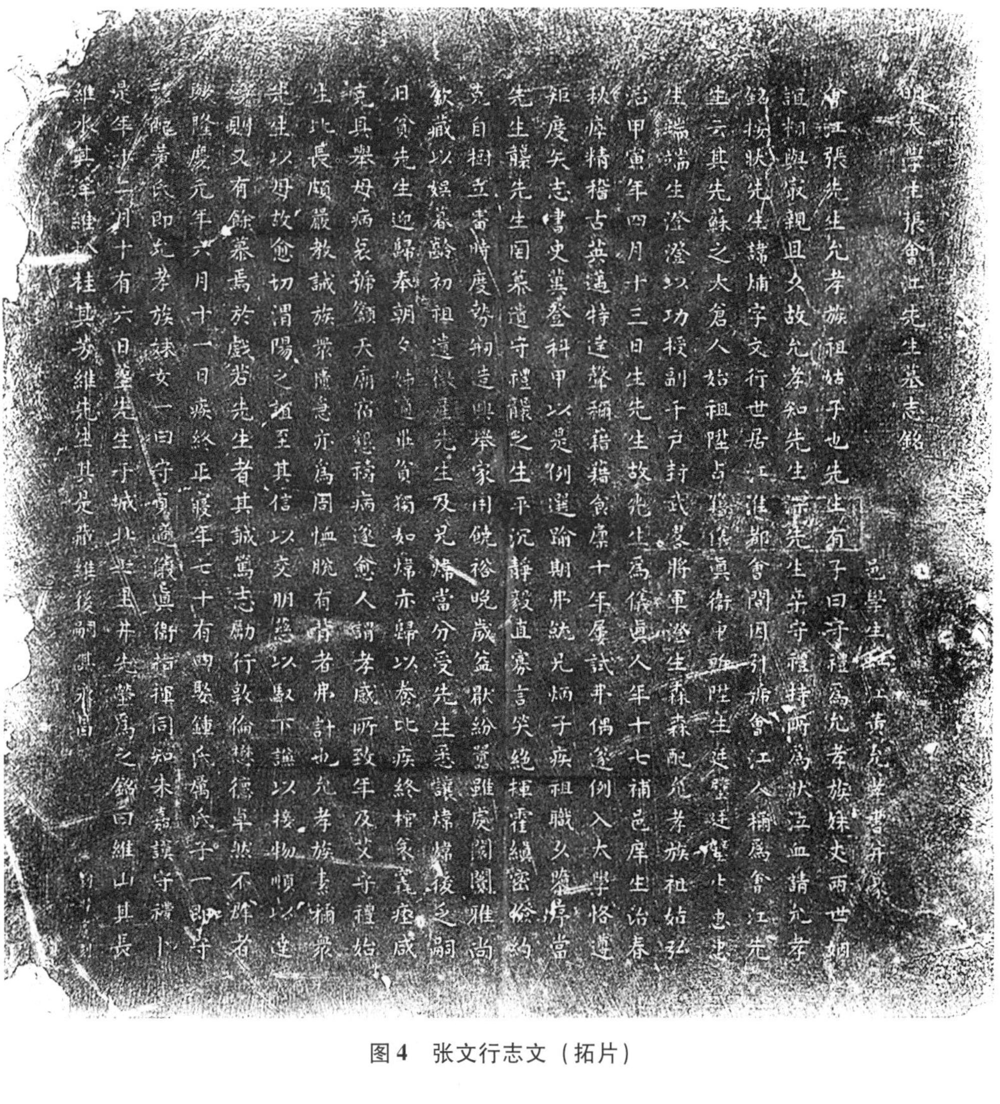

图4　张文行志文（拓片）

朱嘉谟。守礼卜，/是年十二月十有六日葬先生于城北七里井先茔，为之铭曰：维山其长，/维水其泮，维松桂其芳，维先生其是藏，维后嗣其永昌。/刘时宾刻。

二、家族关系

张廷璧志文提到"子男三人，曰中，娶董氏；曰庸与和，皆早卒；女一人，妙龄先卒。孙男二人：端、靖"，文中叙述了其子胤情况。而张文行志文中则有"升生廷璧，廷璧生忠，忠生端，端生澄，澄生森"，文中的廷璧、忠（中）、端三人名及相互关系均能与张廷璧子胤排序相对应。至于端生澄，澄生森，森又生先生（张文行），在子胤延续时间上也符合自然规律。再综合同籍、同名、同地三大因素推断，张廷璧、张文行两人应为同族关系。张文行是张廷璧长孙端这支所延续的，是张廷璧的第五代子孙。以下为两方墓志中所涉及的家族成员，通过列表可直观地了解其家族成员的关系（图5）。

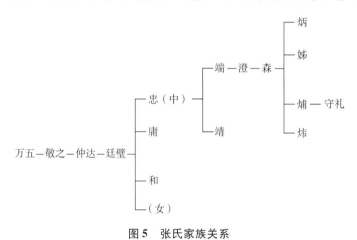

图5　张氏家族关系

三、家族迁移背景

两方志文中均提到了各自的家族祖籍为苏州。张廷璧志文"先世居苏城，幼从父迁于太仓后，以洪武丁丑公从戎于仪真，遂家焉"。张文行志文"云其先苏之太仓人，始祖升占籍仪真卫中所"。但志文中对家族因何原因从富庶的江南地区迁移至江北仪真却未做任何解释，这点应与明朝初年明太祖朱元璋实行强制性大规模的移民政策有关。元末的战争造成了明初人口锐减，土地大片的荒废。战争结束后，全国各地的人口分布极不平均，为了均衡各地人口，全面恢复各地的社会经济，因此明朝政府进行了大规模的移民迁徙运动，民间称之"洪武赶散"。在历代封建王朝的时期，一般把人口和劳动力的增长当作发展社会经济的先决条件。社会经济的恢复和发展，都与人口和劳动力的增长是密不可分的。

明初各地积极进行移民政策，而苏北地区人口主要来自苏州地区。朱元璋之所以选择苏州地区进行人口迁移①，除人口因素外，还基于另两方面原因：一方面要加强中央政权的统治，必须将江南地区的豪强地主迁至京城附近，受到中央政府直接控制，使其财势俱失，无法作为（代表人物沈万三）。另一方面是报复在对张士诚的战争中拥戴张的苏南一带地区的民众。据《续修盐城县志》②中记载："元末张士诚据有吴门，明主百计不能下，及士诚败至身虏，明主积怨，遂驱逐苏民实淮扬二郡。"张氏先人应是在当时这样的历史背景下举家渡江迁居仪真。又鉴于明朝的政治环境，故不能在志文中记载。

四、反映明代卫所世袭制度

卫所制度是明代在总结历朝兵制基础上所形成的一种独具特色的军事制度，这一制度系统以五军都督府—都司—卫—千户所为层级。在这个军事体系当中，武官根据职级的高低被分为"世官"和"流官"两类③。"世官"是指卫、所两级的武官，即卫所中的全部武职人员皆为世袭之职。"流官"是指督府、都司高级别的武官，因考虑到五府、都司武职负责管理全国各方面军政，事关重大，明太祖朱元璋曾对此做特别批示："国家设都卫节制方面，所系甚重。当于各卫指挥中遴择智谋出众以任都指挥之职……从朝廷升调，不准世袭。"④对于武官的世袭制度，洪武四年（1371年），明太祖诏令："凡大小武官亡故，悉令嫡长子孙袭职。有故则次嫡承袭，无次嫡则庶长子孙，无庶长子孙则弟侄应袭者袭其职。"由此可知明代武官承袭以嫡长男为原则，嫡长子孙有优先袭职之权，其次才轮到次嫡子孙、庶长子和弟侄⑤。

据《隆庆仪真县志》⑥记载，张文行的曾祖父澄因输粟授官职。景泰三年（1452年），广东倭患⑦，澄奉命征广，因功封武略将军，升任副千户一职。墓主是次子，根据明代卫所世袭制度，在其长兄炳故子有疾的因素下，其可以享受世袭制度。因此志文中称"兄炳子疾，祖职久隳，序当先生袭，先生罔慕，遗守礼袭之"。

五、涉及的地名

东关、七里井分别是张廷璧、张文行所葬地，两处地名在地方文献《隆庆仪真县志》中均有记载。东关在仪真东城外，七里井在城北七里。

东关一词在县志中曾多次提到，具体位置是指仪征东城外的一片地区，即今石桥河至仪扬河沿岸一带。如"仪真东关，旧有大忠节祠"，"东关者，用于五坝也"，"在东关二里"等。东关在县志中最早出现的时间是"成化中，郭升所建四闸，其首闸曰东关闸"。此后至清末，史料中多见东关二字。而墓志中已提到东关地名，把东关地名形成时间至少往前推移了三十五年。

七里井与今八里地理位置相重叠，现仪征城曹山立交桥至马集岔镇的中间点即为八里。因时间的流逝，七里井地名已湮灭，而八里可能作为两处中间点的地名而沿用下来，至今在其北侧还依次排列九里、十里墩、十五里墩及三十里墩的地名。因此，通过对两处地名的研究，发现地名的产生、形成不仅具有发展、演化的过程，还具有一定的延续性。

在目前所掌握的明代墓葬分布地区及对史料的研究上，我们认为这两处地点均为仪征地区明代墓葬埋藏的集中区。

上述两方墓志所包含的历史信息比较丰富，涉及明初历史、明代卫所世袭制度及地名问题，为研究明代历史提供了直观的实物资料。此外，墓志的内容补充了地方史料空白，对研究仪征地方历史具有十分重要的作用。

作者单位：仪征市博物馆

注释

①《明实录》记载：吴元年（元至正二十七年，1367年）九月"克平江（苏州），执张士诚。十月乙巳，徙苏州富民实濠州"。

②《续修盐城县志》载："元末张士诚据有吴门，明主百计不能下，及士诚败至身虏，明主积怨，遂驱逐苏民实淮扬二郡。"《民国阜宁县新志》说："境内氏族土著而外，迁自姑苏者多。"

③梁志胜：《明代卫所武官世袭制度研究》，中国社会科学出版社，2012年。

④《兵部三·铨选三·武职袭替》洪武四年，明太祖曾就此事对中书省官员说："国家设都卫节制方面，所系甚重。当于各卫指挥中遴择智谋出众以任都指挥之职，或二、三年，五、六年，从朝廷升调，不许世袭。"

⑤《明太祖实录》卷62，第1199页。

⑥《隆庆仪真县志》："澄，景泰，输粟授职。征广，升副千户。伦成化。副千户。炳正德。降袭百户。传三世。按，澄、伦两世，陆《志》载副千户表。"

⑦冯先知：《中国历代重大军事战争详解：明代战争史》，吉林音像出版社，2006年。

扬州中国雕版印刷博物馆藏佛教版画述略

高　荣

内容提要：在雕版印刷术发明以前，佛学经典的传播全靠手工抄写。雕版印刷可以大量地复制佛经和佛像，满足了大众的佛教文化需求，对于弘法传教发挥了重要功用。同时在中国雕版印刷术的发展史上，佛教文化成为推动雕版印刷术的首要动力。二者相互融合，形成具有独特审美意趣的艺术——中国佛教雕版。

关键词：雕版　博物馆　佛教　版片　版画

扬州中国雕版印刷博物馆收藏有明清至民国雕版版片 10 万余片，内容丰富，涉及国学、医学、史志、文选、佛教等等，其中佛教雕版数量最多，有 320 种，3 万余片。

一、佛教与雕版的起源

西汉末年，佛教从古印度传入中国。到隋唐时期，达到了鼎盛，逐步形成了中国本土化的佛教。在佛教史上，曾经在南北朝与唐五代，发生过"三武一宗之难"[①]，即北魏太武帝、北周武帝、唐武宗及后周世宗时的四次灭佛事件。统治阶级为了政治需要，拆毁寺院，焚毁经像，强令僧尼还俗，甚至对僧人大开杀戒，对佛教造成了沉重的打击。

隋代陆深《河汾燕闲录》的《俨山外集》卷说："隋文帝开皇十三年（593 年）十二月八日，敕废像遗经，悉令雕撰。此印书之始，又在冯瀛王先矣。"雕造被毁之佛像，撰集残缺的佛经，隋文帝的举措，使佛教有了新的发展，奠定了佛教在唐朝进一步辉煌的基础。

关于印刷术的起源，多数学者认为，雕版印刷术发明的时间大约在"隋唐之际"，即公元六至七世纪之交②。通过出土的文物、传世的古籍以及历史记载来看，中国最早的雕版印刷术主要是为了适应佛教传播的需求，是佛教信徒为传播教义进行探索和实践的结果。从现存的早期佛教雕版可以印证，佛教是中国古代雕版印刷的先行者和传播者：四川成都、陕西西安等地出土的《陀罗尼经咒》；现存于日本东京书道博物馆的唐代印刷品《妙法莲华经》残卷；韩国庆州市佛国寺释迦塔发现的《无垢净光大陀罗尼经卷》；1900 年，在敦煌藏经阁发现的唐咸通九年（868 年）《金刚般若波罗蜜经》，卷末题记"咸通九年四月十五日王玠为二亲敬造普施"，现藏于英国伦敦大英博物馆③。从上述的文献记载和实物资料，可以看到雕版印刷术在唐代初期的应用和初步发展，与佛教文化的传播密不可分。

二、扬州佛教雕版的发展

隋代扬州是全国的政治、经济、文化中心之一，扬州佛教兴盛，对于佛经和佛像的广泛需求，直接推动了扬州雕版印刷的应用和发展。唐代诗人元稹为白居易作《白氏长庆集序》，其中有"至于缮写模勒，炫卖于市井或持之以交酒茗者，处处皆是"（注：扬越间多作书模勒乐天及余杂诗，卖于市肆之中也）。唐代扬州的雕版印刷术已可见一斑。宋代书籍刻印业的规模、质量都趋于完善，内容从过去的以刻印佛经为主，逐渐扩大到经、史、子、集等。经书插图仍然是雕版图画的主体，同时出现了世俗化倾向的题材。地域上形成蜀、浙、闽三大刻印中心。宋代扬州成为抵抗金、元的前沿阵地，战火纷飞，城市遭遇重创，留存的著录资料极少，难以详考。王澄先生的《扬州刻书考》一书，对现存的宋代扬州地区的十余种刻书进行了系统研究。明清时期，扬州的雕版印刷术蓬勃发展，清代内府的雕版印刷书籍，如扬州诗局刻印《全唐诗》《佩文韵府》，康熙皇帝朱批："刻的书甚好"、"此书刻得好的极处"，直接推动扬州的雕版印刷技术跻身国内一流水平；官府集中刻印带来的大批能工巧匠在扬州繁衍生息，此后数百年间，扬州涌现了许多高质的民间刻坊，雕版印刷融入人们的日常生活，其内容包罗万象，涉及书籍、年画、公文、契约、盐引、商品包装等等，技法有"饾版""拱花"等，蔚为大观。

刻经仍然是扬州雕版的主要内容之一，寺庙僧人大多延聘刻工前往寺庙刻印经书或佛像，也有的自己设置专业从事刻经的机构。规模最大的是江北刻经处和扬州藏经院。江北刻经处设在江都砖桥法藏寺，由妙空法师创办于同治初年。扬州藏经院位于扬州城内皮市街宛虹桥，始建于明万历年间，为保存佛经所建。清咸丰年间毁于兵火，同治初年由扬州参将朱元松重建，光绪年间增修。重建以后，院内设立扬州刻经处（为江北刻经处分部之一），刻印本院所藏经书。又设刻经流通处，为居士或佛学研究者供应佛学经典，将所刻经书分发北京、上海、长春、香港等地佛学书局销售。据民国十六年（1927年）刻印的《藏经院经价目录》记载，扬州藏经院所刻经书有十五大部一百九十七种一千三百余卷，另有图像六种。此后继续印经书，至民国末年停止④。所存的版片，现由扬州中国雕版印刷博物馆收藏。

三、扬州中国雕版印刷博物馆藏佛画雕版

自隋唐迄明清，雕版刻印的佛经中多附有佛画插图，是中国版画史的开篇之作。扬州中国雕版印刷博物馆收藏的佛经雕版，有《华严经》《大般涅槃经疏记》《宗镜录》《止观辅行》《楞严灌顶疏》等，佛画雕版仅占极少部分。根据其刻工风格和时代特色，列举如下几种：

1. 《千手千眼法宝真言图》和《大悲心陀罗尼法相》

石窟与寺院中，以塑像或壁画来表达佛经义理，图解经文的故事，这一类的艺术形式，称为"佛经变相"或"经变图"。唐代以后，"佛经"与"经变图"相结合，以图解文，利于弘法。因而我国佛经刻印从一开始，就是"文图合一、书画并重"的，"文不足以图补之，图不足以文补之"，浅显易懂的图解方式直接促进了佛经的普及和深入人心。

《千手千眼法宝真言图》（图1）的版式为上图下文，用图文并茂的方式，详述四十二手眼及其功能，刻版细腻传神，体现了清代版画的较高水平。首页署"岁次丁亥仲春圣诞佛宝重刻"，即光绪十三年（1887年），无论从构图形式、经营布置，还是线条的运用与组合，皆极具美感。

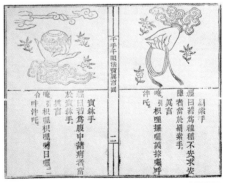
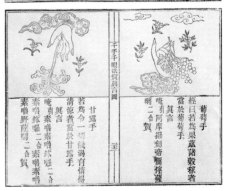

图1　《千手千眼法宝真言图》

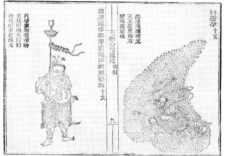

图 2 《大悲心陀罗尼法相》

《大悲心陀罗尼法相》（图 2），其艺术表现手法如同工笔画，众佛像面部表情细致生动，服饰庄严华丽，使人能感受到真切、自然的情感流动。有端庄平和的观世音菩萨，亦有奇诡怪异的四大天王、狰狞恐怖的飞腾夜叉天王、飘逸灵动的散花天菩萨，可谓姿态万千，风格各异。四周景物逼真，用花枝、祥云、坐骑等辅助纹饰营造出了浓郁的宗教氛围，极具动感。

雕刻操作讲究持刀循法，较长的笔画，即使需要停顿，二次下刀时也要循着前刀口，不能走样。这两种佛画雕版刀法纯熟，刻成的线条光滑、整洁。版面字体以宋体为主，横轻竖重，字形方整、规范统一。整个画面布局疏密有致，线条匀密流畅，形象造型优美，并注入丰富的情感，融入佛的精神，眼神、手势、身姿等皆各臻其妙，是佛教雕版插图中不可多得之佳作。

2. 《南无阿弥陀佛》（图 3）

版画左下署"光绪二十六年二月佛诞日沐手敬书，魏立德敬刻"，即 1900 年。

此幅版画图文穿插，为内图外文形式。版画自上而下分别绘"西方三圣"：阿弥陀佛、观世音菩萨、大势至菩萨；被接引至西天极乐世界的信众；前生不修行而沦为桥下罪人。形象通俗地图解了佛经教义。

"西方三圣"占据画面主体位置，以纤细繁密的线条勾勒，阿弥陀佛端立莲台，观世音、大势至立于两侧，用莲花和光环相衬，阿弥陀佛神态安详，左手持莲，俯瞰人间，右手好似安抚人间的痛苦，栩栩如生地展现了佛降人间时的情态。金桥上下人物、景象则用简略的线条，缩小的比例，主次对比鲜明。"奈河千层浪，苦海万沉波。欲免轮回苦，即早念弥陀。""奈河"，是佛教所说的地狱中的河名，人死后亡魂都要过奈河桥，善者有神佛护佑顺利过桥，恶者被打入波涛翻滚的血河池受罪。

版画创作者根据惩恶扬善的佛教教义，满怀着对现世的爱憎和对未来的期望，表现了人们临终时被接引至西天极乐世界的愿望：愿我临终无障碍，阿弥陀佛远相迎。观音甘露洒吾头，势至金台安我足。神、人、鬼的种种面貌，构图的精心布置，造型的简练传神，雕刻的工整细致，显示出创作者娴熟的艺术技巧，是一部向本土信众介绍佛教故事的极为生动直观的作品。

版画书体以楷书为主体，字体圆润流畅，比例适中，笔画粗细合理，有较好的阅读性，整体和谐。

3.《志公禅师劝世念佛文》（图4）

宝志（418～514年），南北朝齐、梁时高僧，又称"保志"、"保公"、"志公"。年少出家，参禅开悟。后世众人皆认为志公禅师是大智大力大慈大悲观世音菩萨化身。"三绝碑"上摹刻的画像即志公，最早的画本为唐代吴道子所作。

版画外圈饰以联珠纹边框，主体纹饰分为三段：标题、劝世禅文和禅师像。禅师面容慈祥，从体态到神情皆流露出端庄肃穆，构图饱满粗犷，极具个性。最为独特的是用首尾相连的文字，勾勒作禅师的衣纹。禅文密布四周，以楷书为主体。根据雕版写样约定俗成的基本要求，是笔画统一。楷书要求结构匀称，字体方整。在书法作品中，同一行里出现同样的字可以有变化，在雕版体中则不容许

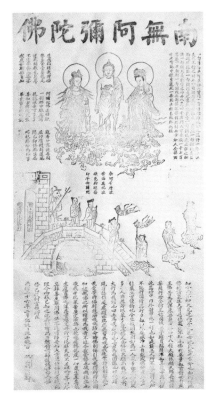

图3　《南无阿弥陀佛》

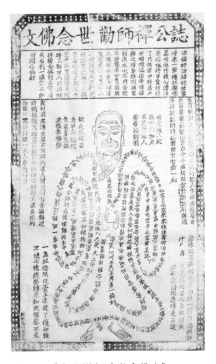

图4　《志公禅师劝世念佛文》

有变化。此件版画右下题写有"念佛三百声，用硃笔即点一圈，点满共计十八万，生老病死苦，人身那个无？若不念弥陀，怎得免三途？"三个"⺌"字，却各不相同，行书与楷书的风格交错出现，显然刻工在刻板的时候脱离了固定模式，掺入了自己的章法。尤其是衣纹线条的字体，虽工整，笔画明显不是整齐划一，同样的字差异明显，整体风格粗率天真，有鲜明的个人风格和中国绘画的审美情趣。

版画左下署"板存扬州众香庵"。民国年间，扬州有江北刻经处、扬州藏经院和众香庵法雨经房三大刻经流通处，所刻经书时称"扬州刻本"。应慈（1873～1965年），安徽歙县人，俗姓余，名铎，号振卿，法名应慈又名显亲，曾在扬州众香庵刊刻众多佛经典籍。结合这块版画的刻工风格，应该是民国年间，由应慈法师组织刊刻的。

《南无阿弥陀佛》和《志公禅师》都是寺院向信徒刊施的佛像版画，僧侣们认为向信徒施以佛教物品是积累功德和劝道礼佛的善行，也是传播佛教教义的重要途径。

从画面布局、刻工工艺等方面看，这三种版画，见证了扬州从晚清到民国年间，佛像版画艺术渐趋衰落的历程。

清代嘉庆、道光年间，由于经济的衰退、刻工手艺的失传、西方石印技术的传入等诸多因素，雕版印刷术已出现颓废之势。率先受到影响的是沿海大城市，扬州作为中小型城市，雕版印刷退出历史舞台的步伐则较为缓慢，因而在晚清时期依然出品数量多且质量精的雕版。民国时期的云蓝阁、陈恒和书林经营木版年画、古籍销售等等，对于扬州雕版的持续发展起到了积极的作用。民国后直到20世纪30年代，扬州的藏经院、仙女庙、法藏寺等佛教寺庵，仍然用木版雕印的方法大量印制佛典。不过其中附刻的佛画，已极为粗劣。刻工们只能雕刻一些简单的线条和文字，风格迥异、纷繁复杂的图画技艺不复存在。随着雕版印刷术的没落，传承千余年的佛像版画艺术也渐渐淡出人们的视野。

2009年，以扬州为代表的中国印刷技艺项目被联合国教科文组织列入"人类非物质文化遗产代表作名录"。扬州中国雕版印刷博物馆作为全面展示雕版印刷物质和非物质文化遗产，以及科学地研究、保护和传承的基地，承担着旧藏版片的保护及修复，雕版技艺亦得以薪火相传。

作者单位：扬州博物馆

注释

①南怀瑾：《中国佛教发展史略》，复旦大学出版社，2016年，第72页。

②徐忆农：《中国古代印刷图志》，广陵书社，2006年，第35页。

③同②，第38页。

④中国雕版印刷博物馆：《雕版印刷》，山东友谊出版社，2013年，第55页。

谈扬州的真子飞霜镜

庄志军

内容提要：扬州是唐代制镜中心，其中真子飞霜镜为其所制镜种之一。扬州历史上和新中国成立以后陆续出土发现一些真子飞霜镜，亦有大儒阮元等对此镜作考证，本文在此基础上对扬州地区的真子飞霜镜的相关情况进行梳理。

关键词：扬州　真子飞霜镜　阮元

唐代是中国铜镜艺术发展的高峰时期，唐代铜镜以纹饰自由新颖、布局生动自然、样式多变为主要特点。作为铜镜主要生产地的扬州在当时有着重要的地位，所产铜镜因其制作精细、纹饰优美而贡于朝廷，同时也作为生活日用品、外销产品闻名于世。真子飞霜镜是其中较为著名的类型。其主要纹饰为祥云托月（亦有称日）纹，下方饰池水山石，池中出一枝莲叶。一人峨冠博带，坐而抚琴，前设香案，后依竹林。相对处有一凤，栖于石上，凤上方饰六瓣花两枝。其造型多为八瓣葵花形，钮上饰"真子飞霜"铭文者，有的外区饰铭文带一周："凤凰双镜南金装，阴阳各为配，日月恒相会，白玉芙蓉匣，翠羽琼瑶带。同心人，心相亲，照心照胆保千春。"另有龟钮者及镜作方形而饰"侯谨之"铭文者。此种图像的铜镜均可称"真子飞霜"镜。

一、扬州本地出土及历史上的真子飞霜镜

扬州虽是铜镜的产地，然而战乱频仍，此镜流传并不多。目前在扬州地区可见的唐代真子飞霜铜镜共有三面，其中一面藏于扬州博物馆，而宝应县博物馆和扬州唐城遗址博物馆各藏有一面。扬州博物馆所藏此镜锈蚀严重，为 1973 年邗江县西湖公社出

土，直径16、厚0.4厘米，镜作八出葵花形，龟形钮，荷叶纹钮座。钮座左侧为一老者抚琴图，前置木案，其上安放笔砚等物，身后是一片竹林；钮座右侧有一鸾鸟一足立于岩石之上，振翅而鸣，远处有两棵大树；钮座之下置一水池，上有山石、荷花。钮座之上无田字格四字铭文，而是饰一振翅飞翔的仙鹤，其上有山峰、祥云及初升的太阳（图1）；宝应县博物馆收藏的一面是1980年2月于宝应山阳镇光辉村出土，直径16、厚0.4厘米（图2）；扬州唐城遗址博物馆收藏的一面，是1987年5月于扬州文物商店收购，直径15.3、厚0.5厘米（图3）。三面铜镜基本纹饰几乎一致，仅完残程度、皮壳等有区别，都没有"真子飞霜"以及"凤凰双镜"铭文。

扬州历史上也曾出现过两面真子飞霜镜，据《江都县续志·卷十五·金石考》中记载："真子飞霜镜扬州有二，一藏于阮文达公，一藏于江都岑氏。阮所藏者无铭，岑所藏者有铭。"阮元所藏者"上方有山云衔半月形，云下作田格，格中四正字曰真子飞霜"，岑氏所藏者"上作方格，界以四字曰真子飞霜，又上图云影露半日形……外周以铭"。可见扬州历史上及目前可知的真子飞霜镜共有五件，其中有"真子飞霜"及"凤凰双镜"铭文者一件，仅有"真子飞霜"铭文者一件，其余三件皆为纹饰相近而无"真子飞霜"铭文者。

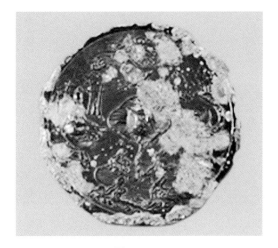

图1

图2

图3

二、扬州本地学者对真子飞霜镜的考证

本地学者对真子飞霜镜的考证首推阮元。阮元认为真子飞霜镜的时代为晋代，"真子"指弹琴之人，推测为晋人戴逵，"飞霜"指所弹琴曲之名。其文为："真子者，鼓琴之人，飞霜者，其操名也。予审此为晋镜，何以知之，以书画体知之也。书非篆隶，晋以后体也。画树直立圆形如帚，画月内加兔，此晋人法也。予见唐人摹顾恺之洛神赋图，树形与此同，且画太阳升朝霞句日中有阳鸟，同此形矣。真子飞霜于书无所考见，予以意推之或即晋戴逵耶！晋书逵传云逵能鼓琴，工书画，其余巧艺，靡不毕综，师事术士范宣于豫章。宋书戴仲若传云汉始有佛像，形制未工，戴逵特善其事。据此二史则善鼓琴、善画、善铸铜师术士，逵一人实兼综之。真子将毋即逵也。钱博士坫云古人制器原欲以流传后世，使其人不作此镜则湮没无闻矣，故好事好名之徒今亦不如古。据博士此言，真子若非戴逵，微此镜则真子无传矣。为逵镜可宝，非逵镜尤可宝也。"

刘毓崧，字伯山，刘文淇之子，江苏仪征人。道光二十年举优贡生。从父受经，长益致力于学。他对真子飞霜镜中"凤凰双镜"铭文做了解释，认为此镜为夫妻婚配所用。其文为："右真子飞霜镜铭凡四十字，内有同心人心相亲二句，案同心人之词始见于周易，而同心人之注莫备于虞翻。……虞注云二人谓夫妇，师震为夫，巽为妇，坎为心，此同心人之义。杂卦传云同人亲也，虞注夫妇同心故亲也，此同心人心相亲之义。盖此镜本用于嘉礼，故同心相亲实指夫妇之道，而上下文亦多吉庆之言。其云'阴阳各为配，日月恒相会'者即婚义所谓日之于月，阴之于阳，相须而后成也。其云'白玉芙蓉匣，翠羽琼瑶带'者即秦风所谓温其如玉，齐风所谓尚之以琼莹也。其云'照心照胆保千春'者即郦风所谓君子偕老也。其云凤凰鸳镜南风清者即左传所谓凤凰于飞，和鸣锵锵也。然则作此铭者不特文采可观抑且深于经术矣。"

汪鋆则在其《十二砚斋金石过眼录》中记载了真子飞霜镜的铭文，其所释铭词金装作风清，其文曰"阴阳各为配，日月恒相会，白玉芙蓉匣，翠羽琼瑶带。同心人，心相亲，照心照胆保千春，凤凰双镜南风清"。

刘师培认为此镜为晋代，并解释了关于"凤凰双镜"铭文在记载上的异同。其在其文章中写道："如真子飞霜镜，释者定为晋物，其铭词曰：'阴阳各为配，日月恒相会。白玉芙蓉匣，翠羽琼瑶带。同心人，心相亲，照心照胆照千春，凤凰鸳镜南风清。'……此数镜者，其铭词均略同，盖创始作铭之人，学者奉为研手句法，音韵俱

出自然。传播既多，摹拟斯众，或略事损益，或传写致讹，此非古人不以雷同为耻也。古代文有定制，词有定施，虽沿袭前作，苟词得其宜，固不啻若自己出也。……明于此例，则古代之一文两见，词句多同者，不必尽疑其赝。此亦章氏《言公篇》之旨也。"

今人朱江先生则明确提出"真子即真孝子的简称，飞霜当是古琴曲调十二操之一履霜操的别称，整个镜纹的内容则是尹伯奇放逐于野的寓意"。

三、有关真子飞霜镜的诗歌

阮元甚为喜爱自己收藏的铜镜，亲自为镜作跋，并做了相关研究，其内室也曾对镜赋诗，引为美谈。以下为其诗文：

飞霜镜引

阮元

五更晓月霜天高，匣中宝镜悲六朝。镜如霜月月如镜，人间天上常相邀。

镜中何所有？真子坐弹琴。琴中何所有？必是变徵清商音。

竹笋出林莲出池，真子坐当春夏时。一弹天地有秋气，莲叶惨淡游神龟。

再弹长空转寒月，凤凰夜叫双梧枝。三弹四弹清霜气，秦娥青女颦蛾眉。

菱花内有古人面，凛然冷逼谁敢窥。剡溪高人戴安道，作画范铜尽工巧。

或是王门破琴后，幽淒三商真大好。又疑真子原无名，以镜写神琴写情。

霜华落指看不见，惟见镜台秋月明。秋月复秋月，千年磨不缺。

负局听琴声，琴声久消绝。琴声绝兮真子归，剑沈秋水兮镜满春晖。

挂高堂兮曜日，悬池馆兮照衣。春蚕饵丝七弦湿，新篁竹桐叶肥。

繁星彻夜早霞暖，何处寒霜背月飞？

（阮衍宁、杨朝全、李希言：《阮元"晋真子飞霜镜拓本"跋和诗试析》，《扬州师范学报（社会科学版）》，1987年第3期。按：《揅经室三集》卷三载有《晋真子飞霜镜拓本跋》，《揅经室四集》卷六又载此跋，并增加长诗，更名为《飞霜镜引》）

谢雪，字月庄，长洲人。阮文达公侧室。

真子飞霜镜歌

谢雪

斋中金石雅堪咏，宝匣初开窥古镜。谁人铸出碧菱花，一片清光月同净。

真子作镜名飞霜，背铸梧桐栖凤凰。真子一去不复返，造象依然镜里藏。

琳琅修竹夏清影，几上剑光明耿耿。破土龙孙解箨时，残春正暖何尝冷。
更有莲花出小池，珠盘翠盖走灵龟。灵龟腹下成虚纽，好让丝绦系更垂。
镜背下方有池水，上方云气飘飘起。顾兔天光照水光，千年不改常如此。
真子披衣坐竹林，却当初夏弄瑶琴。七弦一拂动风雨，晴来忽激清商音。
倏尔长空变凉节，破晓霜华霏玉屑。翡翠楼前片片明，鸳鸯瓦上丝丝结。
此时寒逼衣袂轻，月残霜落更虚明。青铜内有古人在，琴上无声如有声。
此镜千年圆不缺，真子为谁疑未决。若是山阴道上人，一舟相访霜如雪。

（《晚晴簃诗汇·卷一百八十六》）

唐庆云，字古霞，吴县人。阮文达公侧室。有《女萝亭稿》。

真子飞霜镜歌

唐庆云

我家金石罗文房，案头拂拭开细囊。晓来启匣见古镜，青铜一片铭飞霜。
略似菱花分八角，千年不蚀凝清光。背有古画老桐树，双枝并立栖凤凰。
莲花绰约出小沼，神龟游上莲叶香。新笋破泥欲解箨，参差四面皆篑箸。
山云轻聚衔半月，下有小几横干将。真子何人在竹下，膝前更见清琴张。
仰观星月共皎洁，七弦乍弄神洋洋。仙人春夏坐晴暖，忽将雅操翻清商。
一弹闲院有寒气，再弹更觉天苍凉。五更碧瓦一痕破，惊起青女窥鸳鸯。
此时凉气满庭树，拂叶惨淡将成黄。阶前明月冷如水，霏霏玉屑沾衣裳。
霜华拂拂看不定，冰蚕丝紧鸣指旁。我揽古鉴照双鬓，神清意静吟且长。
云净遥天变春夏，每见夜色寒苍茫。真仙千载不知老，我且磨镜同诗藏。

（《晚晴簃诗汇·卷一百八十六》）

真子飞霜镜在扬州虽不多见，但深得清代中期及之后饱学好古之士的青睐，并对其时代、铭文等做出种种考证，也是扬州学派考据之风的表现和延续。

作者单位：扬州博物馆

汉广陵国之漆耳杯

王子尧　靳祎庆　杨　晖

内容提要：广陵国是汉代极为重要的一个诸侯王国，地域大约包括今天的江苏扬州、泰州、南京六合、江阴盱眙、安徽天长等。据不完全统计，仅扬州地区 1949 年以来发掘汉墓近千座，随葬品中木漆器占很大比重，出土木漆器数千件之多。

耳杯又称杯、羽觞，是汉代常见器物。汉广陵国出土耳杯数量众多，本文挑选了数件汉广陵国出土的精美漆耳杯进行详述，为大家展示汉广陵国漆器制造工艺之高超。同时，对汉漆耳杯的大小分类、功用、制作工艺、纹样特征等的特点进行了分析，以期让大家对汉广陵国光辉的漆器制造历史有更深的了解。

关键词：广陵国　漆器　耳杯

一、汉广陵国漆器简说

中国是漆器的发明国。浙江余姚河姆渡新石器遗址发现的朱漆木碗距今已有 7000 年，是目前为止最早的出土漆器实物。至于漆器的使用情况在文献中也早有记载，据《韩非子·十过》篇载："尧禅天下，虞舜受之，作为食器，斩山木而财之，削锯修其迹，流漆墨其上，输之于宫，以为食器。"[①]由此可见，古人对漆器的制作、使用历史久远，而至战国秦汉时期，竹木漆器传统工艺达到鼎盛。

汉高祖刘邦为巩固政权，实行郡国制度，分封同姓诸侯王于全国各地。汉高祖十二年（公元前 195 年）封其侄刘濞为吴王，领三郡五十三城，都广陵，史称吴国。之后，扬州先后为江都国、广陵郡、广陵国。广陵国是汉代极为重要的一个诸侯王国，地域大约包括今天的江苏扬州、泰州、南京六合、江阴盱眙、安徽天长等（图1）。

汉时的广陵国襟江带淮，气候温暖湿润、物产丰富、国力发达。由于汉人有事死如

图1 西汉广陵国疆域图

事生的观念，并且经济发达，因此普遍流行厚葬制度；加之棺椁具有良好的密封性能，以及当地良好的埋藏条件，使得墓葬能够长期稳定地保存在地下水位以下，十分有利于随葬木漆器的保存。据不完全统计，仅扬州地区1949年以来发掘汉墓近千座，随葬品中木漆器占很大比重，出土木漆器数千件之多。

扬州出土汉代漆器造型种类极其丰富，其中酒食器所占比重最大，包括耳杯、盘、盆、碗、卮、勺以及筒、匀、壶、樽等；生活用品亦数量众多，包括案、俎、几、枕、奁、箱等；此外，还出土了剑、弓、削鞘等兵器，砚、黛板、尺、瑟、博盘等文房用品，以及漆面罩这类极具地方特色的丧葬用品。

汉广陵国漆器其胎质以木胎居多，分为厚木胎、薄木片卷胎、木片拼合胎等，根据取样分析，树种以杨木、泡桐居多。厚木胎以刳削的手法制作，主要用于耳杯、盘、盆、壶等器；薄木片卷胎主要用于卮、奁、樽等圆形器；木片拼合胎主要用于筒、案、面罩等方形器。此外夹纻胎也占很大比例，以胎质轻巧著称，普遍用于耳杯、奁、盒、卮等器形，在两汉中期较为盛行。此外扬州出土的汉代漆器还存有少量竹胎、铜胎、皮胎、陶胎[②]。

汉广陵国漆器其装饰手法多种多样，主要包括彩绘、针刻、金银箔贴饰以及宝石镶嵌等。彩绘是使用最为广泛的装饰技法，使用朱红、褐、黄、赭、金等色漆，用流畅舒展的笔法，绘制出大气磅礴的云气、细腻逼真的生活场景、夸张写意的仙人瑞兽等。针刻一般用于夹纻胎漆器，其特点一是工艺精湛、线条细如流丝，流畅清晰，二是常与彩绘相辅使用，具有较强的艺术感染力。金银贴箔是将金、银锤打成极薄的箔片后修剪成各种装饰图案，再用漆灰粘贴于器物之上，其题材以各类云纹、仙人瑞兽以及狩猎歌乐居多，贴金银箔彩绘云气鸟兽人物纹漆子奁是汉广陵国漆器中最高装饰水平的代表之作。

二、精美绝伦的汉广陵国漆耳杯

耳杯又称杯、羽觞、具杯，是汉代常见器物，基本形制是扁椭圆，弧形壁，浅腹平底，饼形足或高足，口缘两侧各有一个半月形耳或方形耳。这种器物始于春秋战国，是由椭杯、舟演变而来，盛行于秦汉至魏晋、南北朝，唐代以后，很少再能见到[③]。

汉广陵国出土漆耳杯数量众多，虽器形变化不大，然而大者口径约30厘米，小者口径不足8厘米，且有的大小成组；装饰纹样亦多种多样，云气纹、几何纹、瑞兽纹、凤鸟纹等均有出现；许多耳杯上亦有漆书或烙刻铭文，有的表明工匠姓名，如"工×""王"等，有的表明属官来源，如"内官""中官""厨"等，有的则应为墓主姓名，如"笃须""周"等。

1. 彩绘云气柿蒂纹漆耳杯④

高5.1、长16.7厘米。1992年扬州市邗江甘泉六里村左庄西汉墓出土，扬州市邗江区文物管理委员会藏。木胎，表髹黑漆，内朱漆为地，黑漆勾边。内底黑漆绘一大柿蒂纹，四角饰云气纹，纹饰内涂金黄色漆。两耳用朱漆绘几何纹（图2）。

2. 彩绘龙纹漆耳杯⑤

高4.5、长15.7、宽12.2厘米。1985年扬州市邗江甘泉姚庄101号西汉墓出土，扬州博物馆藏。木胎，内外通体髹赭色漆地。内沿饰有墨绘弦纹两道，底中心以一四瓣花卉为中心分成四个纹饰区域，每区域以褐色变体龙纹为主体，间饰鸟纹、云雷纹。耳面朱绘连续几何纹、涡纹，外壁饰朱绘缠绕式双线纹和云雷纹（图3）。此墓共出土随葬品约250件，其中漆器131件、竹木器54件，根据墓葬形制及出土器物推断墓葬年代为西汉晚期，墓主人为官秩当在六百石至两千石之间的广陵国中级武官⑥。

3. 银釦彩绘几何云兽纹漆耳杯⑦

长13.0、宽8.0、高3.9厘米。1996年扬州市邗江西湖胡场14号西汉墓出土，扬州博物馆藏。杯夹纻胎，弧腹，平底，耳部釦银。器外髹深褐色漆，口边朱漆绘几何纹，外腹部饰四对凤纹间以云气纹。内壁髹朱漆，饰以

图2　彩绘云气柿蒂纹漆耳杯

图3　彩绘龙纹漆耳杯及线图

浅褐色漆绘云气纹及菱形图案。底心髹褐色漆，以朱漆、浅褐色漆绘两兽及云气纹（图4）。

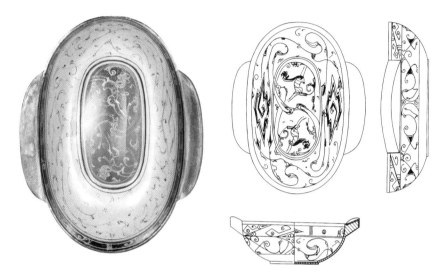

图4　银釦彩绘几何云兽纹漆耳杯

图5　彩绘描金蟠螭纹漆耳杯

4. 彩绘描金蟠螭纹漆耳杯

长10.5、宽9.0、高3.8厘米。2010年扬州市西湖镇高南组西汉墓出土，扬州博物馆藏。杯木胎。器外髹深褐色漆，外腹部饰四对凤鸟纹间以云气纹。内壁髹朱漆，饰以浅褐色漆绘蟠螭纹，并以金漆描边。耳面及外沿朱绘连续几何纹与云气纹（图5）。

5. 彩绘熊鹿纹漆耳杯[⑧]

长29.2、宽19.5、高9.3厘米。1997年扬州市邗江西湖胡场20号西汉墓出土，扬州博物馆藏。杯厚木胎，弧腹，平底。外髹深褐色漆，器耳及口边朱漆绘几何纹，外腹壁饰六对凤纹间以云气纹，外底面绘缠绕云气纹及熊纹。内髹朱漆，底以黑、褐、朱红三色漆绘奔鹿纹（图6）。

6. "笃须"铭彩绘漆耳杯[⑨]

长19.0、宽12.0、高7.0厘米。1997年扬州市邗江西湖胡场20号西汉墓出土，扬州博物馆藏。杯木胎，弧腹，平底。外髹深褐色漆，口沿及耳部以朱漆绘几何纹，外腹部饰四对凤纹间以涡纹。内髹朱漆，底心黑漆隶书"笃须"铭。其"笃须"应为墓主姓名（图7）。

图6　彩绘熊鹿纹漆耳杯

图7　"笃须"铭彩绘漆耳杯及线图

三、汉广陵国漆耳杯的大小和功用

关于耳杯的大小与命名，小者称为"籭"，大者称为"閜"。《说文·匚部》中载："籭，小杯也。"《说文·门部》载："閜，大开也。从门，可声。大杯亦为閜。"[⑩]湖北江陵高台18号西汉墓出土的遣册中记有"閜一双"，经与出土器物对照，是杯口长径为16.7厘米及17厘米的大耳杯2件。湖北云孟大坟头1号西汉墓之记随葬品名目的木牍上记有"髹画閜二"，经与出土器物对照，是杯口长径为23.4厘米及24.5

厘米的 2 件大耳杯。有研究者根据考古资料得出：汉代的小耳杯长约 11 厘米，中等耳杯长约 14 厘米，大耳杯长约 16 厘米以上。耳杯的容量一般"中等为 14 厘米左右，其标准容量为一升十六龠（约 360 毫升）；超过 16 厘米的则为大杯，其标准容量为二升二合（约 440 毫升）"[⑪]。

笔者所见扬州出土的汉广陵国漆耳杯，除一般中等规格外，最大者长径达 30 厘米，最小者长径仅 7.5 厘米，可以说已接近目前全国出土漆耳杯大小之极致，亦从另一侧面反映出汉广陵国漆耳杯大小品类之丰富。2005 年，扬州市李巷东庄 20 号西汉墓出土一批木漆器，其中有朱绘"尹小杯"铭漆耳杯 7 件，朱绘"尹大杯"铭漆耳杯 3 件。经测量，"尹小杯"铭漆耳杯，长 12.6、宽 8.7、高 4.1 厘米，容积约 130 毫升；"尹大杯"铭漆耳杯，长 15.5、宽 11.9、高 4.6 厘米，容积约 240 毫升，为研究耳杯的大小与分类提供了新的实物资料，具有重要的研究价值与史料价值（图 8）。

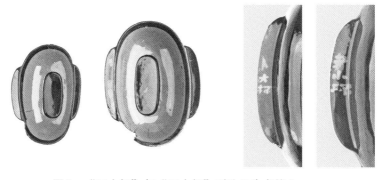

图 8　"尹小杯"与"尹大杯"对比及朱书铭文

图 9　东汉宴饮画像石
四川省博物院藏

至于漆耳杯的功用，人们最为熟悉和易于接受的便是作为饮酒器，例如长沙市马王堆 1 号汉墓出土了"君幸酒"龙纹漆耳杯，浙江宁波西南郊西汉墓出土"宜酒"漆耳杯等。在汉代的画像砖、墓葬壁画的宴饮场面中也经常能看到耳杯。1978 年四川省成都市新都区马家出土的东汉宴饮画像石上，三位古人席地而坐，一人手持耳杯置于胸前敬饮对方，三人中间的漆案上亦放置耳杯数枚（图 9）。

　　除了作为饮酒器外，漆耳杯还作为食器或盛器使用。长沙市马王堆 1 号汉墓出土就出土了"君幸食"龙纹漆耳杯。上文所述的扬州邗江胡场 20 号西汉墓出土的彩绘雄鹿纹漆耳杯，长径达近 30 厘米，如此之大的体量，可见当时已不在是作为酒器，而是应该作为食器或盛器使用。此外，2011 年，扬州万维工地 20 号汉墓还出土了"酱杯"铭及"月杯"铭等漆耳杯，亦表明了漆耳杯的不同用途。

四、汉广陵国漆耳杯的艺术特点及时代表征

　　广陵战国时属楚，其人文地理、风俗文化、丧葬习俗等均与楚国有着密不可分的联系。到了汉代，还是较为广泛地继承了楚文化的特点，实行厚葬制度，重视丧葬礼仪；同时在器物的装饰风格上，楚人的浪漫激情得到更大的张扬。

　　漆耳杯虽然体量不大，相较于漆奁、漆笥、漆案、漆盘等器物，装饰纹样较为简单，然而还是可以从中领略到其中的文化精髓。

　　1. 红与黑的交融。汉人崇尚黑红两色，黑色端庄典雅，红色热情奔放，这与楚人浪漫激情的性格也相得益彰。汉广陵国漆耳杯在红纹黑地的主色调下，配以褐、金等颜色，显现出高贵典雅的品质，集中体现了汉代人独特的色彩美学与追求。

　　2. 纹饰多种多样。到了汉代，漆耳杯的纹饰类别更加多元化，仰天长啸的凤鸟纹、交错缠绕的蟠螭纹、变化多样的几何纹、灵动飘逸的卷云纹，夸张诡异的神兽纹等，各种纹饰题材相互交绘，在小小耳杯的有限空间内极力展现着汉人的艺术情操。

　　3. 构图特点。汉代的漆耳杯，其构图形式一般可分为单独纹样、对称纹样与组合纹样。单独纹样即单独绘制一独立、完整的纹样构成图案主体，如上文中彩绘熊鹿纹漆耳杯杯心的奔鹿，灵动而奔放，给人以力量之美；对称纹样即装饰纹样的上下左右或周围图像沿轴线相互对称，使整体构图产生一种规整协调的艺术效果，如彩绘龙纹漆耳杯中的变形龙纹、鸟纹与云雷纹均相互对称，整体布局严谨有致；组合纹样即将不同的纹饰类别按一定的方式组合起来，看似无序，实则自然脱俗。如彩绘龙纹漆耳杯中神龙翱翔于卷云之上，看似繁缛，实则潇洒不凡（图 10）。

　　汉代的漆耳杯能如此盛行，并且具有如此之高的艺术成就，笔者认为与当时的时代背景有着极大的联系。汉代是扬州历史上第一个鼎盛时期，吴王刘濞利用封地内自然条件优越和物产丰富的有利条件，以"孳货盐田，铲利铜山"首度兴市，致使国力强盛，经济昌盛，文化繁荣，成为我国东南沿海地区一大都会。经济的发展，粮食的充足，使得耳杯作为酒食器的需求日益增加，特别是汉初承楚制，楚人尚酒的文化与

图10 彩绘龙纹漆耳杯

长 20.8、宽 17.5、高 6 厘米
2010 年扬州市西湖镇高南组西汉墓出土
扬州博物馆藏

贵族的奢靡之风，自然流传至汉，使得耳杯在贵族中需求猛增，同时成为身份地位的象征；加之手工业与制造业的发展，制胎工具与工艺不断发展，制漆工艺不断进步，使得耳杯的大规模生产成为可能；同时，交通运输业的发展，也使得不同地域生产漆器，包括工官漆器的赏赐与流通更加广泛，扬州邗江宝女墩 104 号汉墓与邗江甘泉姚庄 102 号汉墓就出土工官铭文漆器 7 件，其中就有"广汉郡工官"。2009 年，江苏盱眙大云山汉墓出土"南工官"铭漆器[12]，表明汉广陵国也是当时重要的工官漆器产地之一。在经济快速发展，国人生活水平提升的基础之上，汉广陵国的先人也开始更加关注精神层面的追求，并将其付诸小小的耳杯之上，黑红组合的崇尚、凤鸟造型的崇拜以及黄老升仙思想的推崇，都通过耳杯淋漓尽致地展现于世人面前。总之，小小的漆耳杯承载了汉广陵国光辉灿烂的历史，也体现了中国漆器艺术的辉煌成就。

作者单位：扬州博物馆

注释

① 《四部备要·子部·韩非子》（据汲古阁本校刊），中华书局，第 23 页。

②④⑤⑦⑧⑨ 李则斌：《汉广陵国漆器》，文物出版社，2004 年。

③⑩ 林晓平：《简说汉代耳杯》，《华夏考古》2013 年第 4 期。

⑥ 印志华、李则斌：《江苏邗江姚庄 101 号西汉墓》，《文物》1988 年第 2 期，第 42 页。

⑪ 孙机：《汉代物质文化资料图说（增订本）》，上海古籍出版社，2008 年，第 359 页。

⑫ 李则斌、陈刚：《江苏盱眙大云山汉墓考古成果论证会纪要》，《文物》2012 年第 3 期，第 92 页。

扬州博物馆馆藏核雕赏析

刘永红

内容提要：核雕是一种民间微型雕刻工艺，通常以桃核、杏核、橄榄核等果核雕刻成工艺品，穿孔系挂在身上作为辟邪之用。或制成佩件、扇坠、串珠等为文人清玩。其艺术特点是在较小的果核上表现出复杂的题材，雕刻手法也细致入微。所刻有诗文或渔家乐、百花篮、罗汉等题材。本文主要介绍扬州博物馆藏数枚核雕挂饰，让读者了解核雕及核雕制品。

关键词：核雕　核雕发展　扬州博物馆

核雕是一种民间微型雕刻工艺，通常以桃核、杏核、橄榄核等果核雕刻成工艺品，橄榄核、核桃、杏核、桃核可以称为废弃之物，但匠人却能化腐朽为神奇，在较小的果核上表现出复杂的题材，雕刻手法也细致入微，有诗文或渔家乐、百花篮、罗汉等多种题材，其成品或穿孔系挂在身上作为"辟邪"，或制成佩件、扇坠、串珠等为文人清玩。现在，核雕已被列入第二批国家级非物质文化遗产名录。

明清时期，我国大型雕塑艺术发展甚微，小件的雕塑工艺品的装饰制作却生气勃勃，富于创造性。其中的桃核、杏核雕刻和橄榄核雕刻是一个颇有特色的品种，其作品的构思和雕刻都达到了极高的工艺水平和艺术境界。

据现存世的核雕来看，明代以后至清乾隆年间才出现了用橄榄核和胡桃核雕刻的花船和人物等核雕。明代的桃核、杏核雕刻大多是神仙人物、避邪神兽、吉祥物等。小小核雕作为一种垂挂在衣带、纨扇或是绣袋下面的坠物，可以作为装饰和点缀，一方面也可以用来赏玩。从清代中期开始，核雕物品就不光作为坠物装饰和点缀了，许多橄榄核和胡桃核雕刻工艺品专门供文人雅士或富家子弟手里摩挲把玩。用橄榄核雕刻的各种花船小船还可配上镂空雕刻的象牙、红木座架，陈设在博古架上欣赏。

图1 核雕山石人物挂饰

图2 核雕钟馗骑驴

图3 核雕钟馗醉酒挂饰

扬州博物馆藏精细入微的果核微雕，巧妙地利用果核上的自然麻纹，随形立意，雕刻成各种生动的景物，形象虽小，雕刻精细入微，神态毕肖。扬州核雕以朱植之最有名，现扬州博物馆藏有数枚。朱植之，为清末扬州著名雕刻艺人，精于木雕，尤以果核微雕闻名。《新修江都县志卷二十六·列传第八》记载"朱植之善雕刻，能于一桃核上刻七十二猕猴"，《新修江都县续志卷七下·物产考下》记载他"雕桃核，雕为猕猴，形成各种人物花鸟，有于一桃核刻雕十八学士……他处多不能及"，可见朱植之雕刻的题材广泛、技巧精湛，非常人所能及。

下面笔者来简单介绍下扬州博物馆藏核雕及其艺术特色。首先来看一件山石人物挂饰（图1），该件挂饰在宽1.6、高2.2厘米的果核上刻画了一个山石林茂环绕的幽静处，有隐露的亭屋半间，案几上置放着书卷和文房用品，案前有一着长袍老者，侧身而立，正抚髯仰望山顶上缭绕的霭云和飞鸣的白鹤，另一端有二童子正在炉前烹茗，方寸之中刻画出一幅深山幽居的画面，核雕近底部有刻款"朱培"二字，推测为朱植之所做，核雕经长期把玩，浮凸部位较亮泽。雕刻采用圆雕、透雕等技法使挂饰层次分明，赏心悦目，不失为一件精美制作。

再来看两件钟馗题材挂饰，一件为清核雕钟馗骑驴（图2），该件挂饰以果核为材，在宽1.7、高2.3厘米的果核上，塑造出钟馗出巡时正气浩然、威严无比的判官形象，钟馗竖眉环眼，髭须刺立，手执宝剑作拔剑状，骑于驴背之上，驴低头提腿前行，判官身后雕刻一小鬼，形象丑陋，与钟馗形象形成强烈的对比，刻画栩栩如生，给人以威严感。另一件为钟馗醉酒挂饰（图3），该件核雕仅宽1.4、高2.3厘米，刻画了钟馗醉酒的醺态，酒醉中的钟馗一手执纸扇，一手端着只大酒盅，双眼迷离。他身边拥簇着三个小鬼，一个帮钟馗托着酒盅，另两个尾随身后，其中一个手提一把酒壶，一副时刻都在准备听候钟馗召唤的神态，把钟馗醉酒表现得惟妙惟肖。

钟馗，字正南，是中国民间传说中能打鬼驱除邪祟的神。旧时中国民间常挂钟馗像辟邪除灾，是中国传统文化中的"赐福镇宅圣君"。钟馗生得铁面虬鬓，相貌奇异；然而却是个才华横溢、满腹经纶、学富五车、才高八斗的人物，平素正气浩然，刚直不阿，待人正直。春节时钟馗是门神，端午时钟馗是斩五毒的天师，钟馗是中国传统道教诸神中唯一的万应之神，要福得福，要财得财，有求必应。因此钟馗挂饰应为辟邪保平安所用。

另还有一枚罗汉挂饰，最宽 1.7、通高 4.5 厘米，是由一个橄榄形果核和一球形果核用绳上下穿系组合而成。布局采用叠摞的表现形式雕刻形态各不相同的罗汉，他们或手秉太极图，或手持葫芦，或做降龙状，或做伏虎状，神态各异，形神兼备。人物排列或前或后，或上或下，错落有致，主次分明。其雕刻有圆雕、高浮雕、浅刻等，刻划的罗汉等人物刀法简洁，形神兼备，即使将其放大数十倍，仍栩栩如生，施刀细腻，手法老到，粗犷处勾勒刚劲，精微间线条柔绵，意到手到，揽云天雾海中的十八罗汉于一核。十八罗汉中有长眉罗汉、欢喜罗汉、举钵罗汉、托塔罗汉、静坐罗汉、过江罗汉、骑象罗汉、笑狮罗汉、开心罗汉、探手罗汉、沉思罗汉、挖耳罗汉、布袋罗汉、芭蕉罗汉、看门罗汉、降龙罗汉、坐鹿罗汉、伏虎罗汉等，这十八位罗汉每位罗汉有着自己的不同守护。因此十八罗汉核桃雕佩挂于腰间，赏玩于案头，有为佩带者驱灭烦恼贪痴，脱离生死轮回等寓意。

此外还有核雕渔翁挂饰，此件核雕挂饰刻画了一个老渔翁的形象，老渔翁刻画成寿星脑袋，笑逐颜开，着短袄扎脚裤，长髯，赤足，肩挂鱼篓，身后背着一孩童，手上提着一条大鲤鱼，生动形象，栩栩如生，雕刻手法细腻精湛。渔翁是传说中一位捕鱼的仙翁，每下一网，皆大丰收，佩戴渔翁挂饰。生意兴旺，连连得利，寓意福祥吉利。还有太狮少狮挂饰和寿星挂饰，狮子表示勇敢，两个狮子寓意事事如意，一大一小寓意太师少师，意义位高权重，而寿星雕刻眉眼慈祥，一手执杖，精神矍铄，袍服结带宽松得体，佩戴的人们希望得到寿星的护佑以达到健康长寿的美好愿望。

馆藏核雕虽数量不多却件件雕工精湛，生动形象，给人以小巧精美之感，也体现了匠人高超的微刻技艺，小小核雕也为我们研究雕刻艺术提供了实物见证。

作者单位：扬州博物馆

参考文献

［1］杨海燕:《巧夺天工的核雕技艺》,《文化月刊》2014 年第 27 期,第 98 ~ 103 页。

［2］孙晓蕊:《小核大乾坤——"鬼工技"橄榄核雕艺术品》,《艺术市场》2008 年第 4 期,第 56 ~ 58 页。

［3］徐月明:《鬼工:橄榄核雕》,《西部论丛》2009 年第 7 期,第 80 ~ 81 页。

［4］刘岳:《须弥芥子 微物通神——明清时期的核雕》,《紫禁城》2014 年第 3 期,第 118 ~ 127 页。

［5］周长源:《巧夺天工的"植之刻"黄杨木雕鼻烟壶》,《扬州日报》2008 年 5 月 10 日。

［6］沈慧兰:《扬州八刻》,广陵书社,2006 年。

苦铁道人梅知己，对花写照是长技

——扬州博物馆藏吴昌硕《梅石图》赏析

封　冰

内容提要：吴昌硕是晚晴民国时期中国绘画史上一位杰出的书画大师。他以书法入画，创造了独特的艺术风貌，对后世大写意花鸟画产生了深远的影响。扬州博物馆藏《梅石图》是他的代表作品之一，作者将书法艺术的特色融入到了整个绘画作品之中，巧妙地运用笔墨对梅花进行了深入的刻画和描绘，体现出了其极高的艺术功底。本文将着重从构图、笔墨、色彩等方面对《梅石图》进行分析和研究。

关键字：吴昌硕　金石　梅石图　海上画派

吴昌硕（1844～1927年），浙江省孝丰县人，初名俊，又名俊卿，字昌硕，号缶庐、苦铁、大聋等，晚清民国时期著名画家、书法家、篆刻家，吴昌硕早年受家庭影响，对书法及篆刻艺术有着浓厚的兴趣，直到三十余岁才在友人劝说下开始习画。他在艺术追求上博采众长，取其所长为己所用，他的绘画在构图、造型、笔墨、设色等方面都寻求创新，以书法入画，作品有一股雄劲苍古的金石之气，形成了"古拙雄健、气势撼人"的画风，是"海上画派"的集大成者，开启了中国花鸟画的新时代风貌。

一、构图大气　梅为知己

吴昌硕的绘画以气势为主，在构图布局方面显得尤为突出。作品丰实饱满，不论横幅直幅，喜欢以对角倾斜方式构图，作画也往往从画幅中间落笔。画梅常伴以怪石，认为"石得梅而益奇，梅得石而益清"，把两者比作知己。吴昌硕酷爱梅花，把梅花看作知己。"苦铁道人梅知己，对花写照是长技"，他常以梅花入画，他的诗和画

图1　吴昌硕《梅石图》

中，以梅花为主题的占了近三分之一。他画的梅花，不仅画意深刻，还都配以寄情的诗词，以表达内心的情感。"此时点墨胸中无，但觉梅花助清气"，不仅富有生活情趣，而且极具天生寒骨、冰心傲霜、顽强向上、坚韧不拔的高超品格。代表作品《梅石图》，一块湖石自右侧横亘画面的左中位置，淡墨几笔出之，稳重而又不失灵秀，前方探出梅枝数条，梅花枝干伸展有致，巧妙地穿插于顽石周围，穿梭于枝叶之间，梅花枝叶茂盛，欣欣向荣，在层层枝叶间点缀着树朵花瓣，垂涎欲滴，每朵花瓣之间都有着千丝万缕的联系，画面栩栩如生，姿态十分生动和灵活，整幅作品布局十分和谐，蕴藏着浓郁的自然气息，将花卉的精气神巧妙地展现出来，虽奇异而不失乐趣。具有极高的艺术魅力和感染力（图1）。

二、笔力遒劲　金石入画

中国画讲究"神韵"，要求画家发挥创造性，努力去表现出自己的思想境界。在吴昌硕绘画中，有着传统画风的精髓，他在国画作品《效八大山人》中赞叹道："苍茫自写兴之恨，真迹留住三百载。"①对八大山人的笔墨大加称赞，在评价石涛的一幅墨荷时吴昌硕说："毕竟禅学通篆学，几回低首拜清湘。"②扬州画派继承了八大、石涛精神，在绘画上具有很高的艺术造诣，风格独特，迥然不同。所表现出的自由笔墨，深得吴昌硕的喜爱，由于受到扬州画派影响较多，吴昌硕也擅长以花卉为题材进行作画，特别是他的写意画，继承和发扬了扬州画派那种遒劲奔放的笔墨，并加以创造革新，注重将书法特色融入绘画的用笔之中，精心苦练，以篆籀之法入画，用石鼓文的笔法作画，使他的花卉画独树一帜，极富有特色，开创了古朴、厚重的画风。在这幅《梅石图》中，吴昌硕运用书法之态对梅花和湖石进行深入的雕刻，笔采用悬腕中锋，笔力苍劲老辣，篆笔绘湖石，狂草作梅，所作梅枝，以地道的石鼓文线条显出纠缠飞舞之势，运笔放纵但极具分寸，富有弹力，花瓣勾写松动自如、疏密有致、繁而不乱，浑然天成，彰显出以金石之笔入画的气势。

三、墨气淋漓　设色古朴

20世纪之初，由于受到西方现代美术思潮的影响，在借鉴恽南田、赵之谦等人设色的丰富性、俏丽感的基础上，吴昌硕用色更喜欢浓重饱满、单纯朴厚，讲究谐调色、互补色，讲究大块面的分布，有整体感。他注重画作的视觉冲击力，因此，在画作中喜欢使用特别浓的墨和鲜艳亮丽的红色，喜欢用各种各样的灰色，追求黑和红的对比关系，他作画求苍茫浑厚、求自然奔放、水墨色交融一体，不矜持做作，因此他的绘画作品极富艺术感染力和震撼力。《梅石图》中，他以泼墨作湖石，浓墨勾梅枝，设色梅瓣，用色古朴，墨气淋漓，充分表现了吴昌硕古拙、浑重的画风。以点状作梅瓣，施以金黄色，以浓厚的笔墨渲染和描画梅叶，用笔巧妙，时轻时重，对笔墨轻重的火候和分寸把握得非常好，在勾勒繁茂梅枝时，着重于浓厚比重，时而弯曲，时而转折，笔法极其丰富而善于变化。对侧枝进行勾勒时，绵延的笔墨，更让画的意蕴悠长，引人遐想。白石以水墨随意皴写，玲珑晶莹。石身空白处填以墨块，以黑衬白，既笼罩了石形，又使得任意挥洒的梅枝得到归属。整幅作品色墨并用，用色不避俗而不俗，给整幅画增添了更多的艺术魅力，梅花栩栩如生，俊俏而富有灵气，展现出了旺盛的生命力，给人以美的视觉享受。

四、诗书画印　融为一体

诗、书、画、印融为一体，是吴昌硕绘画艺术的理想，也是他绘画的重要特色。《梅石图》中，左侧题五言绝句："花明晚霞烘，干老生铁铸。奉寒有同心，东山赤松树"，深寓了他的高洁自负的遗世独立的情怀，配以朱文印章"吴俊"。整幅作品，气势雄健，笔墨苍劲，一气呵成，不但富有浓郁的金石味，而且清枝劲节，足见吴昌硕炉火纯青的功力，作者运用精妙的笔墨，高度的艺术创作能力将诗、书、画、印巧妙地安排和布局，相互融合、取长补短、完美结合，堪称一绝，给人以极大的艺术享受。

吴昌硕的绘画艺术集文人画之大成，是传统文人画在近现代的一个历史高峰。他继承的是传统的写意画风，不仅接续了传统，且独立门户，有所发扬，具有创造力。他以自己深厚的文学造诣润养了自己的水墨丹青和金石篆刻，在"诗、书、画、印"领域取得了杰出的成就，与虚谷、蒲华、任伯年齐名为清末海派四杰，是后海派艺术的开山代表。

作者单位：扬州博物馆

注释

①②吴昌硕：《元盖寓庐诗稿》，上海书画出版社，2005 年。

邗·邗城·邗文化

张 敏

内容提要：据《左传》记载，扬州已有 2500 年之久的、有文字可考的建城史。扬州有着深厚的文化底蕴和丰富的文化遗存，周边先后发现邗（干）国城址、遗址和大型墓葬，历史可上溯到西周时期的邗（干）国。

关键词：邗 邗城 邗文化

《左传》哀公九年（公元前 486 年）："秋，吴城邗。"据此，扬州已有 2500 年之久的记载明确的建城史。2015 年适逢扬州建城 2500 年大庆，扬州市文物局、扬州市邗江区人民政府和扬州博物馆、扬州市文物考古研究所、扬州市博物馆协会、扬州文化研究会联合举办"扬州建城历史探源"学术盛会，群贤毕至，少长咸集。

我对于扬州的历史文化知之甚少，今不揣浅陋，班门弄斧地谈一些与"邗、邗城、邗文化"相关的肤浅认识，以求教于扬州的方家大儒。

一、邗（干）

邗即干与邑的合文，邑为意符，表示地名或国名。干，甲骨文作 ，本义为以手执叉。

江淮东部多麋，早在新石器时代即用麋鹿角制作狩猎用的角叉，扬州高邮的龙虬庄遗址即出土过大量的角叉[①]（图 1）。

干或为盾。《礼记·祭统》："朱干玉戚，以舞《大武》。"郑玄注："朱干，赤盾。"《方言》："盾……或谓之干。"

干与戈泛指兵器。《诗·大雅·公刘》："思辑用光，弓矢斯张。干戈戚扬，爰方启行"；《礼记·檀弓下》："能执干戈以卫社稷，虽欲勿殇也，不亦可乎！"

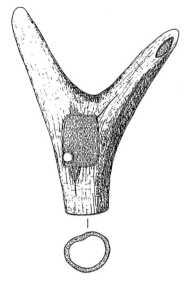

图1 龙虬庄遗址出土角叉

邗亦为国名。《说文·邑部》："邗，国也，今属临淮。从邑，干声。一曰邗本属吴。"《淮南子·道应训》："荆有佽飞，得宝剑于干队。"高诱注："干国，在今临淄，出宝剑。"

邗国不见经传，在先秦文献中，仅见于《管子》。《管子·小问》："桓公使管仲求宁戚，宁戚应之曰：'浩浩乎。'管仲不知，至中食而虑之。婢子曰：'公何虑？'管仲曰：'非婢子之所知也。'婢子曰：'公其毋少少，毋贱贱。昔者吴干战，未龀不得入军门。国子摭其齿，遂入，为干国多。'"

"为干国多"，似乎文义不通，可能有脱漏。但从《管子》的记载中可以看出两点：一是邗国还保留了凿齿的原始习俗，即保留了原始社会的"成丁礼"；二是可以看出当时邗国危在旦夕的紧张局势。

邗或为周公之后，姬姓。东汉·王符《潜夫论·五德志》："姬之别封众多，管、蔡、成、霍、鲁、卫、毛、聃、郜、雍、曹、滕、毕、原、酆、郇，文之昭也；邗、晋、应、韩，武之穆也；凡、蒋、邢、茅、胙、祭，周公之胤也。"

或有学者认为邗源于东夷，与寒原为一族，似不足据；或有学者认为"周武王子封邗"、"周有邗子"等，即邗为周武王之后，亦不足征。

邗与吴是两个国家，据《管子》，邗国或为吴国所灭。管仲为齐桓公良臣，时在春秋早期。"昔者"显然是指已经过去之事，据此推测邗国灭亡的时间当在西周晚期或两周之际。

见诸金文的"邗"，有藏于北京故宫博物院的"邗王是埜戈"[②]和藏于大英博物馆的"禺邗王壶"[③]。然此"邗王"并非邗国之王，而是吴国之王。

干人善铸，春秋时期吴国著名的冶匠干将，善造兵器，可能原为干人。《吴越春秋·阖闾内传》："干将者，吴人也，与欧冶子同师，俱能为剑。"

干将又为名剑之名。"干将作剑，采五山之铁精，六合之金英。……遂以成剑，阳曰干将，阴曰莫耶。"《战国策·齐策五》："今虽干将莫邪，非得人力，则不能割刿矣。"

邗国因历史文献记载甚少，且大多语焉不详，今天我们所知道的"干"或"邗"，大致如此。

二、邗（干）城

筑于扬州的邗城不是邗（干）国的城，而是吴城，是吴王夫差在邗地所筑的城。《左传·哀公九年》："秋，吴城邗，沟通江淮。"《水经注·淮水》："淮阴……县有中渎水，首受江于广陵郡之江都县。……昔吴将伐齐，北霸中国，自广陵城东南筑邗城，城下掘深沟，谓之韩江，亦曰邗溟沟，自江东北通射阳湖。"

邗城是春秋末期的吴国都城，也是见诸文献的吴国最后一座都城。夫差所筑的邗城为吴国都城，理由有二：一是根据历史文献《左传》。《左传·庄公二十八年》："凡邑有宗庙先君之主曰都，无曰邑。邑曰筑，都曰城。"《左传·哀公九年》（公元前486年）："秋，吴城邗。""都曰城"和"吴城邗"都出自《左传》。既然"都曰城"，那么《左传》中明确记载的是"吴城邗"而不是"吴筑邗"，显然夫差所建造的是吴国的"都"而不是吴国的"邑"。

二是通过对吴国都城性质的分析。吴国的城见诸先秦历史文献的有句吴、故吴、吴和蕃离、鸠兹、朱方、固城、姑苏。

故吴，《吴越春秋·吴太伯传》："故太伯起城……名曰故吴。"

蕃离、句吴、吴，《世本·居篇》："吴孰哉居蕃离，吴孰姑徙句吴，诸樊徙吴。"宋衷云："孰姑，寿梦也。句吴，太伯始居地名。"张澍稡集补注本按：《诗·地理考》引《世本》云："孰姑徙丹徒句吴。"

吴，《越绝书·吴地传》："阖庐之时，大霸，筑吴（越）城。城中有小城二。徙治胥山。"

鸠兹，《左传》襄公三年："楚子重伐吴，为简之师，克鸠兹，至于横山。"

朱方，《左传》襄公二十八年：齐庆封"奔吴，吴句余予之朱方"，《左传》昭公四年：楚子"使屈申围朱方，八月甲申，克之"。

固城，《左传》昭公十三年："因群丧职之族启越大夫常寿过作乱，围固城，克息舟，城而居之。"

姑苏，《荀子·宥坐》："女以谏者为必用邪？伍子胥不磔姑苏东门外乎？"《韩非子·喻老》："句践入宦于吴，身执干戈为吴王洗马，故能杀夫差于姑苏。"

吴在文献中称"句吴"、"故吴"和"吴"，在金文中作"工𪔣"、"攻敔"、"攻吴"。《汉书·地理志》颜师古注："吴言句者，夷语之发声。"工、攻、句、故皆为"夷语之发声"，工𪔣、攻敔、攻吴、故吴皆为"句吴"之同名异译。

明·杨慎《升庵经说》："越曰于越，吴曰句吴，邾曰邾娄，本一字而为二字，古声双叠也。"工、攻、故、句皆双声，吴、歔、敔皆叠韵，工歔、攻敔、攻吴、故吴与句吴皆双声叠韵，因此工歔、攻敔、攻吴、故吴皆为句吴。

《吴越春秋·吴王寿梦传》："太王改为季历，二伯来入荆蛮，遂城为国。"由吴人"遂城为国"推之，"句吴"既是吴国的国号，亦为吴国的都名。春秋时期国都同名的还有蔡。蔡国也同样多次迁都，为区分不同时期、不同地域的蔡国都城而称之为"上蔡"、"新蔡"和"下蔡"。

见诸文献的吴城除"句吴""故吴""吴"之外，"蕃离""鸠兹""朱方""固城""姑苏"皆为句吴的同名异译。因此对于音译的地名，只可音训而不可义解，尽管文字的训诂有形、音、义三端。

音训即以"因声求义辨其文义"，以"双声叠韵别其通假"。因声求义是通过语音去研究词义，是传统训诂方法之一；双声叠韵的双声即双音节词中两个字的声母相同，叠韵即双音节词中两个字的韵母相同。

句吴，句，见母；吴，鱼韵。

蕃离，蕃，帮母，离，歌部，帮见旁纽，歌鱼韵近，蕃离与句吴声近韵转。

鸠兹，鸠，见母；兹，之韵。鸠兹与句吴声同韵近。

朱方，《世本·居篇》："姑之言诸也，《毛诗传》读姑为诸。"朱、诸上古皆章母，朱当读作姑，见母；方，阳韵。鱼阳阴阳对转，朱方与句吴声同韵转。

固城，固是"夷语"的音译，城是汉语后缀，固城属后缀式复合地名。

先秦时期的吴越地名中，既有前置式复合地名，也有后缀式复合地名。前置式复合地名一般前置名词或形容词对译名的词性或词义加以限制。《越绝书·记地传》："姑中山者，越铜官之山也，越人谓之铜姑渎。"姑渎之义为山，"铜"作为"姑渎"的前置对"姑渎"的词义进行限制，从而构成前置式复合地名，当今前置式复合地名有内蒙古、南朝鲜、新德里等。

后缀式复合地名一般后缀名词，用后缀名词的形式表明译名的词性或词义，即后缀的名词与译名的词性、词义相同，汉语"城"的词性、词义即与夷语"固"相同，古代地名有"芜湖"，汉语"湖"的词性、词义同样与夷语"芜"相同。当今后缀式复合词组有吉普车、扑克牌、夹克衫、比萨饼等。

固，见母，鱼韵，固与句吴双声叠韵，固即句吴的疾读，亦即句吴。

姑苏，姑，见母，苏，鱼韵。姑句双声，苏吴叠韵，"姑苏"与"句吴"双声叠韵。

由此可见，"蕃离""鸠兹""朱方""固城""姑苏"都是吴城"句吴"的同名异译。

吴国所有的城都是都城，这在春秋时期可能是一个特例。

西周至春秋时期的吴国是一个野蛮而落后的军事独裁政权的国家，根据文献记载，吴国都城曾经多次迁徙，句吴、故吴、吴、蕃离、鸠兹、朱方、固城、姑苏等皆为吴国都城，吴国的都城即战争指挥中心或战争指挥机构所在地的军事城堡，而不是国家的宗教、政治、经济、文化中心。

吴国没有谥号或庙号。吴国虽与楚国一样也"不与中国之号谥"，但楚国僭越后即有楚文王、楚成王、楚庄王等，而吴国僭越后却仍直呼其名，如吴王寿梦、吴王僚、吴王阖闾等。

吴国没有完整的职官体系。由于吴国社会人群组织是军事化的二元结构，吴国只有中央职官而没有地方职官。吴国的中央职官在寿梦至阖闾时仅见"行人"（狐雍、伍子胥、奚斯）；阖闾时始见"大夫"（伍子胥、被离、伯嚭）、"将军"（孙武）；夫差时方有"太宰"（伯嚭）和"嬖大夫"等，地方职官几乎不见。因此吴国的城只有中央职官所在地的"都"而没有地方职官所在地的"邑"。

吴国没有健全的行政建制。《左传》哀公二年："克敌者，上大夫受县，下大夫受郡"，表明晋国、楚国等大国在"都、邑"之外已出现"郡、县"，而吴国只有中央一级建制的"都"而没有二级、三级的地方建制的"邑"和"边邑"，因此吴国的城皆为"都"而没有"邑"。

吴国不制造货币，也不流通货币，更没有货币体系和货币制度。《管子·国蓄》："以珠玉为上币，以黄金为中币，以刀布为下币。"《汉书·食货志》："故货宝于金，利于刀，流于泉，布于布，束于帛。"春秋时期已出现不同的货币体系，货币的流通是商品经济发达的表现，吴国不制造、不使用、不流通货币，正是吴国社会人群的构成为独裁的军事化组织的直接反映。

由于吴国是军事独裁政权国家，吴国的政体是独裁的军事组织，吴国的战争模式是御驾亲征，倾巢而出。春秋时期的吴王无不披甲操戈南征北战，不断发动野蛮的掠夺性战争，有的甚至战死疆场。

落后的政治体系和野蛮的"全民皆兵"的军事组织成为吴国的国家形态，没有国家的宗教制度和礼仪制度，吴国的君王没有谥号或庙号，没有完整的职官体系和行政建制，吴国只有"都"而没有"邑"。吴国都城即军事指挥中心。随着战争的需要或随着战争形势的发展变化，吴国都城在不断地迁徙，因而在今皖南、苏南一带留下许多名"句吴"的城。

邗城是吴国都城中的例外，也是唯一一座不用"句吴"音译的吴国都城。邗本干国，吴灭干后亦称"吴干"，《战国策·赵策》："夫吴干之剑，肉试则断牛马，金试则截盘匜"，"吴干"即吴；《庄子·刻意篇》："干越之剑"，《荀子·劝学篇》："干越夷貉之子"，干越即指吴越；"邗王是埜戈"和"禺邗王壶"皆为三晋之器，"邗王"即吴王，"邗城"即吴城。

"邗"虽然不是"句吴"的音译，但"邗"与"句吴"一样，亦同样是以国名都，故吴王亦称"邗王"，如"邗王是埜戈"和"禺邗王壶"，因此邗即吴，邗城即吴城，亦即吴国都城。

三、邗（干）文化

邗国是西周时期地处江淮之间的一个小国，其分布范围主要在古邗沟两岸，包括今天的扬州、仪征、邗江、江都、高邮、宝应、金湖、盱眙、天长等沿大运河的市县，向东可达泰州、姜堰一带，可能还包括淮安、盐城的南部，大致与西汉的临淮郡相当，邗国的政治中心当在扬州一带。

邗文化系指邗国立之国后至灭亡之前由邗人创造的物质文化和精神文化，现侧重从考古学的角度谈谈物质文化。

与邗文化相关的经过考古调查的有仪征佐安城遗址，经过考古发掘的有姜堰天目山城址，盱眙六郎墩、仪征甘草山、神墩遗址和破山口西周墓。

1. 邗国城址

故城可能为在仪征西面约 3 千米的胥浦乡佐安村有一座古城址，明《嘉靖仪征县志》、清《乾隆仪征县志》和《光绪仪征县志》俱云此为汉代的佐安城，可见这一地名至今犹存。

1982 年我曾在佐安城进行过考古调查，根据采集的陶片分析，其年代为春秋早中期[④]。

春秋时期的佐安城可能不是邗国的城而应是吴国的城，但是值得注意的是这座城名"佐安"，邗的古音为见母、寒韵，读作"干"；而佐为端母，安为寒韵，佐安疾读作"丹"，邗与佐安疾读声近韵同，佐安城可能为邗城的同名异译。

尽管调查发现的佐安城不是邗国故城，但距佐安城不远的破山口有高等级的邗国贵族墓葬，因此推测邗国故城可能在春秋佐安城城址之下，邗国故城可能为邗该都城。如果佐安城即邗城，那么也反映了邗国也是以国名都，国都同名。遗憾的是由于仪征化纤联合工业公司大规模的基础建设，佐安城遗址已荡然无存。

天目山城址位于姜堰市城区北部，2000～2002年在天目山遗址进行了两次考古发掘，发掘面积1167平方米。经过考古发掘和考古勘探，发现了西周时期的城址。天目山古城，城址规模虽小，但其内外城结构和水道环绕的特点，明显具有江南水网地区古代城市的风貌。天目山古城分为内城和外城，有城墙和河道。外城平面略呈椭圆形，东西长170、南北宽160米，面积约25000平方米；内城墙位于外城内的东北部，西城墙、南城墙与外城相隔离，东侧城墙与内城合一，边长约70米，面积约4000平方米。

内城的中部偏北发现人工堆筑的台基1座，东西长约15、南北宽约10米。台基东部有房址3座，其中F2平面近似长方形，东南部为门道，内部有分隔，房址长10.5、宽8.6、含门道宽9.8米，柱洞的平面呈椭圆形。此外还清理了灰沟、灰坑和墓葬。

天目山城址出土的文化遗物有鬲、甗、鼎、盆、豆、簋、罐、钵、瓮、缸等陶器，鬲有素面鬲和绳纹鬲两类；硬陶器有罐、瓿、尊、碗、钵等；原始青瓷器有罐和豆。石器有刀、斧等；骨器有笄、锥等；铜器有刀、削、镞等。

从文化内涵分析，天目山城址在西周早中期具有江淮地区周代文化的共性，至西周晚期，与宁镇地区开始有较多共性，表明吴国对邗国的影响逐渐加剧。天目山城址沿用的时间为西周早期至两周之际，与邗国存亡的时间相同⑤。

2. 邗国遗址

经考古发掘的邗国遗址有仪征甘草山和神墩、盱眙六郎墩等，其中甘草山遗址较为典型。

甘草山遗址位于仪征县西南的胥浦乡，距县城约7公里，是一座呈椭圆形的台形土墩，高出地表约11米，顶部较平坦，面积约5000平方米。甘草山遗址是1961年在仪六丘陵考古调查时发现的，1982年为配合仪征化纤联合工业公司的基本建设对该遗址进行了考古发掘，发掘面积为350平方米。

甘草山遗址的青铜文化堆积发掘分为三层：3A层的年代为战国中晚期，属楚文化遗存；3B层的年代为春秋早中期，属吴文化遗存；第4层的年代为西周早中期，属邗文化遗存。甘草山遗址出土的邗文化遗物主要为陶器，器形有鬲、甗、盆、豆、罐、瓮、钵等，原始青瓷器极少，主要有豆；青铜器有斧、削、镞等⑥。

邗文化遗物中，既有北方的文化因素，又有南方的文化因素，还有一些文化遗物则表现为较浓郁的地方特征。含有北方文化因素的主要是绳纹瘪裆陶鬲，鬲侈口方唇，弧裆内瘪，显然受到陕西沣镐一带西周文化的影响；南方的文化因素，主要为素面联裆鬲，以及印纹硬陶器和原始青瓷器等；而泥质灰陶或黑陶的粗柄簋式豆、泥质灰陶深腹盆等，则表现出既不同于北方又不同于江南的地域特征。通过文化因素分析，甘草山遗址第 4 层的文化构成与天目山城址相同。

3. 邗国墓葬

邗国墓葬主要有仪征破山口西周墓。破山口位于仪征东北约 5 公里，1930 年当地农民挖掘出 40 余件青铜器，大多流失海外。1956 年仪征文管会将留在仪征的 12 件上交苏北历史文物保管委员会，事后南京博物院又在破山口征集到 1 件，现 13 件全部存于南京博物院。

1959 年南京博物院在破山口进行了一次考古发掘，发现了一个南北长约 3.8 米、东西宽约 2.6 米的长方形墓坑，根据发掘情况分析，应为竖穴土坑墓，坑内还出土了青铜戈 1 件、青铜矛 1 件、青铜钺 1 件、青铜斧 2 件、青铜镰 1 件、青铜镞 23 件，30 余颗管状、珠状绿松石以及一些青铜器的碎片和陶鬲、陶罐的残片等。

1985 年南京博物院对破山口西周墓的墓坑进行了清理，发现了西周时期的云雷纹印纹硬陶片，同时沿破山口的山脊向东西两侧进行了考古调查和勘探，未发现西周时期的文化遗存，确认了破山口东面的老虎墩为西汉墓而不是西周墓。

此外，扬州博物馆在破山口征集到一件青铜鼎残片，上有铭文"子作父宝"；仪征文化馆在破山口征集到一件青铜直内戈，内的两面各有一人面纹。

现存的破山口青铜器有礼器、酒器、水器、兵器和工具，除未见乐器外，基本包括了西周时期青铜器的所有器类。破山口青铜器简介如下：

素面鼎　形体厚重，敛口，口上立双耳，耳微向外撇，垂腹，圆柱足，素面，仅上腹部饰有一道凸弦纹（图二，1）。

双耳鬲　小口，沿外侈，口上立双耳，耳微向外撇，鼓肩，大袋足，高分裆，素面，肩部饰一道凸弦纹（图二，2）。

独耳鬲　小口，沿外侈，溜肩，大空足，高弧裆，一足与肩的中部有一个半环耳，通体素面（图二，3）。

饕餮纹甗　甑、鬲合体。侈口，口上立双耳，深腹，束腰，大袋足，圆柱形实足跟，高分裆，甑的上部饰一道变体夔纹间云雷纹带，大袋足的上部饰饕餮纹（图二，4）。

素面釜　口大底小，腹部出双钮耳，底部有凹槽。

鸟纹尊　侈口，高领，中腹圆鼓，高圈足，造型为三段式，腹中部饰一道变体鸟纹带，领下部和圈足上部各饰两道凸弦纹（图二，5）。

云雷纹尊　侈口，束颈，大圈足，上腹部饰两道云雷纹带，间以凸弦纹，并出两个变形的兽首，圈足上饰以两道凸弦纹（图二，6）。

凤纹盉 小口，溜肩，垂腹，三圆柱足，口上有盖，盖钮的上部为三叉形，中部有菱形孔，盖面饰一对凤鸟纹，后部边缘有一个半环钮，盉的下腹部前出一管状流，后出一半环形把手，把手的上部为兽首，兽的口连在盉的口沿下，兽首上出一半环钮，与盖上的半环钮之间用圆环相扣，盉的上腹部饰七个环螭纹，流上两侧饰一对鸟纹（图二，7）。

方格纹瓴 口外卷，圆肩，扁弧腹，矮圈足，腹上部出一对环耳，耳上部各出一兽首，腹的上部饰四道云雷纹带，云雷纹带之间用圆圈纹带相间，腹的下部满饰斜方格纹，中填以圆圈纹（图二，8）。

鱼龙纹盘 浅盘，腹部出两个附耳，矮圈足，盘内的中部饰一条盘曲的龙纹，周饰一道鱼纹带（图二，9）。

四凤盘 形体硕大，口径达 84 厘米，口部出四个小方柱，上立振翅欲飞的凤鸟，腹部饰一道凸起的绳索纹，并出一对附耳，盘下有矮圈足（图二，10）。

云雷纹盘 器形与鱼龙纹盘相同，盘内无纹饰，腹部饰一道云雷纹带。

云纹铲 铲为庐斗形，形体硕大，通长达 70 厘米，后有长柄，柄中空，铲与柄之间有一个半环形耳，铲外侧饰一周云纹（图二，11）。

"子作父宝尊"铭文鼎，残片（图二，12、13）。

此外邗国青铜器中还有一些兵器、工具的资料尚未发表，形制不明[⑦]。

邗国青铜器却有其鲜明的特征，表明邗国青铜器的冶铸技术在中原影响下已达到较高的水平。邗国青铜器的文化特征同样是含有北方文化因素和南方文化因素，同时还含有一定的地方性文化特征。

邗国青铜器的造型风格大致可分为三类：

第一类是中原器或仿中原器，其造型风格与中原器相同或相近，中原器有饕餮纹瓵，仿中原器有素面鼎、方格纹瓴、云雷纹尊、鸟纹尊、鱼龙纹盘等。

第二类的造型风格与一江之隔的吴国青铜器相同或相近，如素面的独耳鬲和双耳鬲等。

第三类具有独特的地方风格，既不见于中原，也不见于江南，如凤鸟纹盉、四凤盘、云纹铲等。

根据破山口西周墓的墓葬规模以及与丹徒烟墩山、荞麦山和繁昌汤家山西周墓随葬器物的比较，破山口西周墓可能为西周晚期的邗王之墓。

尽管邗文化有遗址、城址和墓葬的发现，但有关邗文化的考古发现十分薄弱，至今仍缺乏考古材料的直接证明。

1. 素面鼎　　　　2. 双耳鬲　　　　3. 独耳鬲

4. 饕餮纹甗　　　5. 鸟纹尊　　　　6. 云纹尊

7. 凤纹盉　　　　8. 方格纹瓽　　　9. 鱼龙纹盘

10. 四凤盘　　　　11. 云纹铲

12. "子作父宝尊"鼎残片　　　13. "子作父宝尊"铭文

图二　仪征破山口西周墓出土的部分青铜器

四、结　语

最后，谈谈与邗、邗城和邗文化相关的几点困惑。

西周时期的扬州属邗，春秋时期的扬州属吴，战国早期的扬州属越，战国晚期的扬州属楚。扬州有邗国的邗城、吴国的邗城和楚国的广陵城。

扬州的文化内涵是多元的：有新石器时代的龙虬庄文化，夏时期的南荡文化遗存⑧，商时期的周邶墩文化遗存⑨，西周时期的邗文化，春秋时期的吴文化，战国时期有越文化和楚文化，因此扬州有着深厚的文化底蕴和丰富的文化遗存。扬州先后为邗国和吴国的政治中心，因此扬州最具特色的当属西周时期的邗文化和春秋时期的吴文化。由于历史文献阙如以及考古工作甚少，对于江淮地区的邗文化和吴文化的思考往往陷入困惑和茫然之中。

1. 邗国的邗城。邗国的邗城即邗国都城。邗国虽为小国，但在西周时期江淮东部地区皆属邗，邗国在江淮地区生存了 500 年之久。邗国有着自身的文化传统，有着发达的青铜铸造业，然而我们今天对邗国的认识仍属管中窥豹，邗国都城今在何方也是雾里看花，十分茫然。

扬州曾发现过邗城，后又有学者认为不是邗城，而是广陵城；仪征虽有佐安城遗址，但尚未发掘已荡然无存，令人唏嘘；姜堰的天目山城址是迄今为止经过考古发掘的唯一一座邗国古城，但天目山古城规模甚小，能否作为邗国都城，尚有待研究和考证。

2. 吴国的邗城。吴国的邗城即夫差所建的吴国都城。《水经注·淮水》："昔吴将伐齐，北霸中国，自广陵城东南筑邗城。"据《水经注》，邗城当在广陵城东南，然楚广陵城今在何处？吴国的邗城今在何方？至今不明。

破山口可能是邗王之墓，邗国延续了 500 年之久，当不止一座邗王之墓。邗国虽然不大，但邗王墓随葬之丰，甚至超过吴王之墓。西周时期小国大墓的现象屡见不鲜，如陕西韩城芮国墓。邗王之墓今在何处？值得扬州考古工作者重视。

邗文化是扬州文化之根，邗城是扬州建城之源，仅根据《左传》中的"吴城邗"三个字作为纪念扬州建城 2500 年显然是苍白的，显然是缺乏考古学佐证的。

扬州是第一批国家历史文化名城，扬州是一个泱泱大度的、高度文化自信的城市。扬州的唐宋城和大运河已取得世人瞩目的显赫成就，若以扬州建城 2500 年为契机，将文化和吴文化的研究作为今后考古工作的重点，对于扬州的历史文化研究一定会锦上添花，一定会更上一层楼。

作者单位：南京博物院

注释

①龙虬庄遗址考古队：《龙虬庄——江淮东部新石器时代遗址发掘报告》，科学出版社，1999年。

②于省吾：《商周金文录遗》，中华书局，1993年；郭沫若：《吴王寿梦之戈》，《奴隶制时代》，人民出版社，1954年；董楚平：《吴越徐舒金文集释》，浙江古籍出版社，1992年。

③陈梦家：《禺邗王壶考释》，《燕京学报》1937年6月，第21期。

④张敏：《破山口青铜器三题》，《东南文化》2002年第6期。

⑤南京博物院、泰州市博物馆、姜堰市文物管理委员会：《江苏姜堰天目山西周城址发掘报告》，《考古学报》2009年第1期。

⑥江苏省驻仪征化纤公司文物工作队：《仪征胥浦甘草山遗址的发掘》，《东南文化》第二辑，1986年。

⑦王志敏、韩益之：《介绍江苏仪征过去发现的几件西周青铜器》，《文物参考资料》1956年第12期；尹焕章：《仪征破山口探掘出土铜器纪略》，《文物》1960年第4期；南京博物院：《南京博物院珍藏·青铜器》，上海古籍出版社，1998年。

⑧南京博物院考古研究所、扬州博物馆、兴化博物馆：《江苏兴化戴家舍南荡遗址》，《文物》1995年第4期。

⑨南京博物院考古研究所、扬州博物馆、高邮文管会：《江苏高邮周邶墩遗址发掘报告》，《考古学报》1997年第4期。

邗城的探寻与研究

顾　风

内容提要：邗城问题关乎扬州的建城史和吴文化形成的关键环节，是史学界和考古学者探寻的重要问题之一。本文以考古资料和文献记载为基础，依托学术界研究成果，并以邗国的历史文化范畴为整体背景，对扬州及其周边区域的邗城线索及性质进行探寻与研究。

关键词：扬州　邗城　探寻　研究

依据《左传·哀公九年》"秋，吴城邗，沟通江淮"[①]的记载，扬州举办了 2500 周年城庆活动。公元前 486 年是扬州建城之始已成为现如今扬州社会的普遍认知，对于这一错误概念学术界有责任予以纠正。扬州建城历史应当，也必须追溯到吴邗兴替之前西周时期的邗，追溯到属于淮夷系统的干族人建立起来的邗国。

一、邗国和邗城的线索

邗国究竟在哪里？大致有三种说法：其一，依据《说文·邑部》"邗，国也。今属临淮郡。从邑，干声"，认为邗国是江淮之间的一个小国，但具体位置没有确定；其二，"江西之取名赣，由于干越之干"[②]，认为邗国在今江西余干县境内；其三，多数学者认为邗国在扬州附近的蜀冈丘陵地带。

邗国的都邑在哪里？多年来学界依据北魏地理学家郦道元《水经注》"昔，吴将伐齐，北霸中原，自广陵城东南筑邗城"[③]的记载，一直认为邗城的位置就在扬州西北郊外蜀冈上的古城遗址内。1978 年南京博物院在扬州开展考古调查时，还持有这样的观点。1988 年，扬州唐城考古工作队在唐子城西北转角、唐子城西城垣进行考古发掘过程中，皆未发现邗城的遗迹，只是在遗址底层以下的灰坑中发现了属于战国时楚国的货币——蚁鼻钱④。2014 年，扬州唐城考古工作队对蜀冈上古代城址北城墙西段东部的城门遗址进行考古发掘，发现了不晚于汉代的水涵洞或属于战国楚广陵城的木构遗迹⑤。显然，吴王夫差所"城"的那个邗国都邑——邗城并不在这里。

邗城另一处疑似位置在今扬州古城遗址东偏南的蜀冈南缘即今沈家山一带。本人于 20 世纪 80 年代中叶从事唐城遗址调查时，曾在扬州东风砖瓦厂取土场及其周边地带见到暴露出来的大量的绳纹砖瓦，在古城遗址之外发现如此众多的早期建筑材料，当时觉得很意外。1987 年扬州唐城工作队组建以后，蒋忠义先生根据《水经注》的记载，也曾在汉广陵城以东的蜀冈地带做过考古调查。2009 年扬州市文物考古研究所在沈家山一带配合房地产开发项目进行的考古发掘过程中，发现了一批陶质井圈和早期建筑材料，显然，蜀冈南缘沈家山这片高地上曾经有着较大规模的古代居住遗迹。可惜，由于建设工程规模大，工期紧，建设方没有给扬州市考古所提供更大规模考古工作的条件，丧失了揭示邗城之谜的历史机遇。

最近，本人从扬州唐城考古工作队汪勃先生发表的文章中得知，他们在唐子城东南隅，"疑为南城墙的条带上选点试掘，结果发现全部是生土垄"。由此结合文献记载，认为"邗城偏于蜀冈东缘的东南隅的可能性较高"。作为一种新的思路，尚待今后开展更多的考古工作来证实。

二、吴灭邗与吴都江北的线索

关于邗城的历史记载十分匮乏，今天我们只有通过考古调查和考古发掘来寻找它的所在。吴王夫差当年修筑利用的邗城，可能就是邗国的旧都邑，这个邗城曾经也被其先祖吴王寿梦利用、经营并作为吴国的都邑。这里又牵涉另一个绕不开的历史悬案：吴邗兴替的时间。关于吴邗兴替的重大历史事件同样史籍没有明确的记载，唯一能见到的历史信息是《管子·小问》篇中记载的齐相管仲与婢子的一段对话，里面提到了"昔者吴干战"。管仲相齐是在公元前 685 年到公元前 645 年，时在春秋早期。"昔者"当指过去之事，那么，"吴干（邗）之战"应发生在西周晚期。据此，学界推论吴灭邗的时间就在此时。本人认为，这次吴邗之战尽管十分惨烈，但并不能证明这次战争就是吴邗兴替的终极之战。论吴国当时的国力虽然强于相对弱小的邗国，但还是一个经济实力有限，生产力水平相对落后的南方诸侯。吴国逐渐强盛是在寿梦即位之后，寿梦首次朝拜周天子，向晋国学习车战，积极参与会盟，它不仅敢于主动进攻一些小国，而且敢于挑战南方诸侯大国楚国，在寿梦称王以后，吴国的势力范围已控制了淮河下游南岸地区。从出土的青铜器铭文获知，寿梦不但已经称王，而且始称邗吴王，这一现象特别值得重视！我个人认为这是吴灭邗，兼并邗国疆土，据邗邑作国都的标志。1959 年在安徽淮南蔡岗村出土了"吴太子诸樊剑"，剑铭中有"余处江之阳"的记载，诸樊为寿梦的长子，时在寿梦执政时期，太子居处应该在都邑这是没有疑问的，太子居江之阳（江北）是不是能证明寿梦执政时期都邑在江北呢？寿梦称邗王，是因其灭邗而称之，也是因为以邗邑为都邑而称之，一如韩灭郑称郑，魏称晋，皆因袭用他国都城的缘故。

三、邗城在仪征境内考

那位于江北的邗邑是否就在扬州附近呢？根据考古发现，在扬州北郊蜀冈上，陆续发现了甘草山、神墩等一批西周春秋时期的遗址，特别是 1930 年在仪征破山口出土了 40 多件青铜容器和 100 多件青铜兵器；1959 年南京博物院又在破山口原出土地点进行了考古调查和清理，确认这是一座西周时期的竖穴土坑墓，又出土了青铜戈 1 件、青铜镞 23 枚、青铜斧 2 件、青铜钺 1 件、青铜镰 1 件、青铜矛 1 件等一批小型青铜器和 30 余粒管状或珠状的绿松石等；1985 年南京博物院考古部门又对破山口进行了补充发掘，发现了一些西周时期的陶器残片，确定了青铜器出土地点是一个西周晚期的墓葬而非窖藏。

这批出土的青铜器尽管大部分早年流失国外，但总体看出土的随葬器物器类基本齐全，有酒器、水器和饮器，呈现了尊、瓿、盉的酒器组合和鼎、甗、鬲的炊器组合，具备了很高的等级。墓主人"很可能为使用七鼎至五鼎的诸侯王一类贵族"[⑥]。而且，这批青铜器从造型到纹饰大多有着浓郁的地方风格，其中有些器物如四凤大盘、大铜铲、独耳鬲等器形与中原地区同类器形风格迥异，有些器皿的风格反而与吴国青铜器相近。从墓葬的时代、埋葬的地点、规模、出土器物的等级、器物的特点综合分析，我同意张敏先生的观点："破山口西周墓葬应为邗国墓葬，墓主人应为邗国的国君。"因此有理由推断，邗城就在长江北岸仪征境内的蜀冈南缘之上。

对于《水经注·淮水》"昔吴将伐齐，北霸中国，自广陵城东南筑邗城，城下掘深沟，谓之韩江，亦曰邗溟沟"这条史料，张敏先生认为，邗城建在"广陵城东南当为西南之误"，想必言之有据。但邗沟就在邗城之下，这一点大家都深信不疑。根据考古调查，我们认为邗沟的前身应是承接蜀冈高地下行的水流自然形成的排水孔道。春秋时期吴国人以人工方式将其加宽、浚深，而邗沟的西段正是通过仪征境内与长江连接的。根据邹厚本先生考证，从河南龙山文化时期到商周时代，先民的迁徙交流活动主要通过扬州以西的这条南北线路，所以仪征境内发现较多的商周聚落遗址当与仪征当时处在古善道交通路线上有关。以往在仪征境内的考古调查工作中，唯一发现的早期城址叫"佐安城"，距离仪征县城西南约 3 公里，张敏先生曾去作过调查，推断其年代大约在春秋时期。他根据古代发音的音转关系，认为这里有可能是邗城所在。很可惜，此后仪征化纤公司的建设将古城遗址破坏殆尽，张敏先生的推断因为缺少考古证据的支撑，也只能聊备一说。但我们有理由相信，邗城在仪征境内的可能性比较大。

四、关于邗城的性质

关于邗城的性质，本人认为要分夫差城邗和寿梦据邗两个阶段来谈。首先我们来看公元前 486 年吴王夫差城邗的性质，因为"吴城邗"这个"城"字作为动词可释为筑城，但筑城既可作建筑讲，又可作修筑理解，这里我们就要弄清楚存在的两种可能：一是，夫差为伐齐争霸在江北新建了一个城池或城堡，夫差步老祖宗寿梦的后尘，也自称邗王，邗王所筑之城称邗城，无可厚非。二是，夫差为伐齐，利用了邗国的旧邑，在旧城的基础上进行了一定规模的改筑、增筑，正因为利用的是邗国的都邑，所以才称邗城。对于这样一个问题，在没有找到邗城遗址之前，在没有取得考古证据之前，应该说这两种情况皆有可能存在。

接下来需要对邗城的性质做一个初步的研究，对于夫差所筑邗城的性质，学界历来有两种意见：一是认为吴败越之后，把战略重点放在了诸侯争霸上，而吴后期的政治中心已经迁到了苏州附近，要跨江、渡淮与齐国交战，距离太远，后勤补给线太长。因此，修筑或新建邗城是作迁都之计。二是，吴为北上伐齐争霸只是营建了一个性质单纯的军事基地，以此解决战线太长，后勤补给困难的问题。我个人赞成吕思勉、童书业、黄永年诸前辈所持的第一种意见。

以往学术界研究讨论夫差城邗的学术成果较多，但对更早的吴灭邗、吴邗兴替之后邗城的作用少有涉猎。在此，我也尝试作一点初步的探讨。根据安徽淮南出土的"吴太子诸樊剑"铭文，我们得知寿梦执政时期吴的政治中心是在江北，而且这个政治中心很可能就是沿用了邗国的都邑。

根据考古界多年来在安徽、江苏一带所做的考古调查和发掘，先后发现了安徽南陵的牯牛山古城、芜湖的楚王城、江苏高淳的固城、溧阳的平陵城、丹阳的葛城、常州与无锡交界的阖闾城、苏州的吴大城，这些吴国的古城多半位于长江以南，特别是丹阳的葛城遗址始筑于西周，沿用至春秋晚期，应是吴国都城中最为重要的一座。

"是迄今为止江苏境内发现的时代最早、沿用时代最长、使用次数最多、保存最完好且文化内涵最丰富的城址。"[⑦]1954 年在丹徒县北山之东的烟墩山 1 号墓出土了"宜侯夨簋"，内有铭文 120 多字。据专家们考证，烟墩山西周墓的墓主可能是吴国第五代国君周章。1982 年，又在附近的荞麦山发现了另一座重要的西周墓，墓主人可能是周章之子第六代吴国国君熊遂。由此，可知早在周章、熊遂之时，丹徒一带就是吴国都邑所在，显然，吴的发祥地和大本营是在宁镇地区。

吴都既然在江南，又如何解释太子诸樊"余处江之阳"的文字记载呢？寿梦是吴国第 19 代国君，"寿梦立而吴始益大，称王"[⑧]。他执政期间与中原诸侯的交往，伐楚、伐巢、伐徐的一系列局部战争，主要在长江以北或通过长江以北进行的。而且，在寿梦为王时，吴的版图已扩张至淮河下游以南地区。尽管史籍缺乏明确记载，我们有理由相信，邗国是在寿梦即位之后灭亡的。为拓疆扩土，军事、外交的需要，吴国的政治中心迁到了江北，利用了邗城作为都城，当然，也有可能当时江北邗城与江南葛城并存，形成一国两都的统治模式。

"寿梦卒，诸樊南徙吴。"[⑨]为对付楚国的威胁，诸樊即位后，把政治中心又从江北回迁到江南，请注意，历史文献明确记载的是南徙，而不是东徙，因为吴国都城的迁徙规律主要是自西而东的。

1984 年，在丹徒北山顶发现了诸樊三弟吴王余眛的墓葬，在随葬器物中还出土了属于诸樊二弟吴王余祭的"尸祭缶"，这一发现正是诸樊"南徙吴"的重要佐证，证明了诸樊之后吴国的政治中心确实迁回了江南。把这批青铜器的铭文与"太子诸樊剑"铭文对应起来研究，我们不难看出，余眛墓的发现也有力地支持了寿梦据邗而都的学术观点。

根据以往出土的文字资料，我们发现一个现象：在吴国国君之中自称邗王的只有寿梦和夫差。也只有他们二人与邗国或邗邑有着特别的关系。前者灭邗并据邗为都邑，后者再城邗。诸樊虽然也曾在江北生活过，但他继位以后便把行政中心迁往江南，所以，诸樊之后夫差之前的吴国君主迄今为止还没有发现有其他人自称邗王或邗吴王的。

扬州及其周边地区既是邗国的核心，也是吴文化形成与发展的传统廊道和不可分割的重要组成部分。而邗国、邗邑和吴邗兴替作为吴文化研究的重大学术课题不仅因为它关乎扬州建城的历史还在于它是吴文化形成的关键环节。所以需要学术界特别是考古界给予持续的关注和努力。

作者单位：扬州博物馆

注释

①杨伯峻编著：《春秋左传注》（第四册），中华书局，1981 年，第 1652 页。

②童书业：《春秋左传研究》，上海人民出版社，1980 年，第 237 页。

③郦道元著、王先谦校：《水经注》，巴蜀书社，1985 年，第 492 页。

④参见中国社会科学院考古研究所、南京博物院、扬州市文物考古研究所编著：《扬州城——1987 ～ 1998 年考古发掘报告》，第二章"蜀冈上城址的考古勘探与试掘"，文物出版社，2010 年，第 22 页。

⑤汪勃：《扬州城的城门考古》，《大众考古》2015 年第 11 期，第 25 页。

⑥张敏：《破山口青铜器三题》，《东南文化》2002 年第 6 期，第 52 页。

⑦张敏：《吴国都城初探》，《南方文物》2009 年第 2 期，第 58 页。

⑧司马迁：《史记》，中华书局，1959 年，第 1447 页。

⑨司马迁：《史记》，"吴太伯"条下引唐张守节《史记正义》注，中华书局，1959 年，第 1445 页。

古扬州城变迁述略

王曾瑜　　王茂华　　王嘉川

内容提要：扬州在中国古代主要有三种概念：九州之一、自西汉以降的大地理区划、地域较小的即今江苏省扬州市。扬州筑城自周敬王三十四年"吴城邗"始，由其地名演变、城址迁移、园林兴废等，记录了扬州的昔日风华和城市文明。

关键词：扬州　别名　城池　坊巷　园林

江苏古城以苏州建城最早，其次是扬州，南京建城较晚。从"吴城邗"始，2015年正好是扬州建城 2500 年。古扬州的今存史料相当丰富，本文只能作简单叙述。

一、地名变迁

扬州在中国古代主要有三种概念。一是如《尚书·禹贡》中所谓九州，有冀州、兖州、青州、徐州、扬州、荆州、豫州、梁州和雍州。据现代研究，一般认为是反映了春秋战国时的华夏族的大地理区划。

二是扬州自西汉以降，作为一种大地理区划，故不少地方，例如今江苏南京也曾称扬州，为州治所在。

三是地域较小的扬州，即是本文所谈的今江苏扬州。《左传》哀公九年（公元前486 年）"秋，吴城邗，沟通江、淮"[①]。另一种标点是"吴城邗沟，通江、淮"。扬州的别名颇多，有广陵、江都、淮海、惟扬、芜城、邗城[②]、维扬、南兖、邗沟、吴州[③]等。邗沟代表扬州，即是与后一种标点相符。晋杜预给《左传》作注说："于邗江筑城穿沟，东北通射阳湖，西北至末口入淮，通粮道也。今广陵韩江是。"当时吴欲争霸中原，既筑邗城，又开掘运河，也说明古扬州城从建城之初，就一直与运河密切相关。今先将扬州古地名变迁列表于下（表1）。

表 1 扬州古地名变迁统计表

朝代	年代	邑县名	郡州府名	史料出处
东周	周敬王三十四年 （公元前 486 年）	邗	吴、越、楚	《左传》哀公九年，第 863 页
	周慎靓王二年 （公元前 319 年）	广陵	楚	《史记》卷 15《六国年表》楚怀王十年
秦		广陵县	九江郡	《通典》卷 181
西汉	楚霸王时 （公元前 206~202 年）	广陵县	东阳郡	《水经注》卷 30
	汉高帝六年 （公元前 201 年）	广陵县	荆国	《汉书》卷 28 下《地理志》
	汉高帝十一年 （公元前 196 年）	广陵县	吴国	《汉书》卷 28 下《地理志》
	汉景帝四年 （公元前 153 年）	广陵县	江都国	《汉书》卷 28 下《地理志》
	汉武帝元狩三年 （公元前 120 年）	广陵县	广陵国	《汉书》卷 28 下《地理志》
新莽		安定县	江平郡	《汉书》卷 28 下《地理志》
东汉		广陵县	徐州广陵郡	《后汉书志》卷 21《郡国志》
三国	魏	广陵县	广陵郡	《三国志》卷 2《文帝纪》
	吴五凤二年 （255 年）	广陵县	广陵郡	《三国志》卷 48《孙亮传》
晋	西晋	广陵县	徐州广陵郡	《晋书》卷 15《地理志》
	晋元帝时 （317~322 年）	广陵县	青州广陵郡	《晋书》卷 15《地理志》
	晋明帝时 （323~325 年）	广陵县	南兖州广陵郡	《晋书》卷 14《地理志》
	东晋末年 （420 年前）	广陵县	广陵郡，青、兖二州刺史皆镇于此	《南齐书》卷 14《州郡志》④
宋		广陵县	南兖州广陵郡	《宋书》卷 28，卷 29《符瑞志》，卷 35《州郡志》，卷 51《刘遵考传》，卷 79《竟陵王诞传》

朝代	年代	邑县名	郡州府名	史料出处
齐		广陵县	南兖州广陵郡	《南齐书》卷 14《州郡志》
梁		广陵县	南兖州广陵郡	《梁书》卷 14《江淹传》
北齐	天保四年 （552 年）	广陵县	东广州广陵郡 南兖州广陵郡	《隋书》卷 31《地理志》
陈	太建五年 （573 年）	广陵县	南兖州广陵郡	《陈书》卷 5《宣帝纪》，《隋书》卷 31《地理志》，《资治通鉴》卷 171 太建五年九霄云外月丙子胡注。按当时陈军大举北伐，占淮南等地，广陵郡应在其中
北周	大成元年 （579 年）	广陵县	东广州广陵郡 吴州广陵郡	《周书》卷 15《于寔传》，卷 33《赵文表传》，《隋书》卷 31《地理志》
隋	开皇年间	邗江县	扬州广陵郡	《隋书》卷 31《地理志》⑤
	大业年间	江阳县	江都郡	《隋书》卷 31《地理志》
唐	武德三年 （620 年）	江都县	兖州	《旧唐书》卷 40《地理志》
	武德七年 （624 年）	江都县	邗州	《旧唐书》卷 40《地理志》
	武德九年 （626 年）	江都县	扬州	《旧唐书》卷 40《地理志》
	贞观十八年 （644 年）	江都县、 江阳县	扬州	《旧唐书》卷 40《地理志》
	天宝元年 （742 年）	江都县、 江阳县	广陵郡	《旧唐书》卷 40《地理志》
	乾元元年 （758 年）	江都县、 江阳县	扬州	《旧唐书》卷 40《地理志》
五代	吴	江都县	江都府	《文献通考》卷 318
	南唐	江都县	江都府	《文献通考》卷 318
后周	显德五年 （958 年）	江都县	扬州	《旧五代史》卷 118《周世宗纪》
宋		江都县	扬州	《宋史》卷 88《地理志》

续表1

朝代	年代	邑县名	郡州府名	史料出处
元	至元十四年 （1277 年）	江都县	扬州路	《元史》卷 59《地理志》
明	丁酉年 （1357 年）	江都县	淮海府	《明史》卷 40《地理志》
	辛丑年 （1361 年）	江都县	维扬府	《明史》卷 40《地理志》
	丙午年 （1366 年）	江都县	扬州府	《明史》卷 40《地理志》
清	雍正九年 （1731 年）	江都县 江都县、甘泉县（本江都县地，析置，两县并为府治）	扬州府	《大清一统志》卷 66

前面谈到扬州别名颇多，由上表可知，有的与其地名变迁有关，有的却是无关。

二、城池修筑

修筑城墙，规划城区，应是古代城市建立和发展的标志。中国古代的城墙经历由土城到砖城的演变。历代修筑扬州城的记录甚多，其城址也有多次迁移，今分述于下。

（一）周至南北朝

周敬王三十四年（公元前 486 年），"吴城邗，沟通江、淮"[6]。（乾隆）《江南通志》卷 33 说："邗城在甘泉县蜀冈上。《左传》杜预注云，吴将伐齐，自广陵城东筑城邗城，城下掘深沟，谓之邗沟城。"[7]周慎靓王二年（公元前 319 年），"城广陵"[8]。

西汉广陵城初为吴王刘濞"所都，城周十四里半"[9]。一西汉尺约合 0.23 米，一西汉里约合 414 米，则城周约合 6 公里，估计广陵城面积可能不到 25 平方公里。另据唐《元和郡县图志》逸文卷 2，此古城"一名扬子城，在江都县北四（唐）里"[10]。

三国时，吴五凤二年（255 年），吴帝孙亮"使卫尉冯朝城广陵，拜将军吴穰为广陵太守"⑪。但另一记载说："（孙）峻欲城广陵，朝臣知其不可城，而畏之莫敢言。唯滕胤谏止，不从，而功竟不就。"⑫

东晋太和四年（369 年），"十一月辛丑，桓温自山阳及会稽王（司马）昱会于涂中，将谋举。十二月，遂城广陵而居之"⑬。桓温"发州人筑广陵城，移镇之时，温行役既久，又兼疾疬，死者十四五，百姓嗟怨"⑭。《资治通鉴》卷 102 则作"大司马（桓）温发徐、兖州民筑广陵城，徙镇之"⑮。当时徐州和兖州的州治都在广陵。刘宋大明二年（458 年），竟陵王刘诞"发民筑治广陵城。诞循行，有人干舆，扬声大骂曰：'大兵寻至，何以辛苦百姓？'诞执之，问其本末，答曰：'姓夷名孙，家在海陵，天公去年与道佛共议，欲除此间民人。道佛苦谏，得止。大祸将至，何不立六慎门？'诞问：'六慎门云何？'答曰：'古时有言，祸不入六慎门。'诞以其言狂悖，杀之"。次年，刘诞反叛，沈庆之"率众军进攻"，广陵城有"东门"、"北门"和"南门"，看来也应有西门，"克其外城，乘胜而进，又克小城"⑯。上引记载反映了当时广陵城有两重城墙，开四门。（嘉庆）《扬州府志》卷 15 说，竟陵王刘诞"又增筑外城、子城，城益大"⑰。

梁天监七年（508 年），萧业任"都督、南兖州刺史，运私邸米，僦人，作甓以砌城"⑱。这是梁时开始筑砖城的记录。按砖城的筑城成本远大于土城，广陵筑砖城所以领先大部分城市，其中固然有经费充足的因素，也有实际需求。后来宋徽宗手诏说："东南城壁土恶，易于沦塌，往往作砖城、石城，或为木栅，或施瓦为屋，以覆城身，非西北比。"⑲扬州作为大城市和军事重镇，确有建砖城的必要。

（二）隋唐五代

隋唐应是扬州最繁盛的时期。据前引唐《元和郡县图志》逸文卷 2 看来，从东晋到隋唐，城址似无迁移。唐"故城西据蜀冈，北包雷陂，外有大城，中为子城，亦曰牙城"⑳。一说为"扬府南北十一里，东西七里，周四十里"㉑。另一说为"城南北十五里一百一十步，东西七里十三步"㉒。前一说较早，是否未将城北的衙城计入，南北少四唐里。依后一说，若以一唐尺为 0.3 米计，一唐里为一百八十唐丈，约合 540 米。依此估算，唐扬州城面积大约超过 30 平方公里，显然要比汉广陵城大得多。现在扬州唐城考古队已对部分唐城作了发掘和勘察，证明是砖墙㉓。但按现代实测，据扬州唐城遗址博物馆的说明书，唐扬州城南北长 6030 米，东西宽 3120 米，面积约 18.2 平方千米。

五代时，吴建都江都府，南唐作为东都㉔，但城市依旧。后周显德五年（958

年），周世宗"诏发扬州部内丁夫万馀人城扬州。帝以扬州焚荡之后，居民南渡，遂于故城内就东南别筑新垒"㉕。扬州城的面积遂大为减缩。南宋洪咨夔《扬州重修城濠记》说："后周显德中，韩令坤相攸东南陬，别城，以亢治所，周二十里一百五十步，崇二十六尺，是为今州城。"㉖姑以一唐尺为 0.3 米计，城周约为 11.025 千米，面积约 7.6 平方千米。

显德六年（959 年）六月，周世宗病死，幼子周恭帝立，七月，命周太祖外甥李重进为淮南节度使，出镇扬州。宋太祖建隆初（960 年），李重进反宋被杀。他在此期间"治城隍"㉗。据南宋时追述："扬州凭高，下临四面。国初李重进始夷而改卜今相距三十里处，势卑漯。"㉘（乾隆）《江南通志》卷 33 则作"李重进始改筑于故城南二十里"㉙。"三十里"与"二十里"应有一个错字。此说与前引洪咨夔之说有异。按韩令坤与李重进前后筑城，时间相续。（嘉庆）《扬州府志》卷 15 说："韩令坤为子城以治之，后李重进镇扬州，复改筑。"㉚如果扬州外城为李重进所筑，也应以前述唐代的长度计算，较为合理。

（三）宋元

北宋张舜民说："大率今之所谓扬州者，视故地东南一角，无虑四分之一尔，其唐室故地皆榛莽也。"㉛但按现代实测，据扬州宋大城西门遗址博物馆陈列的地图，宋城面积约为唐城之半，占据了唐城的南部，而非"东南一角"。两者显然有异，这主要涉及了唐城的实测准确度。

南宋初，宋高宗南逃扬州，作为行在。当时扬州城年久失修，"言者论维扬之城可扳援上下，其濠池可步而往"。建炎二年（1128 年）十月，诏令"开撩城濠及措置增修城壁"㉜，但此次修城的效果不见记载。次年二月，皇帝又仓皇逃到江南。

宋孝宗乾道四年（1168 年），重修扬州城，城周为十七宋里一百七十二步，计三千一百四十六宋丈㉝，比前引《扬州重修城濠记》的城周里数更小。按宋代 180 宋丈，即 360 步为一宋里，若依每宋尺为 0.31 米计，城周约为 9.7 千米，面积应不足 6 平方千米。

宋宁宗庆元五年（1199 年），又"修治扬州城壁"㉞。上述两次修城，今存军队番号之城砖㉟嘉定七年（1207 年），崔与之出守扬州，他主持浚城濠，又州城"西北曰堡寨城，周九里十六步，相去馀二里。属以夹城，势如蜂腰，地所必守，左右尤浅隘。浚之，概如州城壕，以丈计者七百三十有一，且甓女墙，以壮其势"㊱。

南宋晚期所谓"宝祐城"，乃始于宝祐三年（1255 年），"敕贾似道筑"。宋理宗诏说，"今复增堡城，以壮广陵之势。朕披来图，包平山而瞰雷塘，可以广营屯，便牧围矣"。"始，平山堂瞰扬城，大元兵至，则构望楼其上，张车弩以射城中。庭芝乃筑大城，包之城中"。至咸淳二年（1266 年），"两淮制置使李庭芝立城"，"以工役费用及图来上。诏奖劳之"㊲。明代（嘉靖）《惟扬志》卷 1 保存了《隋唐扬州图》《宋江都县图》《宋三城图》和《宋大城图》，很珍贵。南宋晚期的扬州城为呈南北向的哑铃状，北为宝祐城，南为扬州大城，中间是一个柄状的夹城。元代盛如梓说："宝祐城周三十六里。"㊳这当然是按宋里计，哑铃状当然使城周大为加长。

据《广客谈》记载，时在元中统年间（1260~1264 年），曾造扬州城，此时扬州当为宋辖。

> 吴江州人都居民沈氏日为屠酤之业。中统年间，有狱卒押桎梏者五人至其家买酒。谓沈氏曰："我五人去扬州，造城必死。吾有金银若干两，寄于汝，回日共分之。"逾年，畜豕数十口。一日豕于圈中语曰："请沈公与我辈相见。"凡两次。因谓沈氏曰："我是前寄金银者。女当速杀我，卖勿论价。必再生人世也。"沈氏如其言。㊴

（四）明清

据清《扬州画舫录》卷 9 说，"按今之旧城，即宋大城之西南隅。元至正十七年（1357 年）丁酉，金院张德林始改筑之，约十里，周围一千七百七十五丈五尺，高倍之。门五：曰海宁，今曰大东；曰通泗，今曰西门；曰安江，今曰南门；曰小东"，"今仍旧名"㊵。但明人记载，上述城池是明初所修，"以兵后人稀"，"即宋大城西南隅改筑，仅周九里，千七百五十七丈五尺"㊶。筑城时间与前引清人之说有异，而城周的尾数正好颠倒。明代一里为一百八十丈，城周为九明里有馀，十明里不足。一明尺约合 0.311 米，城周约为 5.466 千米，面积约不足 2 平方千米。嘉靖三十五年（1556 年），因倭寇为患，扬州重新修城，"起旧城东南隅而东，而北，而西，及旧城之东北隅止，约一十里，为一千五百四十一丈九尺"㊷，约扩充一倍。《扬州画舫录》卷 9 的说法相近，新城有七门。清代则沿用明扬州新、旧城。按现代实测，据扬州宋大城西门遗址博物馆陈列的地图，明新、旧城面积又约为宋城之半，相当于唐朝城四分之一。由此可知，由唐及宋，及明，扬州城面积落差很大。

今将明清各次修城列表于下（表 2），但到清朝修城，其实已无城防价值，不过是劳民伤财而已。

表 2　扬州明清修城统计简表

朝代	年代	修缮简况	史料出处
明	明初 （1368～1398 年）	改建	（万历）《扬州府志》卷 2
	正统年间 （1436～1449 年）	修城楼、水关	《明英宗实录》卷 94 正统七年秋七月
	嘉靖元年 （1522 年）	重修	（万历）《扬州府志》卷 2
	嘉靖十八年 （1539 年）	浚水门	（万历）《扬州府志》卷 2
	嘉靖三十五年 （1556 年）	起新城	（万历）《扬州府志》卷 2
	万历十二年 （1584 年）	筑外城	《明神宗实录》卷 155 万历十二年十一月
	万历二十年 （1592 年）	浚西北壕，甃以石堤，增城堞三尺	（万历）《扬州府志》卷 2
	万历二十五年 （1597 年）	甃石壕未竟者，增敌台	（万历）《扬州府志》卷 2
	崇祯十一年 （1638 年）	累土为城，工未及成	（嘉庆）《扬州府志》卷 15
	崇祯十一年八月 （1638 年）	建四门、城楼、角楼各四，大窝铺三十六，月城重门八，大炮台四，小炮台十四，墙一百三十丈，城头垛口一千三百五十二，挑浚城濠五百四十七丈。	《扬州画舫录》卷 13，第 310 页
清	顺治四年 （1647 年）	重修	（嘉庆）《扬州府志》卷 15
	顺治十八年 （1661 年）	重修城墙台铺	（嘉庆）《扬州府志》卷 15
	雍正四年 （1726 年）	重修广储门城楼	（嘉庆）《扬州府志》卷 15

朝代	年代	修缮简况	史料出处
清	雍正七年（1729 年）	重修镇淮门城楼	（嘉庆）《扬州府志》卷 15
	乾隆二年（1737 年）	凡城楼、雉堞、内外周遭之垣墙，俱各修葺完整巩固	（嘉庆）《扬州府志》卷 15
	乾隆二十四年（1759 年）	挑通淤塞的护城河	扬州市档案局、中国第一历史档案馆合编：《清宫扬州御档选编》第 2 册，第 101～102 页
	乾隆二十五年（1760 年）	修筑护城河石驳岸、桥梁	扬州市档案局、中国第一历史档案馆合编：《清宫扬州御档选编》第 2 册，第 104～105 页
	同治八年（1869 年）	建水门等	《益闻录·扬郡修城》
	光绪七年（1881 年）	大修城垣	《益闻录·扬郡修城》
	光绪八年（1882 年）	修葺小东门一带城垣	《益闻录·扬郡修城》

三、城区建设

（一）厢坊、道路、桥梁与排污设施

六朝时，广陵城的人口约已在一万人以上，在当时已属大城市之列。如前所述，当时广陵城已有两重城墙。

"街垂千步柳，霞映两重城"[43]，杜牧诗反映隋代江都有"两重城"，而沿街种植垂柳。唐《法苑珠林》卷 42《引证部》说，南朝宋时，"梁清字道修居扬州右尚坊"。此处是使用了唐代的地名，其实当时称广陵。唐朝城市居民区一般设坊。唐末，高骈镇维扬之岁，"有术士之家延火，烧数千户"[44]。后经江淮军阀混战，扬州"远坊居人稀少，烟火不接。有康氏者以佣赁为业，僦一室于太平坊空宅中"[45]。

宋代在坊之上有厢。南宋晚期，扬州"在城六厢，城外四厢，宝（祐）城一厢，夹城一厢"[46]。如《绍兴十八年同年小录》记载，当年录取的进士第四甲"第二十二人江献可"，"本贯扬州高邮县左厢仁义坊"。按宋代户口制度，城市居民为坊郭户，不仅扬州城内，就是"城外四厢"的居民也算坊郭户。这说明当时即使面对严酷的对元战争，而扬州坊郭户口却在膨胀，城内已容纳不下，需要居住城外。

著名的"二十四桥"亦为"隋置，并以城门坊市为名"，到宋代已"或存或废，不可得而考"[47]。据沈括《梦溪补笔谈》卷3补述唐朝的二十四桥说：

> 最西浊河茶园桥，次东大明桥（今大明寺前），入西水门，有九曲桥（今建隆寺前），次东正当帅牙南门，有下马桥，又东作坊桥，桥东河转向南，有洗马桥，次南桥（见在今州城北门外），又南阿师桥、周家桥（今此处为城北门）、小市桥（今存）、广济桥（今存）、新桥、开明桥（今存）、顾家桥、通泗桥（今存）、太平桥（今存）、利园桥[48]，出南水门，有万岁桥（今存）、青园桥，自驿桥北河流东出，有参佐桥（今开元寺前），次东水门（今有新桥，非古迹也），东出有山光桥（见在今山光寺前），又自衙门下马桥直南，有北三桥、中三桥、南三桥，号九桥，不通船，不在二十四桥之数，皆在今州城西门之外。[49]

以上统计剩二十三桥，但有的显然不是隋唐的原名，如周家桥、顾家桥之类显然不是"以城门坊市为名"。

明时城内辖四里，东厢、南厢各辖里一[50]。明初的扬州地方志载有左南隅、右南隅等十三条街名，（万历）《江都志》称，"今废莫考"。（嘉靖）《南畿志》记载，城内有五条街、十六条巷[51]。（万历）《江都志》载大街、小街、新桥四通街等十三条街名，称"载赵鹤《郡乘》，见存"；转载明初扬州地方志记载的西寨门巷、东寨门巷等二十九条巷名，称"存废者半"；转载《郡乘》记载的堂子巷、马草巷等三十一条巷名，称"存者尚多"；转载高宗本《维扬志》记载的明真观巷、新察院巷、新察院后巷等十四条巷名，称这些巷口"俱存"[52]。（嘉靖）《南畿志》记载，有十九桥[53]，（万历）《江都志》记载城内外有二十九座桥[54]。（万历）《江都志》记载以街市命名的坊二十三坊、以科第命名的坊四十七坊、以职官命名的坊若干坊[55]。

就清朝的街巷桥梁，《扬州画舫录》卷9概括刘茂吉所绘扬州城图文字，记载该时期的大街、小巷、桥梁颇详。这些文字被《光绪江都县续志》转载，在此不再赘述。但对照《光绪江都县续志》卷首尚兆山所绘《江都甘泉县治图》，发现清后期个别街巷名称有所变化，且又增加一些小的巷口。有意者不妨一观（图1）。

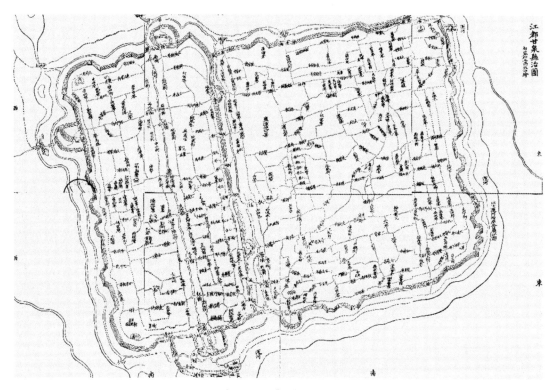

图1　尚兆山绘《江都甘泉县治图》
（采自［清］汝贤等修：《光绪江都县续志》，中国方志丛书本）

明清运河围绕扬州城东南两面。市河（新河、草河）穿新旧两城，绕城西北两面。故城外四围皆通舟。据《扬州画舫录》卷1记载，市河（新河）自府城便益门外高桥运河口起，历保障河砚池口至南门外，出二道沟而接运河，又自便益门吊桥起，绕城东北。一从新城拱宸门水关至挹江门水关，出针桥而接运河，一从旧城北水关至南水关，出向水桥而东接运河。明嘉靖间，巡盐御史吴悌同、知府刘宗仁开浚，万历知府吴秀重浚，清朝知府金镇复浚，后又浚保障河以潴内河之水，皆即所谓新河。市河在府治东二十步，由南水门至北水门。

街巷路况。宋高宗在扬州，因为"路滑"，下令"百官得于寓京乘轿"。此后"百官不问大小，尽乘轿，而宦者、将命之类皆乘轿"[56]。可知当时的扬州街道是泥路。与唐代"车马少于船"相比，轿成了当地社会上层时髦的交通工具。明初张以宁诗说："扬州冬雨泥一尺。"[57]说明城内仍是泥路。厉鹗诗"扬州尘土日纷纷"[58]，董伟业作于乾隆五年（1740年）《扬州竹枝词》称"滑滑街泥屐齿无"[59]，说明清时扬州仍多土路。但也有砖路，如"都天庙在大仪乡砖道旁"，"三清院在右岸砖路旁"，"鱼市亦谓之鱼摊，在广储门者，由都天庙砖路而来者"⑥，"天宁门城河两岸甃石"。⑥民国八年（1919 年）江都徐谦芳所著《扬州风土记略》称，"扬城街道，铺石居多；后街小巷，率甃以砖"；只是路况不好，"惟驶行水车，伤路最甚，以致凸凹不平。乘人力车行其上，左之右之，若乘小艇遇风然"⑥。

城市排污。中国传统建筑不可能有现代的下水道，豪宅也往往不设厕所，只用溺器，称虎子、马子、马桶、净桶、坐桶之类⑥。南宋临安城"户口繁伙，街巷小民之家，多无坑厕，只用马桶，每日自有出粪人瀽去，谓之'倾脚头'。各有主顾，不敢侵夺，或有侵夺，粪主必与之争，甚者经府大讼，胜而后已"⑥。人口密集的城市，排污也是重要问题。解决的方式之一，或用粪船装运出城，当农家肥料。南宋高宗退养德寿宫，而"粪船亦插德寿宫旗子"，以求免税，固然成为笑柄⑥，却也反映了临安排污的方式。明代《三吴水考》卷 3《吴江县水道考》载太湖中有粪船港。清代扬州南柳巷中水巷是"西门粪船之马头"⑥。扬州高桥马头，"湖上有十二马头"，"柴草、粪水等船，十二马头弗收"⑥。在高档的游览之所，就拒绝粪船停靠。晚清至民国初年的数十年间，扬州城已有地沟排污。但屡见不鲜者，"每届夏令，大雨滂沱之际，积水难疏，致街衢淹没，行走不便"。再加上架设电话、电灯线路的木杆林立，故而徐谦芳便提出将地沟"掘之深以宽，甃之砖与石"的意见⑥。当时扬州生活垃圾仍任意堆积，"瓷片瓦屑，处处有之，街巷尤甚。夏令重污叠秽，触目皆是"⑥。

（二）宫殿、园林兴废

扬州名胜难尽其详，谨书典型者。

1. 隋宫

隋炀帝在江都兴修宫殿。赵元楷"超拜江都郡丞、兼领江都宫使"。⑦王世充"以郡丞领江都宫监，乃雕饰池台，阴奏远方珍物，以媚于帝"。⑦宋《舆地纪胜》卷 37《扬州》（第 1575 页）说："隋炀帝宫：在江都县北五里，今为上方禅智寺。"据《太平御览》卷 173 引《寿春图经》说：

> 十宫在江都县北五里长阜苑内，依林傍涧，疏迥跨岘，随地形置焉。隋炀帝所立也。曰归雁宫、回流宫、九里宫、松林宫、枫林宫、大雷宫、小雷宫、春草宫、九华宫、光汾宫，是曰十宫。⑦

但隋宫不止一处，《隋书》卷 31《地理志》（第 873 页）说有"有江都宫、扬子宫"，看来江都宫可能是上述十宫之总称。《说郛·大业杂记》说：

（大业）二年正月帝御成象殿，大会，设庭燎，于江都门朝诸侯。成象殿即江都正殿，殿南有成象门，门南即江都门。二月，大驾出扬子，幸临江宫，大会赐百僚，赤钱于凝晖殿蒲戏为乐。[73]

《太平寰宇记》卷 123 同样记事作"大业十三年"[74]，说是据《隋书》，而《隋书》卷 4《炀帝纪》大业十三年无此记事。（乾隆）《江南通志》卷 33 说："隋临江宫在江都县南二十里。大业七年，帝升钓台，临扬子津，大宴百僚，遂建此。亦曰扬子宫，宫内有凝辉殿，宫西有悬镜亭、澄月亭、春江亭，又有显福宫在城外东北。详见宋《宝祐志》赵鹤《郡乘》。"上引记载年代不同，按《隋书》卷 3《炀帝纪》，大业七年（611 年）二月，"上升钓台，临扬子津，大宴百僚，颁赐各有差"，则年代似应以后者为准。如果说江都宫在北，则临江宫，即扬子宫在南，显福宫在东北，后面还要说到另有"景华宫"。

宋代《绀珠集》卷 9《迷楼》说："炀帝时，浙人项昇进新宫图。帝爱之，令如图营建扬州，既成，幸之，曰：'使真仙游此，亦自当迷，乃名迷楼。'帝赋诗，群臣皆和之。"[75]晚唐杜牧诗有"炀帝雷塘土（一作"路"[76]），迷藏有旧楼"，"秋风放萤苑，春草斗鸡台"，"街垂千步柳，霞映两重城"，"自是荒淫罪，何妨作帝京"之句[77]。经朝代更迭，宫殿成为一片废墟。鲍溶有"楚老几代人，种田炀帝宫。零落池台势，高低禾黍中"；"炀帝春游古城在，坏宫芳草满人家"之句[78]。宋《舆地纪胜》卷 37《扬州》说："今摘星楼基即迷楼之旧址。"[79]《明一统志》卷 12 说，迷楼"在府城西北七里"[80]。

2. 园林

六朝时，宋徐湛之"出为前军将军、南兖州刺史，善于为政，威惠并行。广陵城旧有高楼，湛之更加修整，南望钟山。城北有陂泽，水物丰盛，湛之更起风亭、月观、吹台、琴室，果竹繁茂，花药成行。招集文士，尽游玩之适，一时之盛也"[81]。

隋代除了迷楼、斗鸡台等建筑外，萤苑是皇家园林。《隋书》卷 4《炀帝纪》说："上于景华宫[82]征求萤火，得数斛，夜出游山，放之，光遍岩谷。"（乾隆）《江南通志》卷 33 说："萤苑在甘泉县。隋大业末，帝幸江都，大索萤火数斛，夜出游山，放之，光遍岩谷，故名。"[83]看来迷楼、萤苑之类可能是后人命名。

唐代的扬州城园林也很负盛名。唐代的园林之盛，自然首推长安和洛阳。但"扬州百花好"[84]、"烟花三月下扬州"[85]等诗句，反映了扬州百花之盛，是座有名的花园城市。唐诗中铺叙了当时的扬州城风貌。"红映高台绿绕城，城边春草傍墙生。"[86]"夜市千灯照碧云，高楼红袖客纷纷。如今不似时平日，犹自笙歌彻晓闻。"⑰ "长波东接海，万里至扬州。开门面淮甸，楚俗饶欢宴。舞榭黄金梯，歌楼白云面。荡子未言归，池塘月如练。"⑱ "浅深红树见扬州，夜桥灯火连星汉。"⑲ "轻楫过时摇水月，远灯繁处隔秋烟。"⑳中唐的姚合诗说："广陵寒食天，无雾复无烟。暖日凝花柳，春风散管弦。园林多是宅，车马少于船。" "满郭是春光，街衢土亦香。竹风轻履舄，花露腻衣裳。谷鸟鸣还艳，山夫到更狂。" "市廛持烛入，邻里漾船过。有地唯栽竹，无家不养鹅。春风荡城郭，满耳是笙歌。"㉑城中水道稠密，以至 "车马少于船"。城内不仅有绚丽缤纷的百花，还处处种竹养鹅。扬州已取消了当时夜间闭坊罢市的旧规，而是 "夜桥灯火"，"市廛持烛入"，"处处青楼夜夜歌"㉒。"二十四桥明月夜，玉人何处教吹箫。"㉓ "园林多是宅"，达官贵人、富商大贾们的住宅都有园林。《太平广记》卷17《裴谌》记载 "青园桥东有数里"，有 "樱桃园"，"方及大门，楼阁重复，花木鲜秀，似非人境，烟翠葱笼，景色妍媚，不可形状，香风飒来，神清气爽，飘飘然有凌云之意"。同书卷290《诸葛殷》记载："有大贾周师儒者，其居处花木楼榭之奇，为广陵甲第。"但扬州城到底有多少名园，仍缺乏全面记述㉔。

平山堂由欧阳修所建，成为宋代扬州第一名胜。他在给韩琦信中说："独平山堂占胜蜀冈，江南诸山，一目千里，以至大明井、琼花二亭。"㉕ "扬州蜀冈上大明寺平山堂前，欧阳文忠公手植柳一株，谓之欧公柳。"㉖王安石《平山堂》诗说："城北横冈走翠虬，一堂高视两三州。淮岑日对朱栏出，江岫云齐碧瓦浮。"㉗《避暑录话》卷上说："欧阳文忠公在扬州，作平山堂，壮丽为淮南第一。堂据蜀冈，下临江南，数百里真、润、金陵三州，隐隐若可见。公每暑时，辄凌晨携客往游，遣人走邵伯，取荷花千余朵，以画盆分插百许盆，与客相间。"㉘平山堂多有兴废重建，仅宋朝便历经修缮。"物有盛衰，承平才更十七年而堂已圮坏，直史馆刁公约新之，沈内翰括为之记，绍兴末年，废于兵毁，周贰卿淙起其废而洪内翰迈记之。"㉙《古今事文类聚》续集卷9载有洪迈《扬州重建平山堂记》："搢绅之东西，以不得到（扬州平山堂）为永恨。""声压宇宙，如揭日月。""意层城阆风中天之台抑末耳，其重如此。然百余年间，屡盛屡歇，瓦老木腐，因之以倾陊，荐之以兵革，而遗址离离，无复一存。荒烟白露，苍莽灭没，使人意象萎然，诵山色有无之句，付之三叹而已。"㉚此后，"赵龙图子蒙尝加葺治，郑承宣兴裔更创而增大之"，至开禧战祸，"遂为荆榛瓦砾之场"㉛，宋嘉定三年（1210年），赵方似曾修葺。至元，"改平山堂为司徒庙"㉜，元末，又是 "堂废山空人不见，冷云秋草卧横冈。"㉝ "明又改司徒庙为安定祠。"㉞清初陈维崧曾游平山堂，"阵阵鬓丝，层层帘影，齐问（向）平山渡。隔船纱、袅袅婷婷，影落绿波深处。照菱花水面明妆，唱竹枝风前诗句。又东园、芍药才红，金铃争护。兰桡小拢，看绕径裙花，漾尘微步。渐铺遍氍毹，玉笋飞觥，春纤拂素。红子低敲，青梅小摘，栏干（杆）却立频回顾。蓦地见、玉钩斜下路"⑩。今存平山堂为清代重建，民国初年，游人仍慕名来观，"至平山堂麓矣，乃舍舟而行，沿石道直上，山势较他处为高，可遍览全地。树木则乔松数百株，落落有画意。至平山堂口少驻，惜殿宇巍然，无缘随喜。"⑩

清代扬州的宅园建筑业当然十分发达。《扬州画舫录》卷17《工段营造录》集中介绍了当时的建筑工艺。扬州园林，如"康熙间有八家花园"，包括王洗马园、卞园等⑩。清时的评论是"杭州以湖山胜，苏州以市肆胜，扬州以园亭胜"⑩。"亢园在小秦淮，初亢氏业盐，与安氏齐名，谓之北安、西亢。亢氏构园城阴，长里许"，这是个颇大的园林。"临河造屋一百间，土人呼为百间房"。但到乾隆时，"地址尚存，而亭舍堂室已无考矣"⑩。"贺园始于雍正间，贺君召创建。君召字吴邨，临汾人"，为晋商。贺园建有"翛然亭、春雨堂、品外第一泉，云山、吕仙二阁，青川精舍。迨乾隆甲子（九年，1744年），增建醉烟亭、凝翠轩、梓潼殿、驾鹤楼、杏轩、芙蓉沜、目瞩台、对薇亭、偶寄山房、踏叶廊、子云亭、春山草外山亭、嘉莲亭。丙寅（十一年，1746年）间，以园之醉烟亭、凝翠轩、梓潼殿、驾鹤楼、杏轩、春雨堂、云山阁、品外第一泉、目瞩台、偶寄山房、子云亭、嘉莲亭十二景，征画士袁耀绘图，以游人题壁诗词及园中匾联，汇之成帙，题曰《东园题咏》"。⑩这当然也是乾隆时的名园。扬州茶肆业"出金建造花园，或鬻故家大宅废园为之。楼台亭舍，花木竹石，杯盘匙箸，无不精美"⑪。至清嘉庆、道光以后，扬州衰败，"非复承平故态，画舫旧踪，不堪重问。小秦淮水既嗟宿莽，吹箫桥畔半没荆榛。寒烟衰草，徒摇荡于晚风明月间"⑫。

扬州园林，富足的盐商所造占相当比例，但其家业经常勃兴骤败，园林也就不断新陈代谢。园林的新陈代谢，有各种情况和因素，但也与中国式砖木结构建筑的保存时间相关，不如古罗马的石建筑经久，如不经常使用和维护，就容易损败。今存扬州最佳的宅园是嘉庆、道光时建造的个园，为盐商黄应泰的宅园。中国古代园林源远流长，迭经盛衰。当时似可说是北有圆明园，集中体现了皇家的富丽堂皇；而南有个园，集中体现了富商的豪侈精巧。都属清代建筑艺术的精华。

除隋宫、历代园林外，唐扬州有西灵塔，号称"中国之尤峻峙者"⑬。大诗人李白多次来到扬州，其《秋日登扬州西灵塔》诗说："宝塔凌苍苍，登攀览四荒。顶高元气合，标出海云长。万象分空界，三天接画梁。水摇金刹影，日动火珠光。鸟拂琼帘度，霞连绣栱张。"[114]刘长卿《登扬州栖灵寺塔》说："北塔凌空虚，雄观压川泽。亭亭楚云外，千里看不隔。"[115]

结　论

扬州的别名颇多，有广陵、江都、淮海、惟扬、芜城、邗城、维扬、南兖、邗沟、吴州等。邑县名变化不大，东周称邗、广陵。秦至隋之前，多称为广陵县，新莽政权一度称安定县。隋朝称邗江县、江阳县。唐朝称江都县，偶有江阳县之称。五代至明朝，称江都县。清初，仍称江都县。雍正九年（1731 年），析置为江都县、甘泉县。郡州府名相对较多。东周，称吴、越、楚。秦时为九江郡。楚霸王时为东阳郡。西汉时，先后有荆国、吴国、江都国、广陵国之称。新莽时为江平郡。东汉至隋初为广陵郡。大业年间称江都郡。唐朝为兖州、邗州、扬州、广陵郡。五代后周为江都府、扬州。宋时为扬州。元时为扬州路。明时为淮海府、维扬府、扬州府。清时为扬州府。

历代修筑扬州城的记录甚多，其城址也有多次迁移。周敬王三十四年（公元前 486 年），"吴城邗，沟通江、淮"。西汉广陵城初为吴王刘濞"所都，城周十四里半"。三国时，筑城之举是否进行待考。东晋桓温筑广陵城，当时广陵城有两重城墙，开四门。竟陵王刘诞又增筑外城、子城，城益大。梁天监七年（508 年），开始筑砖城。从东晋到隋唐，城址似无迁移。唐时"外有大城，中为子城，亦曰牙城"。一说为"扬府南北十一里，东西七里，周四十里"。另一说为"城南北十五里一百一十步，东西七里十三步"。前一说较早，是否未将城北的衙城计入，南北少四唐里。依一说，若以一唐尺为 0.3 米计，一唐里为一百八十唐丈，约合 540 米。依此估算，唐扬州城面积大约超过 30 平方千米，显然要比汉广陵城大得多。五代时，吴建都江都府，南唐作为东都，但城市依旧。韩令坤与李重进前筑城，扬州城的面积遂大为减缩。城周约为 11.025 千米，面积约 7.6 平方千米。文献记载，北宋扬州"视故地东南一角，无虑四分之一尔"。但按现代实测，据扬州宋大城西门遗址博物馆陈列的地图，宋城面积约为唐城之半，占据唐城的南部，而非"东南一角"。南宋扬州城，城周为十七宋里一百七十二步，计三千一百四十六宋丈，城周约为 9.7 千米，面积应不足 6 平方千米。先后修堡寨城、"宝祐城"。南宋晚期的扬州城为呈南北向的哑铃状，北为宝祐城，南为扬州大城，中间是一个柄状的夹城。元代盛如梓说："宝祐城周三十六里。"这当然是按宋里计，哑铃状当然使城周大为加长。明时，城周为九明里有余，十明里不足，城周约为 5.466 千米，面积约不足 2 平方千米。嘉靖三十五年（1556 年）重新修城，约扩充一倍。清代则沿用明扬州新、旧城。按现代实测，据扬州宋大城西门遗址博物馆陈列的地图，明新、旧城面积又约为宋城之半，相当于唐朝城四分之一。由此可知，由唐及宋，及明，扬州城面积落差很大。

　　六朝时，广陵城的人口约已在一万人以上，在当时已属大城市之列。当时广陵城已有两重城墙。隋代江都有"两重城"，而沿街种植垂柳。唐朝时，居民区设坊有太平等坊。后经混战，扬州"远坊居人稀少，烟火不接"。宋代在坊之上有厢。南宋晚期，扬州"在城六厢，城外四厢，宝（祐）城一厢，夹城一厢"。著名的"二十四桥"亦为"隋置，并以城门坊市为名"。据沈括《梦溪补笔谈》卷3补述唐朝的二十四桥统计剩二十三桥，但有的显然不是隋唐的原名，如周家桥、顾家桥之类显然不是"以城门坊市为名"。明时城内辖四里，东厢、南厢各辖里一。明初的扬州地方志载有左南隅、右南隅等十三条街名，此后存废不一。明时方志记载有十六条巷、二十九条、三十一条巷、十四条巷不等，记载十九桥、内外有二十九座桥不等。（万历）《江都志》记载以街市命名的坊二十三坊、以科第命名的坊四十七坊、以职官命名的坊若干坊。就清朝的街巷桥梁，《扬州画舫录》卷9概括刘茂吉所绘扬州城图文字，记载该时期的大街、小巷、桥梁颇详。这些文字被《光绪江都县续志》转载。对照《光绪江都县续志》卷首尚兆山所绘《江都甘泉县治图》，发现清后期个别街巷名称有所变化，且又增加一些小的巷口。街巷路况。宋高宗时，扬州街道是泥路。明清时，扬州仍多土路，但也有砖路。清末民初，扬城街道铺石居多；后街小巷，率甃以砖，只是路况不好。明清运河围绕扬州城东南两面。市河（新河、草河）穿新旧两城，绕城西北两面。故城外四围皆通舟。中国传统建筑不可能有现代的下水道，清代扬州通过粪船运输城内污秽物。晚清至民国初年，扬州城已有地沟排污，但雨季容易堵塞，行走不便。当时扬州生活垃圾仍任意堆积，触目皆是。扬州名胜难尽其详，隋时有隋宫、萤苑是皇家园林。唐代的扬州城园林也很负盛名，是座有名的花园城市。宋代扬州第一名胜是欧阳修所建平山堂。清代扬州的宅园建筑业十分发达，时评就有"杭州以湖山胜，苏州以市肆胜，扬州以园亭胜"之说。富足的盐商所造扬州园林占相当比例，但其家业经常勃兴骤败，园林也就不断新陈代谢。

　　古扬州城自秦汉到隋唐，在全国城市中的地位不断上升，特别是到唐朝中后期，达到极盛。这固然有交通的因素，也是与淮南经济占全国首位分不开的。自五代以降，长江三角洲经济上升，扬州在全国城市中的地位有所下降，但因交通的因素，仍然是江北的名城。扬州昔日风华犹如一块瑰宝，其璀璨业已淹没在历史长河的河底。在古人吟诵的字里行间，今人体会到他们对这座古城的向往、钟爱、眷恋以至怜惜。诚如清人彭桂《后芜城赋》中的感叹，其盛也，"日丽广衢，花纷旷野。红檽绿牖，家明翡翠之帘。碧栋朱甍，户耀琉璃之瓦。雕栏十二重楼，夹美人之居。绣毂三千狭巷，下王孙之马。卷箔而珍珠乱饰，拂树而珊瑚盈把。舞帷响玉佩以选鸣，酒市灌银河而倒泻。玩目绮迷，荡心游冶。足使公子恋而弗去，君王慕而欲来。闻歌吹之缭绕，驻魂梦以徘徊"。其衰也，"驱朔马以渡河，挥吴戈而指阕。千里枞金，万甲浴铁。据要害以必争，罗疮痍而独烈。草深荒垒，方惊鼓死之声。日照空城，已断行人之迹。万家烟火，崇朝而化烬销尘。百世烝黎，一旦而膏锋葬镝"。究其由，"是虽天道之使然，夫亦地形之致此"⑩。天意高深，大道悠远。古扬州的盛衰交替，实乃几千年中华文明史的一个缩影。如何走出这样的轮回，需要今人有足够的智慧与担当。

作者单位：王曾瑜　中国社会科学院历史研究所

王茂华　西北大学历史学院

王嘉川　扬州大学

注释

① ［清］洪亮吉：《春秋左传诂》，十三经清人注疏本（中华书局 1987 年版），第 863 页（版本下同）。

② ［宋］祝穆：《方舆胜览》卷 44，中华书局 2003 年版，第 791 页（版本下同）。

③ ［宋］潘自牧：《记纂渊海》卷 11，文渊阁四库全书本，第 930 册，第 282 页。

④ ［梁］萧子显：《南齐书》卷 14《州郡志》（中华书局 1972 年版，第 245 页，版本下同）所载年代似过晚，参见《资治通鉴》卷 102 太和四年。

⑤《隋书》卷 31《地理志》（中华书局 1973 年版，第 873 页，版本下同）称"开皇九年，改为扬州"，而《隋书》卷 1《高祖纪》（第 25 页）说，开皇七年四月"庚戌，于扬州开山阳渎，以通运漕"，互异。

⑥《左传》哀公九年，第 863 页。

⑦文渊阁四库全书办，第 508 册，第 98 页。

⑧《史记》卷 15《六国年表》，中华书局 1959 年版，第 731 页（版本下同）。

⑨《后汉书志》第 21《郡国志》，第 731 页。

⑩ ［唐］李吉甫，中华书局 1983 年版，第 107 页。

⑪《三国志》卷 48《孙亮传》，中华书局 1959 年版，第 1152 页（版本下同）。

⑫《三国志》卷 64《孙峻传》，第 1445 页。

⑬《晋书》卷 8《海西公纪》，中华书局 1974 年版，第 213 页（版本下同）。

⑭《晋书》卷98《桓温传》，第2577页。

⑮中华书局1956年版，第3227页（版本下同）。

⑯《宋书》卷79《竟陵王诞传》，中华书局1974年版，第2036～2037页（版本下同）。

⑰［清］张世浣等修，姚文田等纂，中国方志丛书本，第1051页（版本下同）。

⑱《南史》卷51《长沙宣武王懿子业传》（中华书局1975年版，第1267页，版本下同）不载筑城年代。《梁书》卷23《长沙嗣王业传》（中华书局1973年版，第360页，版本下同）载他天监七年任都督南兖、兖、徐、青、冀五州诸军事，南兖州刺史，但未载筑城事。

⑲《淳熙三山志》卷18，宋元方志丛刊本，第8册，第7934页，《云麓漫钞》卷12，唐宋史料笔记丛刊本，第218～219页。

⑳（乾隆）《江南通志》卷33，文渊阁四库全书本，第508册，第97页（版本下同）。

㉑［日］圆仁：《入唐求法巡礼行记》卷1，上海古籍出版社1986年版，第13～14页（版本下同）。

㉒［宋］沈括撰，胡道静校证：《梦溪补笔谈校证》补笔卷3，中华书局1957年版，第1019页（版本下同）。

㉓参见李廷先先生《唐代扬州史考》第三章唐代扬州城区的规模；扬州唐城队：《扬州城南门遗址的发掘》，《中国考古网》，http：//www.kaogu.cn/cn/detail.asp？ProductID=8676，2008年4月1日。《扬州发现唐城墙遗址》，新华网，http：//www.js.xinhuanet.com/xin_wen_zhong_xin/2008—12/11/content_15151788.htm，2008年12月11日。

㉔《五国故事》卷上，知不足斋丛书本。

㉕《旧五代史》卷118《周世宗纪》，中华书局1976年版，第1568页（版本下同）；《资治通鉴》卷294，第9577页；《宋史》卷251《韩令坤传》，中华书局1977年版，第8832页（版本下同）。

㉖《平斋文集》卷9，宋集珍本丛刊，第75册，第54页（版本下同）。

㉗《旧五代史》卷120《恭帝纪》，第1592页，《宋史》卷484《李重进传》，第13975～13979页。

㉘《方舆胜览》卷44，第797页。

㉙《方舆胜览》卷44，第97页。

㉚《方舆胜览》卷44，第1052页。

㉛《画墁集》卷7《郴行录》，知不足斋丛书本（版本下同）。

㉜《宋会要》方城9之1，中华书局1957年版，第7459页（版本下同）；《建炎以来系年要录》18建炎二年十月甲寅，第277页。

㉝《宋会要》方城9之2、3，第7459～7460页。

㉞《宋会要》方城9之3，第7460页。

㉟参见王曾瑜：《南宋后期扬州屯驻大兵番号和今存南宋扬州城砖文考释》和《也谈扬州城砖中的南宋军番号》，载《点滴编》，河北大学出版社，2010年。

㊱《宋史》卷406《崔与之传》，第12258页，《平斋文集》卷9《扬州重修城濠记》，第55页。

㊲《宋史》卷46《度宗纪》，卷421《李庭芝传》，第896页、第12600页；《庶斋老学丛谈》卷下，

知不足斋丛书本；（嘉靖）《惟扬志》卷 10。

㊳《庶斋老学丛谈》卷中上，知不足斋丛书本。

㊴国家图书馆藏明抄本。参［明］撰人不详：《广客谈》，丛书集成新编本，第 89 册，第 121 页。

㊵［清］李斗，中华书局 1960 年版，第 186 页（版本下同）。

㊶［明］杨洵等纂修：（万历）《扬州府志》卷 2《城池》，北京图书馆古籍珍本丛刊本，第 25 册，第 44 页（版本下同）。

㊷（嘉庆）《扬州府志》卷 15 引何城《扬州新城记》，第 1060 页。

㊸《全唐诗》卷 522，第 5963 页。

㊹［宋］李昉等编：《太平广记》卷 219《高骈》，中华书局 1961 年版，第 1679 页（版本下同）。

㊺《太平广记》卷 401《康氏》，第 3226 页。

㊻［明］朱怀乾修，盛仪纂：（嘉靖）《惟扬志》卷 7，天一阁方志丛刊本（版本下同）。

㊼［宋］王象之：《舆地纪胜》卷 37《扬州》，中华书局 1992 年版，第 1562 页；《方舆胜览》卷 44《扬州》，第 798 页。

㊽文渊阁《四库全书》本作"利国桥"。

㊾《梦溪补笔谈》，第 1019～1020 页。

㊿（万历）《扬州府志》卷 2《都里》，第 54 页。

51 ［明］闻人诠、陈沂纂修：（嘉靖）《南畿志》卷 28《城社》，北京图书馆古籍珍本丛刊本，第 24 册（版本下同）。

52 ［明］张宁、陆君碧纂修：（万历）《江都志》建置志，四库全书存目本，第 202 册，第 90～91 页（版本下同）。

53 （嘉靖）《南畿志》卷 28《城社》。

54 （万历）《江都志》建置志，第 91 页。

55 （万历）《江都志》建置志，第 89～90 页。

56 《建炎以来系年要录》卷 10 建炎元年十一月丁亥朔，第 187 页；［宋］程大昌：《演繁露》卷 7《肩舆》，文渊阁四库全书本，第 852 册，第 126 页；《朱子语类》卷 127，中华书局 1986 年版，第 3958 页（版本下同）。

57 《翠屏集》卷 1《青山白云歌送周熙穆高士归天台省亲时寓玄妙观》，文渊阁四库全书本，第 1226 册，第 529 页。

58 ［清］厉鹗著，［清］董兆熊注、陈九思标校：《樊榭山房集》卷 5《赵饮谷买得乐安长公主小玉印出以相示予定其为明光宗女熹宗时所称皇八妹者因赋长歌》，上海古籍出版社 1992 年版，第 364 页。

59 《扬州竹枝词》，乾隆刻本，第 7 页。

60 《扬州画舫录》卷 3，第 59 页。

61 《扬州画舫录》卷 4，第 83 页。

62 徐谦芳：《扬州风土记略》卷之上，江苏古籍出版社 2002 年版，第 18 页（版本下同）。

(63)参见王春瑜先生《马桶与文化》，载《牛屋杂俎》，成都出版社 1994 年版。

(64)《梦粱录》卷 13《诸色杂货》，古典文学出版社 1956 年版，第 245 页。

(65)《朱子语类》卷 111，第 2714 页。

(66)《扬州画舫录》卷 9，第 205 页。

(67)《扬州画舫录》卷 1，第 18 页。

(68)《扬州风土记略》卷之上，第 18 页。

(69)《扬州风土记略》卷之中，第 52 页。

(70)《隋书》卷 46《赵芬传》，第 1252 页。

(71)《隋书》卷 85《王充传》，第 1895 页，《北史》卷 79《王世充传》，中华书局 1974 年版，第 2660 页。

(72)中华书局 1966 年版，第 848 页。又见［宋］乐史著，王文楚点校：《太平寰宇记》卷 123，少枫林宫，中华书局 2007 年版，第 2444 页（版本下同）。

(73)上海古籍出版社 1988 年《说郛三种》版，第 5075 页（版本下同）。

(74)第 2444 页。

(75)文渊阁四库全书本，第 872 册，第 449 页。

(76)《方舆胜览》卷 44《扬州》，第 798 页。

(77)《全唐诗》卷 522，第 5963 页。

(78)第 90 页。《全唐诗》卷 486《隋宫》，卷 486《隋宫》，中华书局，1960 年，第 5504 页、第 5520 页（版本下同）。

(79)《舆地纪胜》，第 1561 页。

(80)文渊阁四库全书本，第 472 册，第 284 页。

(81)《宋书》卷 71《徐湛之传》，第 1847 页。

(82)《太平御览》卷 21 作“玉华宫”，但卷 945 仍作“景华宫”，“玉”字误。

(83)《江南通志》，第 109 页。

(84)《全唐诗》卷 243 韩翃《送崔秀才赴上元兼省叔父》，第 2735 页。

(85)《全唐诗》卷 174 李白《黄鹤楼送孟浩然之广陵》，第 1785 页。

(86)《全唐诗》卷 550 赵嘏《广陵城》，第 6368 页。

(87)《全唐诗》卷 301 王建《夜看扬州市》，第 3430 页。

(88)《全唐诗》卷 316 武元衡《古意》，第 3544 页。

(89)《全唐诗》卷 481 李绅《宿扬州》，第 5470 页。

(90)《全唐诗》卷 482 李绅《宿扬州水馆》，第 5488 页。

(91)《全唐诗》卷 498《扬州春词三首》，第 5666 页。

(92)《全唐诗》卷 697 韦庄《过扬州》，第 8021 页。

(93)《全唐诗》卷 523 杜牧《寄扬州韩绰判官》，第 5982 页。

㉔关于唐代扬州园林，详见李廷先先生《唐代扬州史考》，此处介绍较略。

㉕［宋］欧阳修撰，李逸安点校：《欧阳修全集》卷144《与韩忠献王》（皇祐元年），中华书局2001年版，第2334页（版本下同）。

㉖［宋］张邦基：《墨庄漫录》卷2，中华书局2002年版，第74页。

㉗《临川先生文集》卷22，中华书局1959年版，第268页。

㉘文渊阁四库全书本，第863册，第631页。

㉙《攻媿集》卷56《扬州平山堂记》，四部丛刊本（版本下同）。

㉚文渊阁四库全书本，第927册，第180页。

㉛《攻媿集》卷56《扬州平山堂记》。

㉜［清］全祖望：《鲒埼亭集外编》卷19《平山堂记》，四部丛刊本（版本下同）。

㉝《贞素斋集》卷7《平山堂》，文渊阁四库全书本，第1217册，第642页。

㉞《鲒埼亭集外编》卷19《平山堂记》。

㉟［清］陈维崧《迦陵词全集》卷30《莺啼序春日游平山堂即事》，四部丛刊本。

㊱［民国］南村居士：《邗江游记》，民国三年石印本。

㊲《扬州画舫录》卷1，第22页。

㊳《扬州画舫录》卷6，第151页。

㊴《扬州画舫录》卷9，第203页。

㊵《扬州画舫录》卷13，第317页。

㊶《扬州画舫录》卷1，第26～27页。

㊷［清］芬利宅行者：《竹西花事小录》，丛书集成续编本，第211册，第638页（版本下同）。

㊸《太平广记》卷九十八《怀信》，第654页。

㊹《全唐诗》卷180，第1835页。

㊺《全唐诗》卷149，第1543页。

㊻［清］洪汝奎等修，徐成敼等纂：（光绪）《增修甘泉县志》卷20，中国方志丛书本，第3174～3175页。《扬州画舫录》卷16（第383页）称："康熙间，崔平山华转运扬州，修禊山堂，其时又如彭桂、高澹人、汪退谷、曹贞吉诸人皆有诗。"则彭桂生活于清康熙朝前后。

寻找邗城

朱志泊

内容提要："邗城在蜀冈上"一说的始作俑者是《读史方舆纪要》，是误记。古代权威的地理专著一致说"广陵城东南筑邗城"，邗城应该在平原上，从春秋后期一直持续到明清，没有更易。

关键词：邗城　蜀冈　明清扬州城

由《中国历史地图册》第一册《西周时期中心区域图》中显示，当时淮河两岸的淮夷（九夷），他们是以血缘联结在一起的部落或部族，他们还不懂得以城池为政治中心，领导周边农村地区（图1）。在今天淮南市一带是虎方的势力范围，"方"已经不是单纯的血缘联结部落或部族，而是部族联盟，已具备初步的政治组织形式，只是还没有都城作政治中心，没有形成国家。这时候江淮下游之间只有一个干（邗）国建

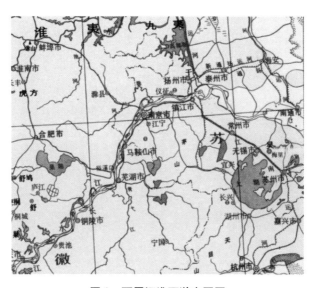

图1　西周江淮下游方国图

立城池，东汉王符《潜夫论》卷八："邗、晋、应、韩，武之穆也。"这是说，邗国、晋国、应国、韩国，这四个国家的君主是周武王的后裔。三千年前，华夏族周武王的儿子来扬州建立邗国。

白寿彝《中国通史》第三卷《中国古代国家的形成》第四章第一节说：

> 建国就是建城。
>
> 当时被封的周族奴隶主贵族及其所率领的周族公社农民进入广大占领区后，首先建立一个军事据点，这在古代文献中名之曰"城"，只有如此，才能进行武力镇压。
>
> 西周时期的贵族奴隶主依存在分封据点的"城"上，也就是依存在"国"中，有城就有贵族，有贵族就有周人的统治势力。

这是扬州地区的第一次民族大移民，华夏族来了一大帮人马，他们居住在城里，称君子或国人，从事国家管理；原居民淮夷族被逼迁移城外，称野人或鄙人，从事农业劳动。君子得到野人供养，野人接受君子统治。所以，邗国是华夏族建立的国家，扬州城池最初不是夫差建造。邗国在春秋中期被吴国灭掉，降低扬州城的级别称邗邑，邗都和开初的邗邑都在蜀冈上，这得到很多学者的认同，这里不详述。下面和大家讨论夫差筑邗城的位置。

一、邗城蜀冈说及其他

明末清初，顾祖禹著《读史方舆纪要》，后世誉此书为地理著作中的"千古绝作""海内奇书"，很多人著书立说引用此书为证，不过权威经典不一定没有错误。在其卷二十三《南直五》说："邗沟城《寰宇记》：在州西四里蜀冈上。"这句话极其荒谬：第一，《太平寰宇记》根本没有这句话。第二，《太平寰宇记》写作于宋太平兴国年间，此时扬州的州城在明清扬州城的原址上向北扩大了些，他说"在州（城）西四里蜀冈上"，要知道，州城的西面不论四里、十里都是平原，不是蜀冈。

这样的谬论居然有人信了，写光绪《增修甘泉县志》的先生们也不翻翻《太平寰宇记》有没有这句话，也不再提是《读史方舆纪要》的引文，而是拉虎皮作大旗，直接说："邗城在州西四里蜀冈上。（《太平寰宇记》）"现在还有学者说：传说邗城没有南门。这是极不负责的话，三千年了，是谁传说出来的，有典籍根据吗？

也有学者说，邗城的规模极大，是依照吴国都城姑苏城形制建造的，这完全是没有根据的臆想。

更有学者说，吴国的都城曾迁移到邗城，这也是一厢情愿的话。试想：夫差于公元前486年秋筑邗城，国力达到极点，公元前482年夏召开黄池盟会。盟会之后吴国的国力跌落到谷底，自身都难保，哪里有力量向北方发展？不向北方发展，邗城就没有它的重要性。邗城作为运输中转站仅仅4年，从此失去它的重要性，怎么可能把吴国国都迁移到邗城，于理不合。

下面列举几次战争的发生地，可以知道建邗城后十多年间吴国的都城在那里。

在黄池盟会的时候，越王兵分两路，一路攻打吴国本土，两次交战，吴军大败，俘虏了吴太子友、王孙弥庸、寿於姚，越国进兵吴国国都姑苏城外城，焚烧了姑苏外城。另一路布防在邗沟淮河交汇口，断绝吴国军队的归路。《国语·吴语》说：

> （吴王夫差）会晋公午于黄池，于是越王勾践乃命范蠡、舌庸率师沿海泝淮，以绝吴路（逆流而上曰泝，循海而逆入于淮，以绝吴王之归路）。败王子友（王子友，夫差太子也）于姑熊夷（姑熊夷，吴郊也）。越王勾践乃率中军泝江（江，吴江也）以袭吴，入其郭（郭，郭也），焚其姑苏，徙其大舟（大舟，王舟。徙，取也）。

四年前开邗沟的时候吴国的都城在姑苏（今苏州），四年后黄池盟会时吴国都城还在姑苏，以后越国又四次攻打吴国，每次攻打涉及的地名都在苏州附近，吴国又延续了10年。夫差二十三年（公元前473年），越国灭亡吴国的最后一战《国语·吴语》这样记述（以下引文录自《四库全书·国语》，括号中的注释也是原文抄录）：

> 于是吴王起师于江北（江，松江也，去吴五十里），越王军于江南。越王乃中分其师，以为左右军（传曰：越子伐吴，吴子御之于笠泽，夹水而陈，在鲁哀十七年）。以其私卒君子六千人为中军（君子，王所亲近有志行者，犹吴所谓贤良，齐所谓士也）。明日将舟战于江，及昏，乃令其中军衔枚，斥江五里以须（须，后命也），亦令右军衔枚，踰江五里以须（踰，度也）。夜中乃令左军、右军涉江鸣鼓中水以须（夜中，夜半也。中水，水中央），吴师闻之大骇曰："越人分为二师，将以夹攻我师。"乃不待旦，亦中分其师，将以御越（不知越复有中军，故中分其师以御之），越王乃令其中军潜涉，不鼓不譟，以袭攻吴师，大北（军败奔走曰北）。越之左军、右军乃遂涉而从之，又大败之于没（没，地名）。又郊败之（郊，郭外也），三战三北（三战，笠泽也），乃至于吴，越师遂入吴

国，围王宫（王宫，姑苏也）。

以上文字所涉及的地名如松江、笠泽、姑苏，都说明吴国到灭亡为止，它的都城都在苏州，由此可见，何来吴都邗城之说。

二、邗城的原始记载

首次记载邗城的是《左传·哀公九年》："秋，吴城邗，沟通江、淮。"鲁哀公九年（公元前486年）是周敬王三十四年、吴王夫差十年。这一年明确记载夫差筑邗城，开邗沟沟通长江和淮河。至于他所建的邗城是在蜀冈上，还是迁移了城址，该书没有记载。

邗沟开挖后700多年，西晋学者杜预在他的《春秋释例》卷六说：

邗（城）在广陵（城）东南。自邗江穿沟东北，向射阳湖，西北末至口，入淮，今谓之韩江口。

北朝郦道元在《水经注》卷三十说："昔吴将伐齐，北霸中国，自广陵城东南筑邗城……"唐朝的杜佑在《通典》卷四十说："吴将伐齐，霸中国。故于广陵城东南筑邗城，城下掘深沟，东北通射阳湖。"宋朝的乐史《太平寰宇记》卷二百二十三《淮南道一·扬州》说道："昔吴将伐齐，北霸中国，自广陵城东南筑邗城，城下掘深沟，谓之邗江，亦曰邗沟，自江东北通射阳湖，今谓之山阳渎。"（图2）四部史书中都明确指出邗城在广陵城的东南，宋朝以前说到广陵城，都是指州衙门所在地蜀冈上的广陵城，也就是蜀冈东峰，今天观音山寺一带地区。此处的蜀冈南侧像刀砍斧凿一样整齐，说邗城在此处的东南，那么，邗城一定在平原上，但是这四部书所指只有方向，没有距离，这就很难定位。

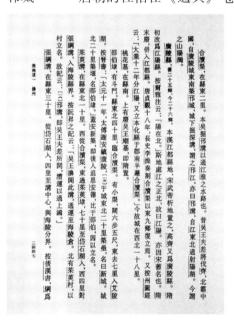

图2　《太平寰宇记》记载的邗沟城

三、逆推理定位邗沟城

选择城址有地理、人文、历史等诸多因素，前人在此建城，后人在前人建城遗址上修修补补重建新城有很多方便之处，一般不会轻易另选新址。因此可以从后世在平原上建筑的扬州城逆推理夫差筑邗沟城的原址。

有一种说法，扬州城是从唐朝才开始在平原上修筑扬州罗城，在这之前一直在蜀冈上的，这种说法大可商榷，有证据证明在西汉初期扬州城就有两座，一座在蜀冈，一座在平原，两座扬州城成西北朝东南向排列，这符合"自广陵城东南筑邗城"的方位。

嘉庆《重刻扬州府志》卷三十和乾隆《江都县县志》卷十六同样说：

> 案：古广陵城在蜀冈上，邗沟城东北。濞乃更筑城于蜀岗之下，城自为二也。

既然"濞乃更筑城于蜀岗之下，城自为二也"，那么蜀冈的广陵城应该称子城、内城、金城，是政府衙门、军队司令部所在地。平原广陵城应该称罗城、外城，是平民、商业、手工业区，外城的第一位有姓名的居民是大名鼎鼎的董仲舒。《江南通志》说：

> 董子祠在府治新兴坊，祀汉董仲舒。旧在府城两淮运司后堂内，有井曰"董井"，即董子宅也。明正德间（1506～1521 年）改建于此。

两淮盐运司所在地就是今天市政府东大院，《芜城怀旧录》卷二说：

> 两淮运司署本为董子故宅，相传旧有井曰"董井"。明宣德九年（1434 年）运使何士英乃加甃治而覆以亭，复屋其旁以祀董子。清道光十九年（1839 年）运使姚莹为置井阑树碣。同治十年（1871 年）运使方濬颐修复祠堂，又于其旁筑室，曰"仪董轩"。

宰相府怎么会安置在商业、平民区呢？这是有先例的。春秋齐国的宰相晏婴就居住在商业、平民区内，因为他和老百姓居住在一起，发现假肢的价格比鞋子贵，这是国家的刑罚太重，刖足的人太多，法律需要改革，贤相晏婴能居住在平民区，董仲舒也是贤相，也能居住在平民区。

还有证据证明今天市政府东大院位于西汉时的外城内，道光《扬州营志·杂记》说：

> 汉江都王相（应是江都相，不是江都王相）董仲舒宅即今两淮盐运司署也。相传教场乃其园圃，内浚井七十有二，至今东西两营往往掘遇。初年，沙户于教场淘获铜龟，其质大者如瓜子，小者如豆粒，头足间多损蚀，或有口含一小鱼，下水皆能生沤，形势古致。人多购之为玩，谓昔所置于盆石间也。又有古铜饼，若蚕豆瓣大，上圆下狭，面有两月牙、一圆脐，口眼状多朱砂、翡翠斑，俗呼谓霸王鬼脸钱，其制莫考。

教场（指今永胜街以西，小秦淮河以东，广陵路以北，文昌中路以南地区）一带，在明朝和清朝初年，基建时曾发现72口井（是约数，可见其多）。据印志华先生说，广陵路以南钻探为冲积沙质土，以北和蜀冈山岭土一样。古代此处频临大海，海水不能饮用，为了解决吃水问题在广陵路以北打井，这里的地下水是从蜀冈上渗透来的，没有咸味，以解决吃水问题。在小小的范围内，要打出这么多的水井，可见这里人口稠密，是城市的规模。同时在这里发现众多的霸王鬼脸钱，此钱又称蚁鼻钱，和郢爰同属战国时楚国的金属货币。可见此处最迟在战国时，就有很多使用金属货币的楚国上层人物在这里居住，至迟在战国时已经是一座城池。还要指出的是，《汉书·五行志》记载吴王刘濞起兵谋反前扬州城有两个城门倾圮：

> 景帝三年十二月，吴二城门自倾，大船自覆。……城犹国也，其一门名日楚门，一门日鱼门。吴地以船为家，以鱼为食。天戒若日，与楚所谋，倾国覆家。吴王不寤，正月，与楚俱起兵，身死国亡。

广陵城到南北朝前期，只有东、西、北三个门（下面再阐述），是没有这两个城门名字的，这鱼门和楚门应当是广陵城的外城，在平原上。一个城池比较大，除了东南西北四门之外有门，才有别的名称，可见平原外城比蜀冈内城大。

南北朝元嘉二十四年（447年），徐湛之来扬州任南兖州刺史，他在城北建风亭、月观、吹台、琴室四景点，为诗画瘦西湖画上第一笔图景。《宋书·徐湛之传》：

> 广陵城旧有高楼，湛之更加修整，南望钟山。城北有陂泽，水物丰盛。湛之更起风亭、月观，吹台、琴室，果竹繁茂，花药成行，招集文士，尽游玩之适，

一时之盛也。

今天瘦西湖公园小金山景区琴室内正上方有匾额一块，上写（图3）：

> 沈约《宋书·徐湛之传》略云："广陵旧有高楼，湛之更加修整，起风亭、月观、吹台、琴室，果竹繁茂，花药成行。"吴蔺次（茨）考其遗址，即是此山，今补署斯额，虽非徐氏之旧，聊存四景之故实云尔。

图3　瘦西湖琴室匾额

吴绮（蔺茨），是清初扬州著名学者和诗人，他考证徐湛之在城北修葺的风亭、月观、吹台、琴室四景大致在今天小金山景区。说明此处之南还有广陵城，是广陵外城。

南北朝大明三年（459年），宋孝武帝刘骏派大将沈庆之讨伐他的弟弟南兖州刺史刘诞。《宋书·刘诞传》说：

> 诞又遣一百人出东门攻刘道隆营，别遣疑兵一百人出北门，沈攸之于东门奋短兵接战，大破之。门者又为苟思达所破，诞又遣数百人出东门，攻宁朔司马刘勔营，攸之又破之。广陵城旧不开南门，云开南门者不利其主，至诞乃开焉。

刘诞出城抗击敌军可见蜀冈的广陵城只有东、西、北三个城门，没有南门，因为风水家说开南门对主管官不利，结果是刘诞一门被杀。在攻打广陵城之前，宋孝武帝要沈庆之举火为号，若打下外城举一堆烽火，打下内城举二堆烽火，擒获刘诞举三堆烽火。《宋书·刘诞传》说：

> 上使庆之于桑里置烽火三所。
> 七月二日，庆之率众军进攻，克其外城，乘胜而进，又克小城。

从记载看，小城就是蜀冈上官衙所在地的内城，平原的外城比内城大，所以内城又称小城。

内城和外城之间隔着邗沟，邗沟上有洛桥通往来，这是扬州有记载的第一座桥梁。《水经注》卷三十说："（广陵）城东水上有梁，谓之洛桥。"内城和外城呈东南、西北方向排列，内城长期没有南门，从内城去外城的人总是出东门跨洛桥进入外城，故有此记载。

南北朝时，经过"侯景之乱"，今扬州地区被北齐占领，改南兖州为东广州。北齐的捐税繁重，百姓思恋梁朝。梁承圣元年（552 年），侨居在广陵的朱盛聚党人数千，计划刺杀北齐东广州刺史温仲邕，求援于梁朝的陈霸先，谎称已经攻破了广陵外城，正在攻打内城，需要你们的支援。《资治通鉴》卷一六四说：

> 秋七月，广陵侨人朱盛等潜聚党数千人，谋袭杀齐刺史温仲邕，遣使求援于陈霸先，云已克其外城。霸先使告僧辩，僧辩曰："人之情伪，未易可测，若审克外城，亟须应援，如其不尔，无烦进军。"

时间进入陈朝第二代陈宣帝，国力稍稍强大，太建五年（573 年）四月，任命吴明彻为总司令（征北大将军），在东至今江苏海安，西至今湖北蕲县的 800 里战线上，大举向北齐进攻。《资治通鉴》卷一七一记载道：

> 太建六年（574 年）春，正月甲申（二十三日），广陵金城降。

金城是政府衙门所在地，也称子城、牙城、衙城、内城，攻打一个城池，只有打下金城才算攻克，所以有这记载。有金城，就有外城，这也是古扬州城在平原有城池的又一例证。

四、小　结

经过以上的阐述，我们完全有理由说吴王夫差筑的邗城就在以今市政府东大院这片区域内，夫差为什么要把蜀冈上的城池搬到平原上来呢？这是出于实际需要，因为原先的城池是用来防御敌人和野兽入侵，此时的城池是作为屯兵屯粮和运兵运粮，《水经注》说"城下掘深沟"，出了城就是河道，上了码头就是城池，避免上下坡的劳顿，出于运输上的需要，所以邗城筑在河网交叉的台地上。从春秋后期到明清，扬州城一直在原址上延续着。

清代扬州才媛数量略论

汪杏莉

内容提要：清代扬州经济发达，文化繁荣，推动了才媛的不断涌现。清代扬州才媛呈现各州县才媛数量分布不均，形成了以江都、甘泉、仪征及泰州为中心的核心区域，才媛数量呈现由城市腹地向东西两边辐射、由南向北依次递减的趋势。从才媛生活时代的分布来看，扬州才媛数量主要集中康熙至嘉庆年间。以才媛所处社会阶层统计，扬州才媛数量主要集中在官宦阶层。从才媛姓氏统计，扬州才媛主要出现于各地世家大族。才媛的数量分布反映了当时扬州社会经济发展的变化，以及各大家族政治经济兴衰变化。

关键词：清代　扬州　才媛

才媛是人们对才女的称谓，本文所称的才媛指的是在诗、词、书、画等领域有作品传世或者在其他领域有突出成就为时人所肯定的女子。

清代扬州文坛发展达到了鼎盛阶段，人文荟萃，成就斐然：经学上出现以焦循、凌廷堪为代表的扬州学派；书法绘画上出现以郑燮、高翔等等为代表的"扬州八怪"。但是目前对扬州文化的研究仅局限于对男性文人的探讨，忽略了女性文人对扬州文化繁荣的贡献。清代扬州才媛无论在数量上，还是在文化创作水平上都在全国占有重要的地位，美国学者曼素恩在《缀珍录——十八世纪及其前后的中国妇女》一书中将清代扬州才媛视为是整个清代才媛分布区域的五个重要核心地带之一："尽管江南或谓长江下游，作为一个完整的大区域产生的女作家多过了清朝女作家总数的 70% 以上，但是，这个大区域本身看来又可分成为一个核心区域，即常州—钱塘一线，以及五个卫星地带，即环绕在周边的绍兴、扬州（江都）、南京（江宁）、桐城和新安（修宁）"[①]。因此对清代扬州才媛进行探讨是有学术意义的，能够深化我们对清代才媛区域分布情况的研究、加深我们对清代扬州历史文化的了解，拓展对扬州地方文化研究的视野。

本文运用计量学方法，通过大量数据资料，对清代扬州才媛的数量进行统计，对扬州才媛的分布特征做出粗略分析，不当之处，敬请方家指正。

一、清代扬州才媛数量考略

扬州才媛的美誉一直享誉海外，作为清代闺秀文学中鼎甲，人数之多，著作之丰，才艺之涵盖广泛，在整个清代都是屈指可数的。由于才媛资料十分的分散，因此对清代扬州才媛的数量很难确定，且尚未有人进行统计，这对目前的研究是不利的。笔者通过梳理《古今图书集成·闺媛典》《正始集》《清代闺阁诗人征略》《名媛诗话》《淮海英灵集》《江苏诗征》和清代扬州地方志等等资料，对清代扬州才媛的数量做出初步统计。在行政区域划分方面，以嘉庆《重修扬州府志》划定的扬州府下辖二州六县的行政区为准，即：江都、甘泉、仪征、泰州、高邮、宝应、兴化和东台[2]。对现在区域划分发生变化的，则不予讨论。对才媛数量上的计算则以籍贯、当地培养并嫁入为主，长期寄居扬州的则另统计，不计入总数；同时对籍贯不明的也不计算在内。

根据上述原则及相关资料统计，我们统计出清代扬州才媛数量为201人（表1）[3]。从表1中可以清晰地看出清代扬州才媛的数量、扬州府下辖各州县才媛的分布情况。

表1 清代扬州才媛分布

籍贯	江都	甘泉	仪征	泰州	高邮	兴化	宝应	东台	嫁入	总数
人数	71	20	21	29	10	3	16	0	31	201
比例	35.32%	9.95%	9.96%	14.42%	4.97%	1.49%	7.96%	0%	15.42%	100%

二、清代扬州才媛的分布特征

清代扬州才媛有201人，占当时江苏才媛的9.42%[4]，在全省仅居于苏州、常州、松江三府之后。由于扬州各地政治经济文化发展不平衡，才媛数量的分布也极为不平均。

清代扬州下属2个州6个县，分别是：泰州、高邮、江都、甘泉、仪征、宝应、兴化和东台。根据表1我们可以看出当时才媛的地域分布的一般特征。

第一，从才媛在清代扬州各州县的分布数量来说，呈现地域性的不平衡，由城市腹地向东西两边辐射、由南向北依次递减的趋势。清代扬州才媛形成了以附郭县江都甘泉、泰州为中心的才媛文化圈，其中江都才媛有 71 名，占全府的 35.32%，其次是泰州 29 人、仪征 21 人、甘泉 20 人，占全府才媛总数的 14.42%、9.96%、9.95%。而兴化和东台二县最少，其中东台县尚未发现相关记录，这两地的才媛数量之和尚不到江都的二十分之一，才媛只是零星出现，没有形成才媛群体。

第二，从才媛所处社会阶层来说，清代扬州才媛在社会阶层分布上存在不平衡。清代扬州才媛分布与社会各个阶层，根据相关材料中才媛家世的介绍，清代扬州才媛社会阶层分布统计如表 2⑤。

表 2　清代扬州才媛社会阶层分析

阶层	仕宦	商贾	官商结合	僧道	青楼女子	总数
人数	88	3	13	4	19	127
比例	69.29%	2.36%	10.23%	3.25%	14.96%	100%

根据表 2 可以得知，清代扬州才媛广泛分布在仕宦、商贾、青楼女子、僧道等社会各个阶层，其中以仕宦阶层的才媛数量最多，总共有 88 人，占才媛人数的69.29%；排在第二位的出身青楼阶层的，有 19 人，占全部才媛的 14.96%；排第三位的是官商结合型，有 13 人，占 10.23%。

这种社会阶层分布的大体趋势是由我国封建社会性质所决定的。我国传统社会，仕宦阶层在文化艺术方面处于支配地位，仕宦阶层的女子在接受教育方面有先天性的优势，比其他社会阶层更容易接触到教育，因此才媛大量出现于仕宦阶层。

清代扬州才媛中有一部分出身青楼女子，数量之多在全国是少见的，这与当时扬州青楼文化的繁荣有着紧密关系。明代后期，扬州靠介绍瘦马为生的就有数十人，买回来的女童，按照各自条件分为三等，教授各种技艺，被称作"养瘦马"，其中第一等就是"教他弹琴吹箫、吟诗写字、画画围棋"⑥。在这种教养下，清堂艺妓技艺精进，《清稗类钞》记载，"魏晋乐府中有《巾舞》《拂舞》等，遗制久佚，同治初，扬州有之，皆妓女也"⑦。

清代扬州才媛出身的社会阶层中还有一部分来自商贾或是官商结合型的家庭，从目前笔者接触到的史料来看，出身商贾或官商结合型家庭的才媛全部来自盐商家庭，而这些盐商以徽州盐商居多。清代扬州盐业发达，大量盐商涌入扬州并在扬州定居，特别是徽州盐商借助地缘优势很快崭露头角，到了康乾时期，徽商已牢牢把握两淮盐业，以歙县盐商而言"两淮八总商，邑人恒占其四"⑧。这些徽州盐商本身就是出身官商结合的家族，乾隆时，两淮总商鲍志道的弟弟鲍启运为盐法道员，儿子鲍勋茂"由举人、内阁中书，历官至通政使司通政使"⑨；盐商曹鋘是户部尚书曹文埴的幼子。很多徽州盐商在经商致富后不惜花费巨资捐资助饷换取官职，盐商江春六次接驾乾隆南巡，每次都捐出巨款承办南巡差务，三次代表两淮盐商进京为乾隆生母庆寿，被赐内务府"奉宸苑卿"、布政使的官衔，加级诰封至光禄大夫，并赏戴孔雀翎，以至于当时有"盐商之冠，时谓以布衣上交天子"的说法⑩。才媛陈珮的丈夫江昱亦为盐商之后，族人江春为当时两淮盐业总商；梁兰漪的丈夫汪长祉祖上为歙县稠墅人，先世大千迁扬州以盐起家，儿子汪端光后任庆远府知府。官商结合型家庭为才媛的出现提供了物质基础，也是一种经济上的保证。

第三，以才媛主要生活时代来讲，清代扬州才媛数量还存在着时代上分布不平衡。笔者将生存年代可考的才媛进行统计，按照她们主要生活时代进行归类，得出她们在时代上的分布（表3）。

表3　清代扬州才媛生活年代统计

时间段	明末清初	康、雍、乾时期	嘉、道时期	道光以后	总数
人数	11	25	24	10	70
比例	15.71%	35.71%	34.28%	14.20%	100%

从表3可以看出扬州才媛主要活跃在康熙—道光朝，其中，康、雍、乾时期有25人，嘉、道时期有24人，占整个清代扬州才媛的近七成，才媛的时代分布与扬州城市的兴衰有关。康熙—道光的二百多年的时间里，是扬州社会最为稳定、经济最为繁荣的时期。明末清初，扬州屡遭浩劫，城市基础设施遭到严重破坏，两淮盐业不振，清王朝为恢复盐业，采取了一系列"恤商裕课"的措施，逐渐恢复和发展了两淮盐业，这对乾、嘉时期两淮盐业的发展有了积极的影响。盐商获利后拿出一部分利润用于扬州的城市建设中，经过盐商数十年的营造，扬州城市环境大大改善，雄厚的经济基础为文化领域上的繁荣提供了优渥的物质基础，扬州教育发达，人才蔚起，集社酬唱不绝，这种诗文会社活动也影响到闺阁女子当中，扬州的女性们也投入到诗文创作中，才媛们积极交流，相互唱和，"净因与孔经楼、刘书之、王凝香三夫人，谢月庄、唐古霞两女史暨予妹爱兰，予女子一，子庄，甥女季如兰辈唱酬最密，凝香刻《曲江亭唱和集》"⑪。

到了道光年间，漕运改由海运；陶澍整顿盐务，撤销根窝，使得原先盐商赖以牟利的优势消失。随着漕运、盐务的衰落，靠转运与盐业为生的扬州日益萧条，"一时富商大贾顿时变为贫人，而倚盐务为衣食者皆失业无归"⑫。道光后期战乱、灾害频发，道光二十二年（1842 年）英国军舰攻占镇江，封锁长江，"移徙者十之七、八"；咸丰年间，太平天国运动爆发，太平军三次攻占扬州，"广陵地当兵火劫余，沧桑变后，人民城郭市肆顿改荆榛，尚非繁盛二、三"⑬，这一时期，扬州才媛仅有 10 人。

第四，从才媛出身家庭姓氏来看，清代扬州才媛数量的分布也极为不均。我们选取才媛数量最多的江都、泰州、甘泉和仪征四地作为例证。其中泰州海陵仲姓最多，有 6 人；江都王姓有 4 人；甘泉江姓有 4 人；仪征汪氏有 4 人。才媛的这种分布与家庭在当时的政治和文化势力有关，如仲氏是泰州海陵有名的书香门第，仲鹤庆、仲振履父子先后中进士，仲氏才媛大规模地出现。仲鹤庆妹妹仲莲庆；仲鹤庆女儿仲振宜、仲振宣；仲鹤庆长子仲振奎女儿仲贻銮；仲鹤庆次子仲振履女儿仲贻簪、仲贻算。扬州才媛在姓氏上的分布体现了这些家族和教育文化发达程度密切相关，亦反映了家族对文化教育的重视程度。

第五，从才艺种类来说，才媛数量也分布不均。扬州才媛的才艺主要存在诗词论著上面，有诗词论著者达 83 人，占总才媛的 41.29%；善绘画者有 15 人，擅书法者有 7 人，精通音律有 9 人，可见诗词歌赋、琴棋书画在当时是才媛们修习的主要才艺。至于舞剑、射箭、算卦、创作剧本则为视为偏门。

结　语

清代，扬州社会经济高度发达，文化繁荣，在这种社会氛围的影响下，扬州涌现出一大批才媛。由于各州县政治经济上的差异，才媛在地域分布上是不平衡的，按地区分布来说，存在着数量上的分布不平衡，呈现出由城市腹地向东西两边辐射、由南向北依次递减的趋势；以州县为单位，江都县、泰州、仪征才媛数量位居全府的前三名，其他州县才媛的总数不及上述三县的一半，这与清代这三个州县在整个扬州府的政治、经济和文化发达程度有着紧密关系；按社会阶层来说，扬州才媛主要存在于仕宦人家，这是由仕宦家族在经济文化上的优势造成的；按时代来划分，扬州才媛大多数生活在康熙—道光这一段时间里，才媛在时间上的这种分布，与扬州城市的兴衰是成正比的；才媛出身家庭姓氏来看，清代扬州才媛数量的分布也极为不均，与家庭在当时的政治和文化势力密切相关，亦反映了家族对文化教育的重视程度；从才艺种类来说，才媛数量也分布不均，才媛的才艺主要存在诗词歌赋上，这与当时社会主流文化题材有关。才媛现象是我国文学史的重要组成部分，对扬州才媛的研究，能够从女性文学的层面深化我们对清代扬州文化繁荣的认识。

作者单位：扬州博物馆

注释

① ［美］曼素恩：《缀珍录——十八世纪及其前后的中国妇女》，南京：江苏人民出版社，2005 年，第 293～294 页。

②"初因明制扬州江都县府隶江南布政使司，领州三：高邮、泰、通；县七：江都、仪真、泰兴、兴化、宝应、如皋、海门。康熙十一年，海门并入通州。雍正三年，分通州直隶江南省以泰兴、如皋二县属之。十年，析江都置甘泉县，同治郭下，领州二县五。后又以兴化、宝应隶扬州府。乾隆三十三年又分泰州置东台县，今领州二县六。"嘉庆《重修扬州府志》卷五《沿革》。

③表 1 所计算的才媛为扬州籍贯及嫁入，侨居扬州的则不在统计之列，而籍贯不明的则没有计入。雍正三年以前泰兴、如皋、海门三地的才媛也为计算在内。因小数点计算，百分比例存在一定的误差。

④根据笔者统计，清代江苏才媛有 2133 名。

⑤仕宦一类中包含拥有功名的人家，但不包含亦官亦商的家庭；另外人物简介中没有明确社会阶层的不算在其中；因此数字跟之前统计的扬州才媛总数有所差异。

⑥ ［清］丁耀亢：《续金瓶梅》第五十三回，齐鲁书社，1988 年，第 512 页。

⑦ ［清］徐珂：《清稗类钞》第 11 册《娼妓类》，中华书局，1984，第 5175 页。

⑧民国《歙县志》卷 1《舆地志·风土》，《中国地方志集成·安徽府县志辑（51）》，南京：江苏古籍出版社 1998 年版。

⑨民国《歙县志》卷 9《人物志》，《中国地方志集成·安徽府县志辑（51）》，南京：江苏古籍出版社 1998 年版，第 343 页。

⑩民国《歙县志》卷 9《人物志·义行》，《中国地方志集成·安徽府县志辑（51）》，南京：江苏古籍出版社 1998 年版，第 366 页。

⑪ ［清］王豫：《江苏诗征》卷 166"张因"条，道光元年刊本（电子版），第 11 页。

⑫ ［清］欧阳兆熊、金安清编著：《水窗春呓》卷下《改盐法》，中华书局，1984 年，第 77 页。

⑬ ［清］芬利宅行者：《竹西花事小录》序，电子版。

焦循家风管窥

李　智

内容提要：焦循是扬州学派代表人物之一，其家风敦厚，崇文尚德，在坚持诗书传家、崇尚科学的同时，乐善好施，朴素生活，是值得我们当代借鉴和弘扬的优秀家风。

关键词：焦循　家风　扬州学派

家风又称门风，是家长给家中后人们树立的价值准则，一个家庭的良好家风，不仅会影响下一代的行为，还会影响下一代的世界观、人生观、价值观，最终决定后代人一生的荣辱成败。清代扬州学派著名的哲学家、数学家、戏曲理论家焦循（1763～1820年），其家风敦厚，崇文尚德，良好的家庭的熏陶，使得他在学术领域取得了很高的成就，笔者查阅了大量史料，初步总结出焦循的家风，以供当代借鉴。

一、诗书传家、名人辈出家运昌

焦循的先世祖是山东人氏，明初始迁至北湖的涧陈坝之西（今扬州邗江区方巷镇）。到焦循时，居扬州黄珏桥已十一代，近三百年，其家风厚实，人事顺达，为黄珏桥名门望族。焦氏世世厚德，重读书，县学生、举人、文武进士辈出，治学、仕途各尽其长。从明初至清中叶（焦循高祖辈至循本人）百余年间，"先后考取秀才44人（其中武秀才6人），贡生2人，廪生3人，副榜1人，举人5人（其中武举人4人），武亚元1人，武进士2人，共58人"[①]。在康熙年间，焦瀛、焦熹叔侄二人前后届考取进士，康熙皇帝亲自赐"世进士第"匾额，悬挂于厅内。焦循从小就受其家庭影响，攻读诗书，广泛涉猎，于嘉庆六年（1801年）中举人，而后潜心研究，其学术成就于经史、历算、音韵、训诂之学无所不精，对诗词、文赋、医学、戏曲、刑家九流之书无不贯通，一生著书 400 余卷，为扬州学派所崇敬，称其为"一代通儒"②。

二、乐善好施，积善行德家风厚

焦循的父亲焦葱，乐善好施，亲戚朋友中有需要用钱的，他都慷慨解囊；乡邻的父母去世，买不起棺木，办不起丧事的，他都尽力帮助。焦循年老时还清晰地记得，自己六岁时，扬州地区遭遇百年不遇的大灾荒，大部分农田颗粒无收，很多乡亲或者逃难，或者饿死，当时，焦循家家境尚好，焦循父亲主动承担起救济灾民的重任，打开自己家粮仓，向灾民免费发放粮食；对于借债无力偿还的乡亲，则当场烧毁借据，不需还债；对自家的贫困佃户则免掉田租。

焦循父亲在临终前，要求家人将多年来别人欠他的"数千金"债务全部烧掉，不要别人偿还；同时要求子孙以后必须尽快还清亏欠别人的债务，焦循父亲说："惟恐子孙日后逼人还债或久欠他人之债不还，有失忠厚之道。"焦循的父辈广施仁爱，积德行善的家风，对焦循一生影响很大。

三、逆境苦学，生活朴素家风清

焦循于安定书院读书期间，家境已不富裕，但是对于学习知识却如饥似渴。夜间读书买不起蜡烛，他就常在扬州城东门附近的都天庙中，借助寺庙佛龛前的烛火读书，他对穿衣、吃饭不考究，生活俭朴，26 岁在南京买的一条丝带，一直系到 38 岁，整整用了 12 年。每次从扬州城回家（从扬州城回方巷镇黄珏）来回几十里路，都是徒步来去，从不乘坐车辆，将节约下来的钱买书学习。有一次，焦循在书店看到了多年来梦寐以求的《十三经注疏》，拿起书本，爱不释手，想买一套回家，但是书店要价五千文，而焦循当时家中一共只有二千文，回到家中，焦循连续几天闷闷不乐，新婚不久的妻子阮氏看到丈夫心情不好，询问原因，焦循就把想买书的情况给妻子说了，妻子阮氏深明大义，支持丈夫读书学习，马上从自己的嫁妆中，"拿出珍珠十余粒去典当"③，在妻子的支持下，焦循更加刻苦攻读，最终在嘉庆六年（1801 年）高中举人。

四、崇尚科学，亲身践行家风实

天花是一种烈性传染病，而且很难医治，在中国古代，患上天花就等于是得了癌症。18 世纪末期，天花疫苗——牛痘刚刚传入中国，由于百姓缺乏西方医学常识，绝大部分人不相信种牛痘能预防天花。1791 年，焦循在学习西方医学知识后，了解并认同西方传来的牛痘疫苗能预防天花，他说"小儿皆宜种痘，极稳极善"[④]，为了让父老乡亲亲眼看到种痘的效果，他率先实践，首先为自己的儿子焦廷琥种痘，乡亲邻里看到焦廷琥种痘成功之后，也纷纷效仿。焦循此举，大大降低了清代黄珏桥一带的天花患病率，拯救了很多人的性命。后来焦循的孙子出生后，焦循也都让他们种痘预防天花。为了更好地传播种痘技术，他总结种痘经验，撰写了《种痘书》十篇，旨在向邻里介绍种痘之术，述其科学可信、有利身心健康，希望大家不要被流言蜚语所迷惑。在清朝中后期那个封建思想浓厚的时代，焦循这种接受西方医学，带领子孙亲自践行西方医学的家风是难能可贵的。

从上面的一系列历史故事我们可以看出，焦循家不但具有中国古代传统家庭的优秀家风（如重视教育、诗书传家、仁爱、积德行善），还具有一定的实践和开拓精神（如接受西方先进医学技术）。可以说，焦循的家风是值得我们当代借鉴和弘扬的优秀家风。

作者单位：扬州市邗江区文物管理委员会

注释

①倪永俊：《北湖文萃》，黄珏镇诗词协会内部资料，1996 年第 3 期。

②王伟康：《焦循戏曲理论研究》，广陵书社，2014 年。

③扬州市邗江区党史地方志办公室：《文史话邗江》，广陵书社，2013 年，第 133 页。

④中国人民政协邗江县委员会，文史资料研究委员会：《邗江文史资料（第二辑）》（内部资料）1986 年，第 161 页。

《作庭记》中所见中国古代造园技法

汪　勃

内容提要：本文基于日本奈良、平安时期的庭园不仅接受了中国隋唐时期池苑（园）造园技法的影响，还受容了隋唐时期以前的中国古代池苑（园）造园思想的影响的观点，通过与中国古代池苑（园）遗址相关发掘研究资料的比较，认为《作庭记》中所记载的暗槽之上覆盖石或瓦、汲取井水补充庭院水源、箱樋和涌泉、用泉水作池苑水源、给排水位置中的风水思想、立石、树木花卉、引水（潺湲）和滩濑等相关造园技法，源自中国古代造园技法。

关键词：作庭记　造园技法　池苑

东亚古代庭园的面貌及其源流，随着中国池苑考古发掘资料的增加而逐渐明晰的同时，有必要深入开展中国和日本古代造园技法相关专著的比较研究。

众所周知，中国历史文献极为丰富，《周礼》《国语》和《汉书》等古代文献中就有与池苑（园）相关的记载，《洛阳名园记》[①]《日下旧闻考》《园冶》和《扬州画舫录》[②]等与池苑（园）或庭园相关著述的时代较晚。在此，首先简单介绍《营造法式》《园冶》《长物志》等数册与中国古代造园相关的著作。

《营造法式》为北宋哲宗和徽宗时期（1086～1125 年）将作监李诚编修[③]，该书"考阅旧章、稽参众智"[④]，是至宋代的中国建筑技法集大成之作，梁思成先生曾作详细注释[⑤]。该书虽非园林专著，但涉及不少与池苑（园）营造技法相关的内容，从释名到诸作制度、功限、料例乃至诸作图样都有详细说明，具体与池苑（园）或造园相关的有取正、楼、亭、台榭、墙、筑临水基、流杯渠、叠石山、泥假山等。

明代计成所著《园冶》成书于崇祯七年（1634 年），论述了园林的相地、建筑种类和样式、筑山、立石、壁和地面的做法等，是目前所知较早的造园专著[⑥]。《园冶》的注释本有陈植《园冶注释》和赵农《园冶图说》，陈注深入详尽、诗文并貌，赵注参照古今、描绘较多且文笔舒畅通俗易懂⑦。计成阐述了池园营造、选地、建筑基础、屋宇、装折、栏干、门窗、墙垣、铺地、掇山、选石、借景等，认为造园应按照地势高低和树木成长状态，"令乔木参差山腰，蟠根嵌石，宛若画意，依水而上，构亭台错落池面，篆壑飞廊，想出意外"，园林中的建筑应为"凡家宅住房，五间三间，循次第而造；惟园林书屋，一室半室，按时景为精"，廊则"宜曲宜长则胜"、求"所构曲廊，之字曲者，随形而弯，依势而曲。或蟠山腰，或穷水际，通花渡壑，蜿蜒无尽"、园林构成虽无固定标准，但"借景"需要一定的根据，说"构园无格，借景有因"、"夫借景，林园之最要者也。如远借、邻借、仰借、应时而借"，就筑山更是分为园山、厅山、楼山、阁山、书房山、池山、内室山、峭壁山等诸类介绍其筑造方法，提出了自然山水园林的营造要领。另外，《园冶》选石还提及"杜绾著《石谱》"之事⑧。

明末文震亨著有《长物志》十二卷，与园林、建筑、制度等内容相关。文震亨就各种的园林所在地，认为"居山水间为上，村居次之，郊区又次之"，指出山水地是造园最适合之地，而且认为"园林水石最不可无，要须回环峭拔，安插得宜"⑨。

在日本，8世纪颁布的《大宝令》中有《营缮令》，可惜与宫室池苑相关的记载，仅第三条"私第宅条"中有"宫内有营造及修理，皆令阴阳寮择日"，第十七条"堤防条"中有"凡堤内外并堤上，多植榆柳杂树，充堤堰用"⑩。

平安时代中期，日本最初的造庭密传书籍《作庭记》⑪，据说是藤原赖通之子橘俊纲（1028～1094年）所著，其中详细阐明了平安时代的造庭思想及其技法。该书成书时代早于中国的《园冶》《长物志》等书，或亦早于《营造法式》。

以下，基于奈良、平安时期的日本庭园不仅接受了中国隋唐时期池苑（园）造园技法的影响，还受容了隋唐时期以前的中国古代池苑（园）造园思想的影响的观点，列举《作庭记》中所见的中国古代造园技法记载，并按照时代早晚顺序介绍相关的中国古代池苑（园）遗址来略作比较说明。

1. 暗槽水渠之上覆盖石或瓦

《作庭记·泉事》中有："为使地下暗槽经久耐用，其上应覆以盖石，亦可覆以充分烧制之盖瓦。"中国文献《日下旧闻考》中也有："凿石为槽，以通水路。地势高则置槽于平地，覆以石瓦；地势下则于垣上置槽。"从考古发掘资料来看，中国偃师商城宫城池苑遗址中的水渠已经使用了此类方法。

中国池苑的起源，据文献来看可追溯至夏桀所造"琼宫瑶池"，然而发掘揭露出来的最早池苑是偃师商城宫城池苑遗址和郑州商城宫殿区水池遗迹。这二处商代城址曾经并存，水池的使用时间是从早商一期至早商三期和中商一期之间，即公元前1600 ~公元前1400年前后。

偃师商城宫城池苑遗址[12]发掘于2000年春，发现了水池和水渠，水渠穿过城墙与环濠相连。水池位于宫城北部中央，平面形状呈东西128、南北19 ~ 20米的长方形，底部由西向东渐深，最深处约2米，底部和驳岸之间呈缓坡状，驳岸砌石。水池东、西两端有石砌水渠，西为进水渠，东为排水渠，揭露出来的长度分别有45、32米。

进水渠可分为早、晚两期，早期水渠砌石宽约1.6米，基础部分宽约3米，最深处1米；改筑后的晚期水渠宽约0.5米，是在早期水渠内侧贴石、再在渠上覆盖石板、然后在石板上垒石而成，晚期水渠在穿过第二期城墙处可分为上下两层。排水渠亦可分为早、晚两期，早期水渠深约1.4米，其断面呈"凸"字形，基础部分的上部宽4.65 ~ 4.8米；改筑后的晚期水渠宽0.35 ~ 0.38、高0.5 ~ 0.6米，改筑方法与进水渠同。

偃师商城宫城池苑遗址位于宫城北部，水池当是与宫城同时规划营造的。水池始建年代为偃师商城第一期，用石砌池壁或在偃师商城商文化第二期的晚期。

2. 汲取井水补充庭院水源

《作庭记》中有："凡以井泉汲取井水"，即汲取井水补充庭园水源的方法。郑州商城宫殿区蓄水池的水源，主要是用河水或自然降水，或亦用井水补给。

郑州商城宫殿区蓄水池遗址[13]位于宫殿区的东北部，包含水池和水井。水池呈长方形，西北—东南方向，仅发掘了东西100、南北20米的部分。池南有由铺石板水渠和水井构成的给水设施，发现的长约40米，发现水井4眼，间隔8米。水渠断面呈上宽11、下宽3米的梯形。池壁和底部铺石，并用卵石加固墙壁，用青灰色石板铺底。

水池方向与其东北部城墙方向一致，可见其始建年代或与城墙基本同期，是宫殿区的重要构成部分之一。

3. 箱樋和涌泉

《作庭记》泉事中有"箱樋"，相当于木樋。《和汉三才图会·艺才·倭字》中释："樋，木名也。而倭以为水窦之称，取通水之意。"《三辅黄图校注》"阁"有："石渠阁，萧何造，其下砻石为渠以导水"[14]。南越国宫署池苑遗址中就有用木板覆盖木樋的遗迹，若以之作为上述文献的实例，那么木樋或在地下置石渠的"暗渠"这种引水方法在西汉初期既已存在。

南越国建立于公元前203年，为西汉初期异姓诸侯国，汉武帝元鼎六年（公元前111年）国灭。南越国宫署遗址[15]位于今广州市中山四路附近，宫署中的水池在池苑的东北部，有用石铺设的水池、曲水、弯月形小池等景观。

水池北岸东部的板石下约 30 厘米处，有用一根原木刳成的引水入池的方形木樋，其上覆盖木板。木樋断面外侧边长 39 厘米，内侧宽 23、高 18 厘米。水池南岸西部与曲水、弯月形小池、排水木樋相连。曲水西端由方形石框和石箅（下水道格子）构成的排水口的西侧，有用两根杉木合成的排水木樋，可分早晚两期。水池南部生土下宽 0.85～1、深 0.76 米的南北方向沟内，有一根原木刳成的方形木槽。木槽外侧宽 44、高 34 厘米，内侧宽 22、高 18 厘米。木槽断面呈"凹"字形，其上覆盖有与木槽同宽的长方形木板。木槽斜入坡底，当是与池南"曲流石渠"的石渠相连通的设施。这应是利用木樋做成人工涌泉的实例。

另外，曲水和小池底部淤积土中出土有龟、鳖、鱼、贝壳等水生动物的遗骸，苑中出土有鹿角、兽骨以及枣、橄榄、荔枝、桃等果核。

4. 用泉水作池苑水源

《作庭记》泉事中还有利用泉水作为池园水源的方法，这种方法至迟见于隋唐时代的兴泰宫、合璧宫等遗址中[⑯]。

据文献记载，兴泰宫池泉、合璧宫龙池等池苑位于东都苑中。东都苑始建于隋大业元年（605 年），因位于都城之西故称西苑，亦称会通苑、上林苑、芳华苑、神都苑、东都苑、禁苑等，其内有诸多的离宫、亭、观。

兴泰宫在西苑西部，唐长安四年（704 年）始建，开元十年（722 年）尚在使用，何时废弃不详。西下河流经遗址后向北汇入洛河。兴泰宫遗址中，发现有 1 池 3 泉眼。水池遗迹在遗址东北隅，平面形状近椭圆形，南北最长 290、东西最宽 190 米。泉眼在水池稍南，直径均约 5 厘米，现今仍有泉水涌出。

合璧宫从唐高宗显庆五年（660 年）开始营造，弘道元年（683 年）使用，初称八关宫、八关凉宫，后改成合璧宫。遗址位于今洛阳市洛龙区龙池沟村之北，残存 5 个土坛，土坛之西现有南北最长 125、东西最宽 80 米的称作龙池的水池。

5. 给排水位置中的风水思想

《作庭记·遣水事》[⑰]中就水源的方位、水渠的流向陈述了几种与风水相合的方法，认为"故庭上遣水，以东水西流为常法"，强调庭园的水渠当从东来而流向南或西南。

中国很早以前就有四神、八卦等思想。按照四神五行思想，玄武为水神，居北方。八卦中有坎、兑，各代表水、沼泽，分别位于后天八卦图的北、西方位[⑱]，此当即后世基于风水说的设计思想而主要将池苑规划布置在北、西方位的原因所在。

偃师商城池苑和郑州商城水池遗址的水渠基本为自西向东，汉长安城仓池、昆明池以及隋唐两京池苑（园）的给、排水的方向并不一致。唐太液池的水渠从西北来而流向东北，与"以阴会阳的和合之仪"相合。而到了宋代，中国古代文化思想发生较大变化，佛教进一步融入政治思想，反映在池苑营造上的就是宋代池苑与唐代池苑的风格存在较多的相异之处。

池苑中包含有诸多风水思想，池苑营造过程中，特别是水口位置和水渠流向与风水思想的关系极为密切。都城和宫城、池苑所在的地势，还需要考虑到各朝各代所属五行、重气或重势（座空背水或背空面水）的风水、"补"和"破"等诸多要素。亦即是说，中国古代风水思想并非一成不变的。这应即唐太液池水渠与《作庭记》所记相异的原因所在。

6. 立石

《作庭记·遣水事》中记载道："一说云，以山为帝王，以水为臣下，以石为辅佐之臣。故水以山为依靠，沿山而行。但山弱之时，必为水崩，是即表臣下对帝王之冲犯。所谓山弱者，即山无石支持之处。所谓帝弱者，乃帝无臣辅佐之时。故云，山依石支持而全，帝由臣辅佐而保。是以，凡作山水，必立以石。"这种将立石与帝王和臣下的关系相联系，来说明池苑中立石的重要性及其内涵，明确是受到了中国古代君臣关系思想的影响。

并且，《作庭记·立石口传》中还有："凡作庭立石，先将大小诸石运集于一处。当竖立之石，以头朝上。横卧之石，以面朝上，皆排列于庭上。察形辨性，比较诸石之特征，依其需要，逐一立之。"这种"相石"方法，与《撰杖集》张南垣传中所记载的"相石"形式和过程"每创手之日，乱石如林，或卧或立。涟踌躇四顾，立峰、客脊、大礌、小碌皆默识于心。及役夫受命，与客谈笑，漫应曰某树下某石可置某所，目不转视，手不再指，若金在冶，不假斧凿，人以此服其精"[19]极为类似。

依据筑山所用之材料，可分为土筑山、土石筑山、石筑山等3类。汉代筑山手法与当时大型建筑的基础部分相同，多为夯筑，即文献中所谓的"采土筑山"或"堆土为山"。汉代的石筑山，在文献中作"叠石为假山者"。唐太液池的蓬莱岛夯筑而成，池畔和蓬莱岛之上也用单点、散置、群置、特置等手法置石。古代日本池苑中的造景用石较多，然其置石手法主要是单点、群置，不见较大的石山。大明宫中的石质的雕刻、板、柱、础石等虽然数量不少，但大量使用砖瓦、夯筑。与此相对，在平地较少的日本，因山、石较多，故古坟时代以来就多见支石墓、石室古坟、石造建筑物等。

关于景石，正如宋代营造垦岳园花石纲事迹、明清故宫池苑那样，宋代以降池苑的景石极尽繁杂豪华，与唐代池苑少用景石、所用石材纹饰朴素的风格截然不同。

7. 树木花卉

《作庭记·立石诸样》中有水生植物胜见草（菰属），《西京杂记》中记载太液池中也有"菰"。另外，遣水事中还记载有桔梗、女郎花、五木香、擬宝珠等野生庭栽植物，树事中则说东、西、南、北各面种植柳9棵、楸7棵、桂9棵、榆3棵，分别象征青龙、白虎、朱雀、玄武[20]。此外，还记载说岛上种松或柳等、钓殿旁植枫、大臣门旁种槐、门前植柳等。桂即木樨，似为江户时代输入到日本，《作庭记》中用"桂"字，可见其有直接引用相关中国古文献的可能性较高。

南越王宫苑遗址出土有枣、橄榄、荔枝、桃等果核。文献记载中，北魏华林园中植有桃、竹、柏、竹等植物，刘宋华林园中多为李、柑、梨等果树，天渊池中有莲、芙蓉之类，南陈建康城天渊池中则有莲、菱等。

《新唐书·艺文志》中收录有王方庆《园亭花木志》，可知在唐代就已经有了与园亭花木相关的专著。就唐代所植花木，《太平广记》中记载有菩提树、婆罗树、山桂、三鬣松、合掌柏、天尊薪、太平木、化蝶树、涪水材、端正树、三枝槐、叙牡丹、白牡丹、红紫牡丹、正倒晕牡丹、合欢牡丹、染牡丹花、海石榴花、木兰花、染青莲花、菱、朱奈、文林果、韶子、天宝甘子、樱桃、猴栗、昆仑紫瓜、罗浮竹、童子寺竹、竹实、雕葫、楼阙芝、天尊芝、紫芝、石菌、如苣苔等等。

《洛阳名园记》"描写花木、不厌其繁"[21]，牛僧孺的归仁园池馆"园盖尽此一坊（归仁坊），广轮皆里许，北有牡丹芍药千株，中有竹百亩，南有桃李弥望"，就李德裕及其仁丰园记载有"李卫公有《平泉花木记》，百余种耳。今洛阳良工巧匠，批红判白，接以它木，与造化争妙，故岁岁益奇。且广桃、李、梅、杏、莲、菊各数十种。牡丹、芍药至百余种。而又远方奇卉，如紫兰、茉莉、琼花、山茶之俦，号为难植，独植之洛阳，辄与其土产无异。故洛阳园圃花木，有至千种者"[22]。

日本飞鸟京迹池苑遗址出土有桃、枣、莲、梅、柿、松等植物果核或残骸，平城宫西池宫遗址出土有梅和松，后期东院庭园中推测植有柏、梅、桃、旃檀、柳、樱、山茶等。韩国雁鸭池周围或有牡丹、山茱萸、人参、桃、兰、竹、梅、梨、柳、槐、松等。总体来看，东亚的宫殿和池苑中种植松、竹、梅、兰、槐、柳、牡丹、莲、桃之类，当源自中国古代发祥的种植瑞祥清洁之植物的思想有关。

8. 引水（潺湲）和滩濑

平安时代初期遣水称作潺湲，日本的造园技法尤擅滩濑造景。从中国的文献来看，自古以来对潺湲和滩濑（滩景）都极为重视。

《水经注·谷水注》中记载道："其中引水飞皋，倾澜瀑布，或枉渚声溜，潺潺不断。"㉓ "屗屗"，即描写浅滩流水或其声音的用语。日本庭园中擅长早濑，中国也早就开始使用了这种造景技法，如《楚辞》中就有"石濑兮浅浅，飞龙兮翩翩"、"戏疾濑之素水兮，望高山之蹇产"㉔。另外，《论衡》中有"溪谷之深，流者安详，浅多沙石，激扬为濑"，唐李德裕《春暮思平泉杂咏二十首（流杯亭）》中有"激水自山椒，析波分浅濑"，王维《辋川·栾家濑》中亦有"飒飒秋雨中，浅浅石榴泻。跳波自相溅，白鹭惊复下。"

"屗"的发音和意思均与"潺"相同，"潺湲"是表现流水的动态及其声响之词。《林泉高致》云："水不潺湲，则谓之死水。"屈原《九歌·湘夫人》中可见"荒忽兮远望，观流水兮潺湲"㉕，白居易诗《题牛相公归仁里新宅成小滩》中也有"满耳作潺湲"、"浅处清溅溅"之句。

白居易的诗作为唐代文学代表之一，给予了日本文学乃至造园较大影响。《源氏物语》桐壶中就提及白居易《长恨歌》中的名句"太液芙蓉未央柳"㉖，这是目前所知最早的"太液池"之名见于日本文献的事例。

并且，《池亭记》似也是仿白居易《池上篇》所作。《池亭记》为天元五年（982年）十月庆滋保胤自作自书，其文中有："予六条以北，初卜荒地，筑四垣，开一门……地方都庐十有余亩，就隆为小山，遇洼穿小池。池西置小堂、安弥勒，池东开小阁、纳书籍，池北起低屋、著妻子。凡屋舍十之四，池水九之三，菜园八之二，芹田七之一。其外绿松岛、白沙汀，红鲤白鹭，小桥小船，平生所好，尽在其中……"而《池上篇》及其小序中有："都城风土水木之胜，在东南偏。东南之胜，在履道里。里之胜，在西北隅。西闬北垣第一第，即白氏叟乐天退老之地。地方十几亩，屋室三之一，水五之一，竹九之一，而岛树桥道间之。……池东粟廪，池北书库，池西琴亭加石樽，始作西平桥，开环池路，……作中高桥，通三岛径。……十亩之宅，五亩之园，有水一池，有竹千竿……有堂有庭，有桥有船，有书有酒，有歌有弦……"㉗

可见，池与园的比例以及池东、池北、池西的配置等，《池亭记》的内容有不少与《池上篇》极为相似。不过，在池西"安弥勒"的现象，据笔者所知，不动明王的三尊形象在中国池苑的立石中未见具体表象。因此，也必须注意到，日本平安时代的造园技法未必都是接受了与中国相关的思想或技法。

《洛阳名园记》谓"大字寺园唐白乐天旧园也"，不知是否与白居易园原名有关。伊水流经履道坊之西、北，园水当引自伊水。1992～1993 年对白居易宅园进行了大面积发掘，残存遗迹主要有宅院、南园、渠址、道路和墙垣等。南园位于白氏宅院南部，目前仅发现池塘、酿酒作坊和 8 个灰坑；水池呈椭圆形，深 1.9～3.2 米，面积约 3300

平方米；池西有入水口，发掘出来的部分水渠东西长 7、上端宽 1～1.2、底宽 0.4、深 0.7 米，水渠西端有水门[28]。

另外，较大的水景还有瀑布。《说文解字》中释瀑 "疾雨也。一曰沫也。一曰瀑 资也"，释泷 "雨泷泷儿"[29]，两字均与 "雨" 关联。《园冶》"掇山·瀑布" 中有："瀑布如峭壁山理也"，还说明营构曲水的方法为："古皆凿石槽，上置石龙头水者，斯费工类俗，何不以理润法，上理石泉，口如瀑布，亦可流觞，似得天然之趣。"[30]瀑布遗迹可见于唐洛阳城上阳宫东门外池苑遗址[31]、日本京都大泽池 9 世纪瀑布、京都鸟羽离宫遗址金刚心院庭园、法金刚院庭园、栢杜遗址庭园、堀河院遗址庭园以及岩手县观自在王院庭园等遗址中。

以上，从暗槽之上覆盖石或瓦、汲取井水补充庭院水源、箱樋和涌泉、用泉水作池苑水源、给排水位置中的风水思想、立石、树木花卉、引水（潺湲）和滩濑等 8 个方面，以中国古代池苑（园）资料为基础，就《作庭记》中所见中国古代造园技法略作陈述。笔者尝试做过东亚古代池苑之比较研究[32]，此小文可视为添足。《作庭记》中定有诸多与中国古代池苑及其技法相关之处，然拙钝之人所见甚微，聊博方家一哂。

作者单位：中国社会科学院考古研究所

注释

①［宋］李格非：《洛阳名园记》（影印本），影印文渊阁四库全书 587 史部 345 地理类，台湾商务印书馆发行，1986 年。

②［清］李斗：《扬州画舫录》，中华书局，1960 年版，1997 年印刷。

③［宋］李诚《营造法式》，商务印书馆，1933 年初版，1954 年重印。《营造法式》成书于宋哲宗元祐六年（1091 年），宋徽宗编纂修改并于崇宁二年（1103 年）出版。

④《营造法式》第 16 页卷一序目。

⑤梁思成：《营造法式注释》，中国建筑工业出版社，1983 年。

⑥陈从周主编：《中国园林鉴赏辞典》第 1127 页，华东师范大学出版社，2001 年。

⑦［明］计成原著、陈植注释、杨伯超校订、陈从周校阅：《园冶注释》，中国建筑工业出版社，1988 年第二版；［明］计成原著、赵农注释：《园冶图说》，山东画报出版社，2003 年。本文参照了上述两书，因此引用《园冶》原文的不再载明其页码。

⑧分别见于《园冶》自序、兴造论、屋宇兴造论、借景、掇山、选石。陈植《园冶注释》（第 242 页注②）有杜绾：字季阳，号云林居士。宋人，曾著《云林石谱》，合计收集石一百十六种。

⑨［明］文震亨：《长物志》第 872 - 33、872 - 37 页，影印文渊阁四库全书子部 178 杂家类，台湾商务印书馆发行，1986 年。

⑩窪美昌保：《大宝令新解》第三卷，弘文堂，1916 年。《营缮令》为第六卷之第廿篇，引文见第 583、第 591 页。

⑪张十庆：《〈作庭记〉注释与研究》，天津大学出版社，1990 年。

⑫杜金鹏、张良仁：《偃师商城发现商早期帝王池苑》，《中国文物报》1999 年 6 月 9 日第 1 版；中国社会科学院考古研究所河南第二队：《河南偃师商城宫城池苑遗址》，《考古》2006 年第 6 期；中国社会科学院考古研究所：《中国考古学夏商卷》，中国社会科学出版社，2003 年。

⑬曾晓敏、宋定国：《郑州商城考古又有重大收获》，《中国文物报》1995 年 7 月 30 日；河南省文物研究所：《1992 年度郑州商城宫殿区发掘收获》；曾晓敏：《郑州商代石板蓄水池及相关问题》，《郑州商城考古新发现与研究（1985 ~ 1992）》，中州古籍出版社，1993 年；河南省文物考古研究所：《郑州商城一九五三 ~ 一九八五年考古发掘报告》，文物出版社，2001 年；中国社会科学院考古研究所：《中国考古学夏商卷》，中国社会科学出版社，2003 年。

⑭何清谷校注：《三辅黄图校注》第 325 页，三秦出版社，1998 年。

⑮广州市文物考古研究所、南越王宫博物馆筹建办公室：《广州南越国宫署遗址 1995 ~ 1997 年发掘简报》，《文物》2000 年第 9 期；陈伟汉、李灶新：《南越国宫署遗址》，《文物天地》2003 年第 5 期；冯永驱：《广州发现南越国御苑遗址》，《广州文物考古集》（广州市文物考古研究所编广州秦造船遗址论稿专辑），广州出版社，2001 年（原载《中国文物报》1998 年 1 月 25 日）；南越王宫博物馆筹建处、广州市文物考古研究所编著：《南越宫苑遗址 1995、1997 年考古发掘报告》（西汉南越国宫署遗址考古发掘报告之一），文物出版社，2008 年。

⑯严辉：《洛阳西郊龙池沟唐代西苑宫殿遗遗址调查》，《文物》2000 年第 10 期；霍宏伟：《洛阳发现唐代西苑合璧宫遗址》，《中国文物报》1998 年 11 月 4 日第 1 版。

⑰遣水，寝殿造庭园中的导水渠，即引水或进水渠。《作庭记》原文为汉字"遣水"，故不翻译。

⑱八卦的乾、坤、坎、离、震、艮、巽、兑分别象征天、地、水、火、雷、山、风、沼泽。先天八卦图中的坎、兑各据西、东南的位置。

⑲引自张十庆《〈作庭记〉注释与研究》，天津大学出版社，1990 年。

⑳《簠簋内传》中有"东植柳 9 棵，西植梅 8 棵，南植桐 7 棵，北植槐 6 棵"。

㉑童寯：《江南园林志》（第二版），中国建筑工业出版社，1984 年。

㉒［宋］李格非：《洛阳名园记》（影印本），影印文渊阁四库全书 587 史部 345 地理类，台湾商务印书馆发行，1986 年。

㉓［北魏］郦道元：《水经注》卷十六"谷水"，时代文艺出版社，2001 年，第 128 页。

㉔黄寿祺、梅桐生：《楚辞全译》，贵州人民出版社，1991 年。引文分别见于屈原《九歌·湘君》和东方朔《七谏·哀命》。

㉕黄寿祺、梅桐生：《楚辞全译》，贵州人民出版社，1991 年。

㉖原文为"太液の池の莲花にも、未央宫の柳の趣にも、その人は似ていたであろうが",林月文译《源氏物语》(译林出版社,2011年6月)第一帖桐壶第10页译作"据说她有'太液芙蓉未央柳'的姿色"。

㉗白居易:《池上篇》,《全唐诗》第十四册卷461第5250页。

㉘中国社会科学院洛阳唐城队:《洛阳唐东都履道坊白居易故居发掘简报》,《考古》1994年第8期。

㉙[汉]许慎:《说文解字》第234页上"瀑"、"泷",中华书局,1963年12月第1版,2005年6月北京第24次印刷。

㉚《园冶》卷三·八(一六)"曲水"。

㉛中国社会科学院考古研究所洛阳唐城队:《洛阳唐东都上林宫园林遗址发掘简报》,《考古》1998年第2期。笔者认为该遗址位置并非在上阳宫内,故而赞同陈良伟在《隋唐东都园林遗址的考古调查与研究》文中定为"上阳宫东门外的园林遗址"的认识。

㉜汪勃:《试论汉唐时期中国宫城池苑之特点》,《汉代考古与汉文化国际学术研讨会论文集》,齐鲁书社,2006年;《东亚地区古代宫城池苑之比较》,《新世纪的中国考古学》,科学出版社,2005年。

《清代诗话东传略论稿》简评

田 野

内容提要：《清代诗话东传略论稿》，是张伯伟先生的著作。张伯伟先生现为南京大学人文社会科学高级研究院特聘教授，域外汉籍研究所所长。本书是域外汉籍研究丛书系列著作。全书很好地贯彻了作者在引言中提出的两个原则：实证性和综合性。所有结论都建立在大量的实证研究基础之上，综合使用各种数据考察，力求深入和全面。同时文字简洁流畅又不乏优美动人，最重要的是文气贯通并有一股深厚真挚的感情融入字里行间，使人读来深受感染。

关键词：清代 诗话 东传 域外汉籍

《清代诗话东传略论稿》，2007年由中华书局出版，是张伯伟先生的著作。张伯伟，1959年1月生，南京大学中文系文学学士、文学硕士，文学博士。历任南京大学中文系助教、副教授、教授，曾任日本京都大学文学研究科及韩国外国语大学中文系客座教授。现为南京大学人文社会科学高级研究院特聘教授，域外汉籍研究所所长。主要著作有《禅与诗学》《钟嵘诗品研究》《全唐五代诗格校考》《临济录》《诗词曲志》《中国诗学研究》《中国古代文学批评方法研究》等。从事编纂《稀见本宋人诗话四种》《朝鲜时代书目丛刊》，主编《中国诗学》《域外汉籍研究集刊》等工作。张先生笔耕不辍，著作等身，研究域外汉学成果卓著，又兼温文儒雅，长者风范，令人敬佩。

本书是域外汉籍研究丛书系列著作，前有作者所做丛书总序、本书引言，后有余论、附录清代中国朝鲜历史纪年表、引用书目和后记。正文分七个章节：第一章汉文学东传研究法举例、第二章清代诗话东传之途径、第三章清代诗话东传朝鲜之时间及数量、第四章清代诗话东传朝鲜之反响、第五章清代诗话东传日本时间及数量、第六章清代诗话东传日本之反响和第七章清代诗话东传朝鲜、日本之比较。我辈不才，窃以为从文意而分，正文可分为其四。第一章综述汉文学东传研究法，第二章谈诗话东传途径，第三至六章用前文方法考前文途径，分别详解清代诗话东传朝鲜及日本的时间、数量、反响，第七章是对三四五六章史料的比较分析。条分缕晰，章法严明。

第一章汉文学东传研究法举例。张先生在日本学者大庭修《流传日本汉籍之研究方法与资料》等前人研究基础上，结合课题特点，就汉文学东传研究的方法做了举例，分别为据书目、史书、日记、文集、诗话、笔记、序跋、书信、印章、实物等资料以考证。正所谓秉承顾炎武"采铜于山"之原则，总揽全局，不遗余力地从原始文献中钩沉史料。其实金程宇先生早有言，本章实则可独立于全书之外，不仅是汉文学东传研究法，也是进行域外汉学研究的极好的入门之法。

第二章清代诗话东传之途径，实则是一个文化传播史的考察。东传途径，无非海陆，析言之四种，曰采购、输入、翻刻、馈赠。但具体情况并非如此简单。章节伊始即开宗明义地提出"具体到朝鲜和日本两国，其传播方式又有所不同。进一步说，两国在对清诗话接受时的心态、传入后接受及消化的力度以及在两国文化上的最终结果亦可谓大相径庭"。①可以说，这正是作者在经过大量史料的搜集和比较后得出的重要结论之一。然后在下文作者通过大量史料揭示了具体的传播与地理环境、国家开放政策、士民文化心态等等一系列因素密切相关。

从第三章开始，进入研究核心，即清代诗话在东亚，主要是在朝鲜和日本的传播的具体时间、数量与产生的反响，是传播史与接受史的结合，并且因分别研究得到的不同结论很自然地就引起比较和原因探讨。

从时间来看，清代诗话东传的高潮总体来讲朝鲜在前日本在后。但相对来说东传朝鲜的时间段很分散，既有清初即东传的诗话，又有些是二十世纪传入。而东传日本的作品"绝大多数是在明治（1868 年始）以前输入，所以对日本诗坛造成很大的影响"。②

从数量来看，张先生通过考证发现"清代诗话传入朝鲜之可考者，仅以上三十八家四十余种"，③即使加上"韩国延世大学校全寅初教授主编的《韩国所藏中国汉籍总目》中若干种不见于上文所考的诗话"，也不过 50 几种，可谓"远不如想象中多"。而东传日本的清诗话"不仅数量多，而且速度快"，还包括词话、丛书等各种内容和形式，可考者就有 120 种之多。囊括了当时比较有名的诗话作品。④

从反响来看在朝鲜，清代诗话曾经受到尊重，但大多局限于评论。而在日本，却成为学诗门径，引发诗学革命，使得日本汉诗水平后来居上。所谓"故今人学诗，以唐为堂奥，清为阶梯，宋也元也明也，旁及而节取之，则庶几焉"⑤。而朝鲜人后来以

"小中华"自傲，故步自封，渐渐落后。有许多著名诗话在朝鲜、日本都有流传，而产生的影响却大相径庭，具有很好的比较价值。试举钱谦益《列朝诗集》为例。此书传入朝鲜较早，因选录朝鲜女诗人许兰雪轩的诗歌而成为朝鲜文坛批评的焦点，或择其选目不精，或纠其作者考证之讹谬，甚至赞成柳如是讥讽许氏诗多因袭前人，其根本原因还在于辞藻非女子事之观念，固影响不可谓不大，但仅此而已。《列朝诗集》在日本"未产生影响，但数十年后便对日本诗坛形成了一场冲击"⑥。日本诗坛学唐宋的复古派与其批判者一贬低一褒扬，一畏惧一以之为武器，最终引起江户时代诗风的漂移。可见从根本上说，两国对诗话的接受反应的深浅程度是截然不同的。

虽然三至六章已经分别做了详细的史料论证，其比较也在论述中自然完成。但第七章的作用绝不仅仅是总结上文的结论，而是在总结的基础上更深层次地揭示产生异同的背景和原因。自负自傲的朝鲜对清代诗话乃至清文化的不屑一顾与日本人对清文化的全面拥抱和顶礼膜拜形成了鲜明的对比，而朝鲜汉学的衰微与日本江户诗学的发达又是这两种态度的必然结果。而日后两国态度发生了截然相反的变化更是让人唏嘘不已，朝鲜北学派对中国的了解和提倡导致朝鲜学人对中国的态度由傲慢转为平和乃至崇拜，以及日后面对侵略时的同仇敌忾。而明治维新之后的日本愈加尊崇西学冷漠汉学以至"千丸号"来华后的偶像倒坍进而产生疯狂鄙夷和贬低。

正如张先生在后记中所说，创作初期的轻松愉悦被杀青之际的沉重心情所代替。掩卷沉思，也被我国文化形象一百多年的变迁所震撼。其实东亚的历史从来不会太轻松，每个国家好像对方的影子，身上都是伤痕累累。幕府时代的锁国令，是不是清代也曾实行？朝鲜讥清廷为"胡皇"，有没有我们对欧洲宣称"天朝上国"的声音？日本人对汉学的蔑视和疯狂诋毁与我们曾经对传统文化造成的毁灭何其相似。而中朝两国在近代共同沉沦和抗争的血泪史自不必提。

但是文化传承总在脆弱中透着一份坚强。正如张先生在结文处那段精彩的文字："然而千百年来凝聚着古圣先贤的中国文化传统，历经劫难而未忘，正由于其蕴含着强大的再生力。"⑦因此"在历史上以汉文化为核心所形成的文化圈，构成了一个东亚文明。"而在学术研究中以东亚为背景，具有东亚的视野，把东亚文明作为一个整体来看待，是十分重要和有意义的。

全书很好地贯彻了作者在引言中提出的两个原则：实证性和综合性。所有结论都建立在大量的实证研究基础之上，综合使用各种数据考察，力求深入和全面。同时文字简洁流畅又不乏优美动人，最重要的是文气贯通并有一股深厚真挚的感情融入字里行间，使人读来深受感染。

对有志于域外汉籍研究工作的学子，这不仅是一本清晰明了的教科书，更是一个包含诸多有趣资料的宝库。书中所引大量史料不乏轻松幽默的小故事和朝日两国的风土民情。例如日本贵族早餐前"先起称属星名号七遍，次取镜见面，次见历知日吉凶，次取杨枝向西洗手，次诵佛名及可念寻常所尊重神社，次记昨日事，次服粥"⑧。就十分烦琐而有趣。至于朝鲜文人入清托求禁书，先以"既倾盖如旧，则不必作俗人相讳"套近乎。又用"置之贵箧，尤有前头之虑"来说服主人，最后竟然想到"千载之后，若欲求文献于海外，亦岂不为其人之幸耶"⑨。其文献保护意识可谓超前矣。

想有清一代，诗话近 1500 种，可谓洋洋大观。即使是一衣带水的近邻，在交通不便的古代互访亦是难事，但新书刚刚付梓，却能在一年之中传遍朝鲜半岛、日本列岛，并能对其产生反应、评论、接受、翻刻、学习。"在东方文学批评传统中，已形成了一个诗话的世界。"作者以综合研究法处理这个问题，从一个侧面展示了汉文化圈在近三百年的演变轨迹。因此，本书不仅对于清代诗话东传，同时对于认识东亚文明的形成、演变及发展有深远的意义和有益的启示。而我们也有理由相信，域外汉籍研究在张先生等学者的不懈努力下，必将成为"生香不断"的光明事业。

作者单位：扬州博物馆

注释

① 张伯伟：《清代诗话东传略论稿》，中华书局，2007 年，第 84 页。

② 张伯伟：《清代诗话东传略论稿》，中华书局，2007 年，第 212 页。

③ 张伯伟：《清代诗话东传略论稿》，中华书局，2007 年，第 189 页。

④ 张伯伟：《清代诗话东传略论稿》，中华书局，2007 年，第 212 页。

⑤《淡窗小品》卷上，《诗集日本汉诗》第十一册，第 345 ~346 页。转引自张伯伟：《清代诗话东传略论稿》，中华书局，2007 年，第 263 页。

⑥ 张伯伟：《清代诗话东传略论稿》，中华书局，2007 年，第 215 页。

⑦ 张伯伟：《清代诗话东传略论稿》，中华书局，2007 年，第 284 页。

⑧《群书类丛》第二十七辑，1993 年订正第 3 版，第 136 页。转引自张伯伟：《清代诗话东传略论稿》，中华书局，2007 年，第 40 页。

⑨《燕行录全集》第三十卷，第 279 ~280 页。转引自张伯伟：《清代诗话东传略论稿》，中华书局，2007 年，第 37 ~38 页。

关于扬州城的一本案头书

——读《扬州城池变迁》

江鱼乐

内容提要：《扬州城池变迁》一书定位清晰，细致刻画扬州城池变迁的历史文化肌理；资料翔实，可读性强；在已有研究成果的基础上又有创获，提出了一些新的见解。作为第一本以扬州城池变迁为专题的书籍，融专业资料性和通俗性于一体，值得扬州文史爱好者和相关研究者常置案头。

关键词：扬州城　变迁　文化肌理　邗城

扬州是一座著名的历史文化名城。两千余年间，城市屡废屡兴，城池位置与规模也随之变迁。尤其是隋唐至南宋的扬州城，由于城市主要功能由政治而经济、由经济而军事的转变，其城池位置、布局等也相应变化。与同时代其他城市相比，扬州城或有异处，或更具特色，从而在中国古代城市史中占据了一席之地。

自清代以来，扬州地方学者就开始做一些文物收集和研究的工作，不过真正对扬州城进行较为科学的调查，则始于日本人安藤更生。日本人对扬州产生兴趣，主要因缘于渡海传法的鉴真和尚。比安藤更生稍早，高洲大助、常盘大定已经考证过大明寺的位置。安藤更生着手研究扬州城，起因也是想实地勘察鉴真和尚的相关故迹。经过数年的实地踏访，安藤更生完成了《唐宋时期扬州城之研究》，对唐、宋、明三代的扬州城范围、城门、道路、桥梁等进行了考证。1949 年以后，江苏省和扬州市的专家对扬州城遗址进行了数次调查，1987 年扬州唐城考古工作队成立以来，又数次对扬州城进行了全面调查和科学发掘，弄清了自战国至明清各期城址的大体范围和演变关系。相关考古工作仍在进行中，最新成果也不断涌现。以历史文献和这些考古成果为基础，对扬州城进行全面资料"整辑排比"的，就是王虎华主编的《扬州城池变迁》一书（以下简称《变迁》）[①]。

　　《变迁》为《扬州文化遗产丛书》第3辑、《扬州文史资料》第34辑，由扬州文史、考古学界的专家学者执笔撰写，也是向扬州城庆2500年献礼的一份成果。全书分三编，第一编"扬州城池变迁的历史"，在对扬州城池变迁概述之后，按时代依次详细介绍了春秋至两汉、三国两晋南北朝、隋唐五代、宋元、明清时期的扬州城池，并附有"扬州城垣大事年表（公元前486～1952年）"。第二编"扬州城池变迁的文化遗产"分遗址类、人物类、事件类三部分，以条目的形式介绍了与扬州城有关的遗址、人物、事件。第三编"扬州城池变迁的相关史料"分史籍类、考古类、文学类、有关扬州城池变迁的文章等四部分，辑录历代地方志、诗文中的相关史料。

　　通读全书，有如下一些特点。

　　第一，定位清晰，细致刻画扬州城池变迁的历史文化肌理。综观扬州城池变迁的整个历程，可以看到有两个鲜明的特色。其一，扬州城始筑于蜀冈上，随着城市的发展，到唐代时形成"联蜀冈上下以为城"的格局，城池规模达到最大。以后历代的扬州城均未超出唐城的范围。正是由于扬州历代城池叠压，后代在前朝城池基础上加以修筑改建，所以才被誉为"通史式城市"。其二，扬州城池变迁的内在动力和客观需求是城市的发展与功能的转变。隋代以前扬州作为区域重镇，政治地位十分突出。唐代中晚期，由于全国形势的变化、运河的交通便利等因素，扬州取得"扬一"的地位，人口大量增殖，商业最为发达，罗城也应运而生。五代杨吴时，作为都城，扬州"周围六十余里，四面十八门……凡一桥上，并是市井"，与同时期的其他都城相比，仍颇为辉煌。后周、南宋、元末，扬州处于南北势力接邻的"国门"位置，军事功能跃居第一位，截罗城而筑周小城、宋三城格局的形成、南宋城防体系的加固等等，都反映了这一点。这也就是《变迁》所展示的"扬州城从蜀冈之上逐渐扩大和转移到蜀冈之下，城池规模受政治、经济、军事的影响而时有伸缩这两个特点"（序言，第2页）。把握住了这两点，读者对扬州城池变迁就有了一个准确的认识，也就更容易理解其所反映的无形的文化肌理。

　　第二，资料翔实，可读性强。如序言所说，"本书将历史文献解读和田野考古成果紧密结合，对每个时期扬州城池的变迁进行了梳理和概括"（序言，第2页）。除了一般的资料外，撰稿人还使用了一些新的或以往不为我们所重视的资料。如第208页"陈少游"条引用《太平广记》卷三六三"王恕"条，其原文为："初恕宅在庆云寺西……明年春，连帅陈少游议筑广陵城，取恕旧居，给以半价。又运土筑笼，每笼三十文。"关于陈少游筑城之事，两唐书不载，较之《资治通鉴》卷二二九"淮南节度使陈少游将兵讨李希烈，屯盱眙，闻朱泚作乱，归广陵，修堑垒，缮甲兵"，此条记载应为最早。在考古资料方面，撰稿人根据《江苏扬州市宋大城北门遗址的发掘》提供的拓片，对《重修北水门石碑文》进行了完整释读（第 115～116 页），也方便了研究者。而且值得一提的是，全书按类分条目整理了与扬州城相关的遗址、人物、事件，辑录了相关史料，并配有 100 余幅图表，涉及地方志古地图、遗址遗迹、出土遗物、遗址现状、人物图像等，可谓图文并茂、雅俗共赏，这无疑大大提高了《变迁》一书的可读性。

　　第三，在已有研究成果的基础上又有创获，提出了一些新见解。诸位撰稿人都是长年研究扬州地方历史文化的学者或工作在考古第一线的专家，熟稔相关研究成果、基本资料，在书中也融入了一些研究的心得，有综述，也有发覆。如关于邗城所在的问题，历来说法不一。北魏郦道元《水经注》曰"自广陵城东南筑邗城"，宋代以后的诸地方志则言在蜀冈上，而具体位置终究难以断定。20 世纪 80 年代末，扬州唐城考古队曾对蜀冈上古城址进行过解剖发掘，在西城墙的第 2 号探沟中发现城墙下压着战国灰坑，灰坑内出土了楚国蚁鼻钱和泥质灰陶豆，由于这些遗物都是战国中晚期的典型钱币和器物，所以发掘者确定城址始筑年代不会早于战国，而与楚怀王十年（公元前 319 年）"城广陵"一致。2009 年沈家山附近发现了不少陶质井圈，由于其位于广陵城东南的蜀冈东端高地上，所以有专家认为沈家山很可能为邗城位置[②]。这是从考古的角度对传统之说提出的一次尝试性的挑战。《变迁》对此挑战作出了回应。通过对沈家山出土遗物太少而不具备城池遗址相关的物质基础条件、蚁鼻钱早在春秋中期已经出现并流行了约 370 年等问题的探讨分析，《变迁》认为还不能完全确认蜀冈上古城址始筑于战国时，沈家山作为邗城遗址也缺乏证据（第 18～25 页）。《变迁》的这一观点可成一家之言，值得注目。附带说一句，2011 年扬州唐城考古队对蜀冈上古代城址进行了考古调查勘探工作，结合相关成果，对邗城位置进行了蠡测，认为其可能在蜀冈南缘东南隅[③]，武廷海、王学荣观点与此相同，并绘制了推测的邗城位置图[④]，读者诸君也可以参看。

　　书中也偶有白璧微瑕之处。其中一些资料尚可补充完备。如第一编第七部分的"扬州城垣大事年表"中，除了已经列举的诸条以外，还可补充两条。一是干宝《搜神记》卷一五所载：东吴景帝时（258～264 年），"戍将于广陵掘诸冢，取版以治城，所坏甚多"。此事又见于《三国志》卷四八《吴书·孙休传》注引葛洪《抱朴子》。今本《抱朴子》无此文，而严可均辑《抱朴子内篇佚文》作"吴景帝时，戍将于江陵掘冢，取板治城"，"江陵"下注"又作广陵"。二是梁长沙王萧渊业在扬州"运私邸米，僦人作甓以砌城"，此事见于《南史》卷五一《梁宗室上》。这是史籍关于砖砌扬州城的最早记载，颇为重要。《变迁》第 52 页已经列出此条记载，"扬州城垣大事年表"部分不当遗漏。又如第二编第二部分人物类"安藤更生"条，记其生平过于粗略，只言"安藤更生，生平不详，日本人，日本当代学者、汉学家，早稻田大学教授。著有《〈唐大和尚东征传〉之研究》等"。其实，《扬州唐城考古与研究资料选编》收有汪勃、刘妍翻译的安藤更生《唐宋时期扬州城之研究》，译者注 1 即有其生平简介，东京文化财研究所网站有更为详细的介绍，应当参考。

整体而言，《变迁》作为第一本以扬州城池变迁为专题的书籍，融专业资料性和通俗性于一体，内容翔实，可读性强，值得扬州文史爱好者和相关研究者常置案头。

作者单位：扬州城大遗址保护中心

注释

①王虎华主编：《扬州城池变迁》，南京师范大学出版社，2014 年。

②中国社会科学院考古研究所、南京博物院、扬州市文物考古研究所编著：《扬州城：1987～1998 年考古发掘报告》，文物出版社，2010 年，第 254～255 页。

③汪勃：《扬州城遗址蜀冈上城垣城濠蠡测》，《江淮文化论丛（第二辑）》，文物出版社，2013 年，第 52～53 页。又见《扬州蜀岗古代城址考古勘探报告》，科学出版社，2014 年，第 2、185 页。

④武廷海、王学荣：《京杭大运河城市遗产的认知与保护》，电子工业出版社，2014 年，第 105～107 页。

征稿启事

扬州博物馆创建于 1951 年，新馆于 2005 年 10 月建成并对外开放，为国家一级博物馆。《江淮文化论丛》是由扬州博物馆主编、文物出版社出版的考古及博物馆专业学术论文集。本刊拟每年出版一辑，每辑约 40 万字，设有以下栏目：博物馆公共服务、博物馆运行及管理、陈列展览、藏品保管与保护、文史研究、考古研究、非物质文化遗产研究、遗址保护、碑帖墓志、书画研究、藏品研究、雕版印刷等。

现面向全国征集文稿，望惠赐大作。征文相关事宜说明如下：

1. 稿件要求为作者独立取得的原创性学术研究成果，未在其他书籍杂志发表。文章力求观点明确，条理清晰，论据可靠，篇幅以 5000 字左右为宜，并配有 200 字左右的内容提要及 3~5 个关键词。随稿件可配有图片资料及表格，图片要求质量清晰，符合出版要求。稿件中相关引文、数据务求准确无误，并注明出处。如引用未公开资料，须先取得资料所有者授权。注释一律采用连续编号的文尾注。

2. 来稿请于每年 6 月 30 日前将电子稿注明"《江淮文化论丛》投稿"字样，寄至扬州博物馆研究室邮箱：4466040@ qq. com。来稿请勿一稿多投。若来稿于当年 7 月 20 日前未收到录用答复，作者可另投他处。

3. 稿件一经录用，即进入出版阶段，主编单位及出版单位有权修改拟用稿件，但仅限于不违背作者原意的技术性修改。如必须进行重大改动的，主编单位有义务告知作者，或提出意见由作者自行修改。稿件概不退还，敬请作者自留底稿。文集将于每年年底出版，出版后即付稿费。

4. 来稿请附详细的作者信息，包括工作单位、职称、电话、电子邮箱、通讯地址及邮政编码等，以便及时取得联系。

联系地址：扬州市文昌西路 468 号扬州博物馆研究室

邮政编码：225125

联系人：谈长峰

电话：0514 - 85228130

电子邮箱：4466040@ qq. com